ROMANCERO TRADICIONAL DE AMÉRICA

CENTRO DE ESTUDIOS LINGÜÍSTICOS Y LITERARIOS

SERIE
ESTUDIOS DE LINGÜÍSTICA Y LITERATURA
XIX

Mercedes Díaz Roig

ROMANCERO TRADICIONAL
DE AMÉRICA

EL COLEGIO DE MÉXICO

Portada de Mónica Diez Martínez

Fotografía de la portada: Jorge Contreras Chacel

Primera edición, 1990

© El Colegio de México
   Camino al Ajusco 20
   Pedregal de Sta. Teresa
   10740 México, D.F.

ISBN 968-12-0431-X

Impreso en México/*Printed in Mexico*

Para Martín y Rodrigo

INTRODUCCIÓN

El Romancero tradicional es un género de gran difusión en todo el mundo hispánico. Nacido en el siglo XIV (o a finales del XIII), es la manifestación española muy peculiar de la balada europea. Aúna tanto rasgos de esta balada como rasgos ya existentes en la canción de gesta, de la cual también deriva. Además de esta particularidad simbiótica, el Romancero, al revés del resto de la balada europea, no ha desaparecido del ámbito popular dejando tan sólo algunas muestras, sino que sigue viviendo con pujanza en el mundo hispánico y es parte intrínseca de la literatura tradicional de los países o grupos humanos que lo componen. Se renueva sin cesar mediante recreaciones y aun incorporando temas de factura más moderna.

En América, el Romancero se halla en todo el continente, desde los núcleos de habla hispana en Estados Unidos hasta la Tierra del Fuego y vive en innumerables textos, que son versiones de los romances más apreciados modernamente.

Hay muchas publicaciones americanas que contienen recolecciones de romances, pero no existe una que presente un panorama general de todo el Romancero tradicional que se canta en América. Esto es lo que este libro intenta hacer mediante una selección de las diversas versiones de los romances más difundidos encontrados en cada país americano.

Antes de hablar de la organización del libro, recordaré aquí, para los no especialistas, algunos de los datos más importantes del romance.

El romance tradicional es una canción narrativa con características propias. Formalmente, consiste en una tirada de versos monorrimos divididos en dos hemistiquios. La rima es asonante, aunque puede haber versos consonantados.

En la mayoría de los romances, el verso es de 16 sílabas (dos octosílabos); sin embargo, puede tener otros metros. En la época de mayor difusión del Romancero, muchas baladas europeas que habían penetrado en España en diversos metros, sufrieron una refundición formal para adaptarlas al modelo predominante. Pero este "baño" no fue total y algunos romances viven en las dos formas: la original (doble hexasílabo y, a veces, rima varia) y la refundida (doble octosílabo y monorrima). Ejemplo de ello son *La hermana cautiva* y *La muerte de Elena* (y varios más). También hay dos o tres romances cuyo metro es el doble heptasílabo (*Mambrú* es el más difundido); son textos tardíos que se compusieron en ese metro. Caso excepcional es el de *Los peregrinos*, hecho a la manera lírica (seguidillas con rima varia), quizás de factura relativamente moderna. Todas estas excepciones que conciernen al metro y, a veces, a la rima, no representan más de un 6% del corpus total, por lo que sí podemos definir el género formalmente como tirada monorrima de versos de 16 sílabas.

Aunque metro y rima caracterizan al Romancero tradicional (con las excepciones anotadas), no son éstos los únicos determinantes, ya que hay romances cultos, vulgares, etc. Dos factores primordiales lo delimitan: su estilo y su tradicionalidad. El primero es bastante difícil de definir, ya que consiste en un amplio conjunto de recursos y procedimientos, de fórmulas y tópicos, todo ello acompañado de un lenguaje claro y sencillo, fácilmente comprensible, que guarda un equilibrio entre lo culto y lo vulgar: el lenguaje diario en su nivel más alto. Respecto a los procedimientos y recursos, diremos que el más utilizado es la repetición (léxica, sintáctica, paralelística, etc.) en todos los niveles; le siguen en importancia la enumeración (la dual y la de tres elementos predominan, pero no faltan las más largas) y la oposición. Muchas veces estos recursos se fijan en esquemas sintácticos y se convierten en verdaderas fórmulas de composición. De gran importancia son los tópicos y las fórmulas de introducción, transición, etc., que no son de ninguna manera inmutables, sino que se adaptan a las necesidades de la historia que se relata.[1] El Romancero no es rígido, porque la gama formulística (formal y temática) es tan amplia que el creador o recreador tiene infinitas posibilidades de elección para construir el andamiaje de sus historias; a su vez, estas historias abarcan todos los temas y no hay dos romances que cuenten lo mismo, ya que aunque coinciden a veces en tema, no es así en cuanto a las circunstancias y desarrollo.

La tradicionalidad es el segundo factor. Esta tradicionalidad no implica tan sólo una permanencia en el tiempo a través de varias generaciones, sino también una difusión en el espacio y, en muchos casos, una difusión social. Inherente a la tradicionalización de un texto es su variación. Ya dijo Menéndez Pidal que un romance vive en variantes. El texto no es inmutable y en su paso por los miles de personas que lo poseen, va cambiando de acuerdo con la memoria, la capacidad poética o el gusto de sus dueños. Así, un solo romance tiene muchísimas versiones, o sea, textos semejantes con infinidad de pequeñas (o grandes) variaciones que van desde la sinonimia a la ampliación de motivos, la adición de otros (incluso, a veces, creación de un episodio), o la condensación del texto mediante eliminaciones.

---

[1] Para todo lo anterior, cf. mi libro *El romancero y la lírica popular moderna* (Bibliografía, Estudios, núm. E-29).

Este trabajo de la tradición oral es posible gracias a que, como todo lo verdaderamente popular, cada quien siente que el texto que acaba de aprender le pertenece, y como propio, puede añadir, quitar, variar, etc. Por otra parte el estilo tradicional está al alcance de cualquiera, ya que se adquiere desde niño a través de otros géneros (como la canción lírica) y el romance mismo dicta este estilo. Si aunamos a esto el metro (doble octosílabo), y el octosílabo es el verso popular por excelencia, y la rima asonante, la más sencilla, se comprende por qué cualquier persona puede fácilmente variar un texto, ya sea de una manera consciente, siguiendo su propio gusto o considerando su propio entorno, o inconscientemente: al repetirlo expresar la misma idea con otras palabras.

La variación de los textos no tendría sentido sin la conservación de estos mismos textos, que cambian y se transforman parcialmente, pero que quedan, por lo general, los mismos. Variación y conservación son las dos fuerzas que rigen la tradición oral y conforman los textos que se transmiten en el tiempo y en el espacio, siempre los mismos y siempre diferentes.

Si la difusión temporal es amplia (hay textos documentados en los siglos XV y XVI que se siguen cantando), la espacial no lo es menos, ya que el Romancero se encuentra en todos aquellos lugares donde se hable español o portugués; así, además de hallarlo profusamente en la península ibérica, lo encontramos en América y en el ámbito sefardí y en varias localidades de todo el mundo donde se hablen o se hayan hablado hasta hace poco las lenguas hispánicas.

De acuerdo con la fecha de su publicación (o de su consignación escrita), el Romancero se divide en Romancero viejo (publicado en los siglos XV, XVI y parte del XVII) y el Romancero de tradición oral moderna (el recogido en los siglos XIX y XX). No todos los textos viejos se hallan en la tradición oral actual (han desaparecido muchísimos históricos e histórico-épicos y una gran mayoría de los caballerescos) ni todos los romances actuales están documentados en la tradición antigua, bien por ser textos compuestos con posterioridad (los menos), bien por haberse perdido muchísimas publicaciones (en especial de pliegos sueltos), bien por no haberse puesto por escrito nunca. De todas formas, la unidad de ambos Romanceros es un hecho innegable y las diferencias entre una y otra recolección no afectan al género en sí.

Hasta finales del siglo XIX la publicación de los romances estuvo a cargo de impresores, poetas y eruditos y concernía tan sólo al Romancero viejo. Ya en ese siglo, varios estudiosos se dieron cuenta de que muchos de aquellos textos del XVI se seguían cantando, y empezaron a recogerlos. A principios del siglo XX Menéndez Pidal se dedicó con ahínco al género, tanto en sus versiones antiguas como en las modernas, logrando entusiasmar a muchos investigadores y folkloristas que comenzaron a recoger los romances modernos mucho más sistemáticamente.

En 1950 el caudal de romances de tradición oral moderna ya era importantísimo y, aunque con algunas fallas (arreglos de algunos recolectores), era un reflejo fiel de lo que la gente cantaba. En la segunda parte del siglo la recolección continuó (esta vez con más rigor de parte de los recolectores) y hoy en día podemos decir que tenemos a disposición de los estudiosos miles de textos publicados en los diversos Cancioneros y Romanceros, además de los que están en los Archivos del Seminario Menéndez Pidal, que aguardan ser publicados en su monumental *Romancero tradicional de las lenguas hispánicas* (del cual han aparecido ya doce tomos y hay dos más en preparación). Además, quizás con menos ímpetu, las recolecciones continúan y cada día se acrecienta el caudal de versiones y aún aparecen temas que se creían desaparecidos de la tradición moderna.

Desde el momento mismo en que se empezaron a publicar en el siglo XIX los romances documentados en el siglo XVI, los editores incluyeron pequeños estudios de ellos. A medida que transcurría el tiempo, los estudios se multiplicaron y poco a poco fueron tomando en cuenta también los nuevos romances (los de tradición oral moderna) que iban apareciendo. Sería imposible consignar aquí los nombres de los investigadores que han estudiado el Romancero en sus múltiples manifestaciones. A modo de ejemplo citaré a Menéndez Pelayo, Menéndez Pidal y Gaston Paris, entre los más antiguos, y a Paul Bénichou, Diego Catalán y G. Di Stefano entre los más modernos, pero la lista de estudiosos es larguísima y sus trabajos van desde la nota del recolector o editor a largos artículos e incluso libros enteros sobre el Romancero o sobre tal o cual romance. Si larga es la lista de estudiosos, larga es también la de los temas tocados por los investigadores: la forma, los temas y motivos, las fórmulas, la estructura, la clasificación, los antecedentes, el trabajo de la tradición oral, etc. Remitimos al lector a la sección Estudios de la Bibliografía (pp. 317), donde se hallan consignados una buena parte de estos estudios. En este renglón no hay que olvidar los catálogos descriptivos, en especial el de S.G. Armistead para el romancero sefardí del Archivo Menéndez Pidal y el de Diego Catalán y sus colaboradores para el Romancero de tradición oral moderna, del cual han aparecido ya tres tomos. Otro renglón importante es el de la bibliografía especializada.

El Romancero en América

Cuatro son las corrientes principales que nutren al Romancero en América. 1) El aporte peninsular oral. El Romancero llegó a América con los conquistadores (hay testimonio de ello desde 1519) y siguió fluyendo a través de los miles de españoles y portugueses, colonizadores o emigrantes que llegaron al continente, y siguen llegando, aunque con menor frecuencia. 2) El aporte peninsular escrito. Desde el siglo XVI hay constancia de la llegada de Romanceros y Cancioneros[2] y modernamente es innegable la presencia de colecciones tan importantes como las de Menéndez Pelayo y la *Flor nueva*... de Menéndez Pidal.[3] No hay duda de que otras publicaciones de romances también llegan al continente, aunque su difusión sea menor. 3) El aporte americano oral. Una vez arraigados los romances en tierras americanas, las versiones se transmiten y difunden; estas versiones son ya americanas, con las modificaciones hechas por los transmisores y circulan a lo largo y a lo ancho de América. 4) El aporte americano escrito. Hay muchas publicaciones de material americano que se han difundido no sólo en el país donde fue recogido, sino también en otros países vecinos.

Versiones escritas y orales, peninsulares y americanas, se mezclan y se entremezclan en la tradición oral produciendo nuevas versiones que a su vez se difunden oralmente y pueden también ser objeto de nuevas publicaciones. Aunque la forma habitual de la transmisión de la literatura tradicional es la oral, cada día se hace más evidente la importancia de la imprenta en la difusión de esta literatura y el Romancero americano no es una excepción en este aspecto.

La recolección en América

Salvo en casos aislados, el Romancero no despertó el interés de los folkloristas americanos hasta este siglo. El viaje de Menéndez Pidal en 1905 y su encuentro con algunas versiones sudamericanas animó a muchos investigadores a recoger textos en sus respectivos países. En la primera mitad de nuestro siglo tuvo lugar la gran recolección y publicación de las versiones americanas. Tanto investigadores reconocidos como simples aficionados mostraron cómo el Romancero tradicional seguía vivo en tierras americanas. La recolección no ha cesado, aunque sí ha disminuido a partir de los años sesenta; sin embargo no han dejado de aparecer publicaciones hasta la fecha,[4] lo que nos dice que el Romancero americano sigue ahí y sólo hace falta recogerlo, labor necesaria, ya que es parte importante de la cultura americana.

Se ha dicho con frecuencia que los romances infantiles son los más difundidos en el continente. Esto es una verdad relativa cuanto que de los doce romances propiamente infantiles, es decir, que se usan para rondas y juegos, sólo cinco ocupan un lugar preferente en la difusión territorial y número de versiones (*Hilitos de oro, Don Gato, Mambrú, El marinero, Santa Catalina*), lugar que también ocupan algunos romances religiosos

---

[2] Cf. el estudio de Irving A. Leonard, *Los libros del conquistador* (Estudios, E-99).
[3] Como se puede constatar por su influencia en versiones orales recogidas en varios puntos de América.
[4] Ver la p. 299 con el cuadro cronológico de las publicaciones en los diferentes países.

como *La virgen y el ciego* y *La búsqueda de la Virgen* y otros romances
como *Las señas del esposo*, *Delgadina* y varios más. Por el contrario, los
siete romances infantiles restantes tienen una difusión mediana e incluso,
a veces, escasa. Así pues, como podemos constatar en los Índices corres-
pondientes (véanse las pp. 291-300), no hay una predominancia de ninguna de las "subclases" del romance y todas ellas siguen las pautas generales
en cuanto a mayor, mediana o escasa difusión.

Respecto a los informantes, sólo tenemos datos sobre su sexo en 60%
de los casos, y de sus edades en 45%. Según estos datos, 30% de los informantes son masculinos y 70% femeninos, lo que sigue la pauta general
hispánica. En cuanto a sus edades, 26% es menor de 18 años, 41% está
entre los 18 y los 50 años y 33% se trata de personas de más de 50 años.
Como se ve, hay una distribución bastante equitativa y el Romancero
está vigente en cualquier etapa de la vida de sus poseedores.

Rasgos más destacados de la tradición americana[5]

El Romancero en América, como en otros ámbitos, tiene una serie de
variantes que se inscriben dentro de la fenomenología del género. Por
muy peculiares que éstas sean, representan manifestaciones de la forma
de vida del género y son equivalentes a otras, también peculiares, hechas
en otros países y épocas.

Las peculiaridades a las que me refiero no se hallan ni en todos los
romances ni en todas las versiones de un mismo romance, pero creo importante mencionarlas, ya que caracterizan a una parte de la tradición
continental.

La variación más obvia es la léxica. Una buena cantidad de versiones
incluye términos locales con los que se han remplazado los heredados.
Aunque se encuentran indigenismos, lo que más abunda son palabras o
giros característicos de un país, o una región, o del español general hablado en América, como *chula, gachupines, muy luego, verse en el espejo*, etcé-
tera.

También encontramos, aunque poco, la fauna y la flora locales (*tur-
pial, flor de araguaney, cocotal*), y más frecuentemente topónimos
(*Pánama, la ciudad de Morelia*, etc.) y algunas menciones de aconteci-
mientos y personajes históricos nacionales (*la guerra del Paraguay,
Bazaine*). Hay que anotar que, junto a todas estas variantes, persiste en
forma mayoritaria el léxico heredado, bien debido a que coincide con el
local, bien por inercia en la repetición.

Ciertas recreaciones importantes son originales de América y se hallan medianamente difundidas; algunas sólo alcanzan uno o dos países y

---

[5] Para todo este apartado, cf. la segunda parte de mi libro *Estudios y notas sobre el
romancero* (Estudios, E-32), así como mis estudios E-86 y E-87.

otras se extienden por un gran territorio. Podemos mencionar el caso de *Bernal Francés*, que en muchas versiones de Norte y parte de Centroamérica presenta un episodio inicial que relata las sospechas del marido, su ausencia engañosa y su regreso fingiéndose el amante; este episodio se amplía a veces con un duelo entre marido y amante y con otros motivos secundarios. Con la creación de este episodio se varía la estructura misma del romance, ya que pasa de ser una estructura con sorpresa final (escasa en la tradición) a una estructura más habitual (el público está al tanto del engaño urdido por el personaje). *Bernal Francés* también tiene adiciones y recreaciones en otras partes, que posiblemente sean de origen americano (súplicas de ella, invocación de los hijos, muerte efectiva). Todas estas creaciones y recreaciones se hacen, por lo general, mediante cuartetas octosilábicas con rima propia, con lo que el romance pierde su monorrimia (que sólo se conserva en algunos grupos de versos) y tiende a dividirse en unidades de sentido de 32 sílabas, es decir que muchos textos de este romance son formalmente corridos.

El paseo inicial de Delgadina y la ida a misa parecen ser también de creación americana; estos motivos los encontramos en la zona antes mencionada. Es una recreación significativa, pues no sólo nos hace ver a Delgadina en toda su juvenil belleza, con lo que se justifican (si ello puede ser posible) los deseos del padre, sino que la maldad de éste es acentuada al proponer el incesto después de haber oído misa; también hay que resaltar que esta misa introduce casi desde el comienzo el elemento religioso tan primordial en el desenlace del romance.

Importante temáticamente es el cruce de algunas versiones de *Las señas del esposo* con la canción de *La mujer abandonada*, porque en muchas de las versiones que han perdido el final con la autoidentificación del marido (fenómeno bastante difundido en la tradición hispánica) el cruce propicia un cambio en la concepción del personaje femenino; la mujer aparece deseosa de contraer nuevas nupcias o simplemente de ser admirada por los hombres; el abandono en que la ha tenido el marido justifica en cierta forma esta actitud.

La dama y el pastor tiene una recreación final al parecer sin antecedente español. Para paliar el papel desairado de la dama rechazada por el pastor, se ha creado un pequeño episodio final en que él reacciona y propone a su vez regalos a la dama para que lo deje quedarse; la dama los rechaza (como la rechazaron a ella) y el pastor se lamenta. Esta creación está hecha con motivos tomados del mismo romance (ofertas y rechazo) y con coplas populares.

La adúltera tiene varias recreaciones. En México, algunas versiones terminan con las disculpas de ella, con lo que parece que logra engañar al marido; esta línea temática se realiza plenamente en algunas versiones tanto mexicanas como chicanas y aparece explícita la burla al marido (véase por ejemplo, el núm. I.1.2). En muchas versiones sudamericanas y caribeñas aparece el duelo entre marido y amante; este motivo, aunque de origen español, está más difundido en América y adquiere calidad de rasgo típico.

Hay también en la tradición americana pequeños motivos originales como la salvación del marinero en Venezuela y Cuba, la muerte del violador de Filomena, bien por su propia mano, bien como castigo celestial, que aparece en varias versiones sudamericanas, el cruce de *El marinero* con el romance religioso *El barco santo* (Argentina, Colombia y Costa Rica) y el peculiar comienzo de las versiones comunes de *Bernal Francés*: "Abráme la puerta, Elena, sin ninguna desconfianza" con que se ha variado en Venezuela, Colombia, México, y Estados Unidos el *incipit* español con rima en *í*.

Otras modificaciones tienen antecedente español, pero en la península aparecen en pocas versiones mientras que abundan en el Continente. De este tipo son las versiones de *Mambrú* que tienen un episodio preliminar que cuenta su nacimiento, bautizo, boda, etc., bastante difundidas en toda América, y el comienzo de *Hilitos de oro* ("Hilitos, hilitos de oro" o sus variantes), muy extendido en Norte y Centroamérica, el Caribe y parte de América del Sur.

Curiosa es la influencia que el romance de *Alfonso XII* ha tenido en ciertas partes: ha hecho desaparecer el romance de *La aparición* (del cual deriva) y este romance sólo se conserva en Estados Unidos, México, Argentina y Uruguay, o sea en los extremos del territorio.

Por último hay que señalar que típicamente americana es "la despedida" del cantor, que se halla en muchas versiones de todo el Continente y que es una influencia conjunta del corrido (o de un tipo semejante de canción narrativa) y de la canción lírica.

Con estos pocos ejemplos he querido mostrar algunos de los rasgos peculiares de la tradición americana. Hay, desde luego, muchos más que un conocedor del Romancero puede detectar fácilmente. La renovación mediante creación o recreación es abundante y notable en muchos aspectos. No lo es menos la conservación de los textos heredados (hay versiones que no se diferencian en nada de las españolas) y, por muy importantes que sean las variaciones hechas, los textos siguen conservando su ser. El romance tradicional en América, como sus congéneres de todo el mundo hispánico, está sometido a las dos fuerzas que rigen la literatura tradicional: se renueva y se conserva a la vez.

Este libro

Como dije anteriormente, me ha parecido necesario presentar un panorama lo más completo posible del Romancero tradicional en América. Creo que será de suma utilidad para investigadores y maestros. Pero, por requerimientos editoriales he tenido que hacer algunos ajustes a mi intención inicial. El más importante es que no he tomado en cuenta la riquísima tradición brasileña, pero el lector interesado encontrará en el Apéndice una extensa bibliografía. De los otros ajustes hablaré más tarde.

Durante tres años traté de reunir un corpus consistente en todas las versiones publicadas. Revisé todas las bibliotecas a mi alcance, tanto públicas como privadas, e hice un viaje a Madrid para revisar la biblioteca del Seminario Menéndez Pidal y sus nutridos Archivos, que los miembros del Seminario pusieron a mi entera disposición. Creo haber reunido un corpus representativo que comprende aproximadamente 80% de lo publicado. Son más de 1 700 textos completos y numerosas versiones fragmentadas (que no he tomado en cuenta).

El corpus era, pues, muy amplio y al hacer la selección advertí que no podía presentar una muestra de todos los romances existentes, por lo que decidí no tomar en cuenta aquellos romances hallados en un solo país, si no superaban las tres versiones, así como aquellos romances que, aunque hallados en dos países, no superaban en conjunto las mismas tres versiones. Los romances que se hallaron en más de dos países, cualquiera que fuese el número de versiones, se conservaron. De los muchos romances religiosos (la mayoría no propiamente tradicionales) conservé tan sólo dos (*La búsqueda de la Virgen* y *La Virgen y el ciego*), además de los infantiles, cuya religiosidad es a veces relativa ya que varios son realmente romances novelescos basados en temas religiosos. Quedó así un corpus de 33 romances que cubría más del 75% de lo hallado y cuya selección podría fácilmente publicarse en un solo volumen.

La intención fue, desde un principio, que todos los países estuviesen representados en cada romance, con sus diferentes tipos de versiones. Desgraciadamente no encontré ninguna publicación de Bolivia, Honduras y Paraguay, pero los restantes 17 países están presentes en la selección, una buena parte de ellos en casi todos los romances.

Me pareció encontrar tres zonas principales: Norte y Centroamérica, Caribe (que incluye a veces, pero no siempre, Panamá, Colombia y Venezuela) y Sudamérica. No son desde luego zonas muy delimitadas ya que las influencias entre unas y otras se entrecruzan, y en Argentina podemos encontrar versiones típicas de México, o en Perú y Chile, de Puerto Rico, etc., y desde luego hay romances que se cantan casi iguales en todo el territorio americano. De todas formas, una vez vistas las versiones en conjunto sí se nota una cierta congruencia zonal y, puesto que había que seguir algún orden en la secuencia de los países, éste fue el que utilicé.[6]

La clasificación de los romances es siempre un problema arduo que ningún investigador ha podido resolver satisfactoriamente. Decidí clasifi-

---

[6] La secuencia es la siguiente: Zona 1: Estados Unidos, México, Guatemala, El Salvador, Nicaragua, Costa Rica, Panamá. Zona 2: Cuba, República Dominicana, Puerto Rico. Zona 3: Venezuela, Colombia, Ecuador, Perú, Chile, Argentina, Uruguay.

car mi selección por orden alfabético (eliminando artículos, así como aposiciones como *don, san, conde,* etc.), que es una ordenación con tantas fallas como cualquier otra que hubiese adoptado.

Puesto que el interés no radica tanto en los corpus nacionales como en la difusión de cada romance, privilegié éstos como grandes secciones (numerados del I al XXXIII), quedando los países como secciones internas (numeradas del 1 al 17, según el orden zonal antes mencionado). A continuación del número del país va el de las diferentes versiones del romance (por ejemplo: 8.1, 8.2, etc.). Dichas versiones procuraron elegirse entre las más representativas de los diferentes tipos *en cada país* y, naturalmente, dichos tipos pueden repetirse (y a menudo sucede) en otros países.

Cada romance lleva, bajo el título, el número que se le ha asignado en el Catálogo General del Romancero, y que tiene valor internacional. Dicho número va precedido por las siglas CGR. El romance lleva también, en su página inicial, una breve exposición de sus características generales más sobresalientes, una mención de los estudios más importantes sobre él (estudios que se pueden hallar en la sección Bibliografía) y una bibliografía mínima localizando el romance en colecciones españolas, portuguesas y sefardíes.

En los textos se han eliminado las variantes fónicas, generalmente dialectalismos, cuando éstas no afectan la rima o el metro. Esta eliminación facilita la lectura y además hace congruente el conjunto, pues no siempre los recolectores las consignan.

Me ha parecido conveniente incluir dos tipos de índices: el primero referente a la selección: Fuentes y Primeros versos, y el segundo sobre todo el corpus reunido: Romances hallados en cada país, con número de versiones, Difusión territorial de cada romance, Cuadro de las fechas de publicación de las colecciones de cada país y Otros títulos por los que se conocen en América los romances más difundidos.

Finaliza el tomo con una amplia bibliografía americana referente a los textos, una bibliografía, ésta muy reducida, de las tradiciones hispánicas y una sección de Estudios, que creo bastante completa. Todos estos datos tienen como fecha límite 1985 y sólo en contados casos he incluido libros y artículos de 1986 a 1988 que han llegado a mis manos.

Una aclaración más respecto a dos de los romances incluidos. He agrupado bajo el título de *La hermana cautiva* no sólo los textos de este romance (en versiones hexasílabas y octosílabas) sino aquéllos de *El caballero burlado,* con el comienzo de *La infantina,* que finalizan con el reconocimiento de ambos hermanos; la burla al caballero, cuando aparece, no tiene la menor relevancia y lo que predomina es el tema del encuentro, por lo que estas versiones son realmente versiones *sui generis* de *La hermana cautiva.*

El otro caso ha sido el del romance VIII, *El caballero herido.* Bajo este título he agrupado dos romances muy semejantes y que se entrecruzan frecuentemente: el de *Polonia* y uno, quizás vulgar, que relata la muerte a traición de un caballero.

Finalmente diré que no se consideraron las versiones (posiblemente basadas en *Hilitos de oro*) del romance de *El caballero sediento* ("A las puertas del palacio de una señora de bien") por ser de factura semi-culta, aunque tiene una difusión mediana ya que se suele enseñar en las escuelas. Tampoco he tomado en cuenta el romance infantil de *La bordadora*, puesto que se ha perdido prácticamente la historia que relata y sólo quedan briznas de ella en algunos casos.

Quiero agradecer aquí la ayuda que me prestaron para la realización de este libro un buen número de personas, entre las que quiero destacar a los miembros del Seminario Menéndez Pidal: Diego Catalán, Ana Valenciano y Flor Salazar, así como a Octavio Rivera, que me auxilió en la investigación con su búsqueda exhaustiva en bibliotecas mexicanas.

M.D.R.
junio de 1988

TEXTOS

I. LA ADÚLTERA (CGR 0234)

Al parecer, este romance tiene como antecedente canciones francesas de historia semejante, pero de tono burlesco. Está publicado en el *Cancionero de 1550* y Lope de Vega (*La locura por la honra*) parafrasea una versión distinta a la publicada en dicho Cancionero y que contiene el motivo de la enramada, que aparece todavía en algunas versiones actuales, y que seguramente Lope tomó de la tradición oral de su tiempo.

Es un romance bastante difundido en el mundo hispánico; de América tenemos 100 versiones de 12 países.

Los textos presentan pequeñas variantes en el comienzo, además de la ya mencionada de la enramada, como la voz (de él, de ella, del narrador), y diferencias pequeñas en los motivos; lo mismo sucede a lo largo del texto (diversidad en las enumeraciones y en su forma de aparición, elisión de algunos motivos, etc.). El núcleo tiene una estructura "concéntrica", es decir, a base de repeticiones textuales y variadas combinadas con enumeración. Esta estructura desaparece en algunas versiones. Una refundición mexicana con el nombre de *La Martina* ha traspasado ambas fronteras. En Venezuela y otros países sudamericanos, la parte final adquiere muchas veces el motivo del duelo entre marido y amante, en que ambos mueren.

Una variante digna de anotarse es que algunas versiones terminan con las disculpas de ella, dando a entender que el engaño de la mujer triunfa; el romance cambia así de tema: adulterio castigado = adulterio impune. Unos pocos textos siguen decididamente este enfoque y hacen explícita la burla al marido (cf. I.1.2).

Bibliografía[7]

Textos americanos: cf. 1, 3, 15, 18, 19, 23, 24, 26, 42, 45, 49, 54, 56, 60,

[7] Los números de la primera sección remiten a la Bibliografía de las pp. 374-382, las abreviaturas a las de la pp. 383-384 y los números de la tercera sección a la de las pp. 355-390.

63, 68, 75, 79, 83, 88, 93, 95, 98, 103, 105, 106, 110, 115, 116, 121, 123, 127, 135, 140, 145, 148, 150, 154, 161, 162, 163, 164.

Otros textos hispánicos: cf: *Alonso*, pp. 98 y 164; *Alvar 66, 77, 77a. Alvar 71,* 269; *Armistead-Silverman 77*, p. 118; *Bénichou*, p. 142; *Catalán*, 16-19, 101-104, 248-250, 348-350, 398-399; *Cossío-Maza*, 120; *Costa*, 126; *Díaz-Delfín*, II, p. 138; *Echevarría*, pp. 409 y 436; *Gil*, I, p. 36, II, p. 27; *Leite*, 28; *Marazuela*, p. 392; *Menéndez Pelayo*, 29, 14-16 y p. 374; *Milá*, pp. 135-136; *Petersen*, p. 182; *Piñero-Atero*, p. 63; *Puig,* p. 114; *Schindler*, 11; *Trapero 82*, p. 55. *Primavera*, 136, 136a.

Estudios: cf. E-35, E-50, E-58, E-87, E-88.

Textos

Estados Unidos

1.1

Andábame yo paseando   por las orillas del mar,
me encontré con una dama,   y ella me hizo emborrachar.
Nos tomamos de la mano,   a su casa me llevó,
y en la cama nos sentamos   para conversar de amor.
5 Ya estábamos platicando,   cuando el marido llegó.
—¡Tu marido! ¡Tu marido!   Hora verás, ¿qué hago yo?
—Acuéstate en esa cama,   mientras me disculpo yo.
—Ábreme la puerta, cielo,   ábreme la puerta, sol.
Ha bajado la escalera,   quebradita la color.
10 —Tú has tenido calentura,   o has tenido nuevo amor.
—Yo no tengo calentura,   ni he tenido nuevo amor,
las llaves se me han perdido   de tu rico tocador.
—Si tú las tienes de acero,   de oro las tengo yo.
¿De quién es ese caballo   que en mi corral relinchó?
15 —Tuyo, tuyo, vida mía,   mi padre te lo mandó,
pa que fueras a la boda   de mi hermana, la mayor.
—Viva tu padre mil años,   que caballos tengo yo.
¿De quién es ese trabuco   que en ese clavo colgó?
—Tuyo, tuyo, mi marido,   mi padre te lo mandó,
20 para llevarlo a la boda   de mi hermana, la mayor.
—Viva tu padre mil años,   que trabucos tengo yo.
¿Quién es ese caballero   que en mi cama se acostó?
—Es una hermanita mía,   que mi padre la mandó
pa llevarnos a la boda   de mi hermana, la mayor.

25 La ha tomado en la mano,   al padre se la llevó.
—Toma, padre, aquí, a tu hija,   que me ha jugado traición.
—Llévatela tú, el mi yerno,   que la Iglesia te la dio.
Ya la toma de la mano,   al campo se la llevó;
allí de tres puñaladas,   allí luego la mató.
30 La dama murió a la una,   y el galán murió a las dos.

1.2

Andándome yo paseando   por las orillas del mar,
encontré una joven bella   y me empezó a enamorar.
Luego la traté de amores   y de amores me trató,
luego me tomó de brazo,   pa su casa me llevó.
5 Estábamos platicando   cuando el marido llegó.
—¡Mi marido! ¡Mi marido!   Mala suerte nos tocó.
—¡Tu marido! ¡tu marido!   Hora, ¿ónde me escondo yo?
—Acuéstate en esta cama   mientras me disculpo yo.
—Ábreme la puerta, cielo,   ábreme la puerta, sol.
10 ¿Qué has tenido calentura   o has tenido nuevo amor?
—No he tenido calentura   ni tampoco nuevo amor,
se me han perdido las llaves   de tu nuevo tocador.
—¿Quién es ese vagamundo   que en mi cama se acostó?
—No te asustes, bien de mi alma,   que es mi hermana la menor.
15 —¿De quién es ese caballo   que en mi corral relinchó?
—No te asustes, bien de mi alma,   mi padre te lo mandó
pa que fueras a las bodas   de mi hermana la mayor.
—Bien me puedes ir diciendo,   qué caballos tengo yo.
Voy a ver a mi corral,   a ver qué caballo relinchó.
20 —Mete piernas al caballo   mientras me disculpo yo.
Cuando del corral volvió,   a la mujer preguntó:
—¿Quién ese ese caballero   que de mi patio salió?
—No te asustes, bien de mi alma,   que es mi hermana la mayor
que fue a avisarle a mis padres   que su hermano se enceló.
25 —¡Válgame Dios de los cielos!   Hora sí, ¿cómo haré yo?
Yo se lo decía jugando   y tu hermana lo creyó.
—No te asustes, bien de mi alma,   tu abogada seré yo;
anda, conforma a mis padres;   satisfecha quedo yo.
En un buque de la mar   una joven se embarcó;
30 fue a platicarle al sujeto   lo bien que se disculpó.

México

2.1

Andándome yo paseando   por las orillas del mar,
me encontré una jovencita   a la que fui a enamorar.
Tan luego le hablé de amores,   a su casa me llevó;
estábamos platicando   cuando el marido llegó.
5   —¡Tu marido, tu marido!   ¿dónde me esconderé yo?
—Ahí debajo de la cama   mientras me disculpo yo.
Cuando el marido llegó,   luego cambió de color.
—¿Has tenido calentura   o has tenido nuevo amor?
—No he tenido calentura   ni he tenido nuevo amor,
10   lo que pasa es que he perdido   la llave del tocador.
—¿De quién es esa pistola,   de quién es ese reloj,
de quién es ese caballo,   que en el corral relinchó?
—Ese caballo es muy tuyo,   tu padre te lo mandó
pa que vayas a la boda   de tu hermana la mayor.
15   —Yo no quiero ese caballo,   ni a la boda quiero ir yo,
lo que quiero es ese amigo   que en mi cama se acostó.
Luego la agarró del brazo   y al suegro se la llevó:
—Suegro, aquí le entrego a su hija   que una traición me jugó;
y el suegro le contestó: —¿Para qué la quiero yo?
20   Anda, entrégasela al cielo,   que el cielo te la mandó.
Luego la agarró del brazo   y al monte se la llevó;
hincadita de rodillas   cinco balazos le dio.

2.2

Andándome yo paseando   por las orillas del mar
me encontré una chaparrita   que a su casa me llevó;
estando yo en su casa   en su cama me acosté.
—¡Mi marido, mi marido!   —¿Adónde me escondo yo?
5   —Ábreme las puertas, Concha,   ábremelas, que soy yo.
¿O si tienes calentura   o si tienes nuevo amor?
—Yo no tengo calentura   ni tampoco nuevo amor,
lo que tengo es una carta   de tu hermana la mayor.
—¿De quién es ese caballo   que en el corral relinchó?
10   —Ese caballo es muy tuyo,   tu papá te lo mercó.
—Yo no quiero ese caballo,   ni la carta quiero yo,
lo que quiero es ese amigo   que en tu cama se acostó.

2.3

Andándome yo paseando,   amigos, les contaré,
me encontré a una jovencita,   que de ella me enamoré.
—Si me quieres, trigueñita,   nos podemos embarcar,
te hablaré de mis amores   sobre las olas del mar.
5 —Buenas tardes, María Juana;   buenos días, ¿cómo le va?
Hora que te vengo a ver,   tu marido ahí viene ya.
María Juana, María Juana,   ¿dónde me esconderé yo?
—Ahí debajo de la cama,   mientras me disculpo yo.
—Ábreme las puertas, Juana,   ábreme las puertas ya,
10 sé que tienes nuevo amante,   sé que tienes nuevo amor.
—Yo no tengo nuevo amante,   ni tampoco nuevo amor,
lo que tengo es una carta   de mi hermana la mayor
pa que vayas a las bodas,   que mi hermana se casó.
—¿De quién es ese caballo,   que en el corral relinchó?
15 —Es muy tuyo y es muy tuyo,   mi mamá te lo mandó
pa que vayas a las bodas,   que mi hermana se casó.
—Yo no quiero ese caballo,   ni a la boda me he de ir yo,
lo que quiero es ese amigo   que en mi cama se acostó.
—En tu cama nadie duerme   cuando tú andas por allá,
20 la que duerme aquí conmigo   es tu hermana y tu mamá.
No te enojes, chiquitito,   que yo no me porto así,
si me tienes desconfianza   no te separes de mí.

2.4

Quince años tenía Martina   cuando su amor me entregó
a los dieciséis cumplidos   una traición me jugó,
y estaban en la conquista   cuando el marido llegó.
—¿Qué estás haciendo, Martina,   que no estás en tu color?
5 —Aquí me he estado sentada,   no me he podido dormir,
si me tienes desconfianza   no te separes de mí.
—¿De quién es esa pistola,   de quién es ese reloj,
de quién es ese caballo   que en corral relinchó?
—Ese caballo es muy tuyo,   tu papá te lo mandó
10 pa que fueras a la boda   de tu hermana la menor.
—Yo pa qué quiero caballo,   si caballos tengo yo,
lo que quiero es que me digas   quién en mi cama durmió.
—En tu cama nadie duerme   cuando tú no estás aquí;
si me tienes desconfianza   no te separes de mí.
15 Y la tomó de la mano   y a sus papás la llevó.
—Suegros, aquí está Martina   que una traición me jugó.

—Llévatela tú, mi yerno,   la Iglesia te la entregó,
y si ella te ha traicionado   la culpa no tengo yo.
Hincadita de rodillas   nomás seis tiros le dio;
20   y el amigo del caballo   ni por la silla volvió.

2.5

—Juana Luna de mi vida,   mira qué casualidad,
cada vez que vengo a verte   tu marido viene ya.
—Métase pa la cocina   y eche el caballo al corral,
mi marido es campesino   y no tardará en llegar.
5   —¿De quién es ese caballo   que en el corral relinchó?
Ese caballo no es mío   ¿qué caballo tengo yo?
—Ese caballo es muy tuyo,   mi papá te lo mandó
pa que vayas a la boda,   ya mi hermana se casó.
—Buenas tardes, señor suegro,   ¿qué usted me ha mandado traer?
10   —Dios te haga un santo, yerno,   sería plan de tu mujer.
Y aquí me voy despidiendo   a orillas de una laguna,
que ya les dije cantando   los versos de Juana Luna.

Nicaragua

5.1

Paseándome una mañana   en las riberas del mar
encontré una joven bella   y me pasé a contemplar.
Ella me agarró de la mano   y a su casa me llevó.
Platicando muy juntitos   cuando el marido llegó.
5   —¡Tu marido! ¡Tu marido!   ¿adónde me escondo yo?
—Métete bajo la cama   mientras me disculpo yo.
—Ábreme la puerta, nena,   ábrímela que soy yo;
¿o has tenido calentura   o has tenido nuevo amor?
—Ni he tenido calentura   ni tampoco nuevo amor,
10   se me ha perdido la llave   de mi rico tocador.
—¿De quién es ese caballo   que en el corral relinchó?
—Ese caballo es muy tuyo,   tu papá te lo mandó.
—¿Para qué quiero caballo   si caballo tengo yo?
¡Lo que quiero es ese amigo   que en mi cama se acostó!
15   —Aquí no se acuesta nadie   cuando usté anda por allá,
los únicos que se acuestan   son su hermana y su mamá.
—No te sigás disculpando   que ya estoy muy enojado,
y a mí no me entra el peine   cuando estoy enmarañado.
Viene y le agarra la mano,   al monte se la llevó,

20 hincadita de rodillas   cinco balazos le dio.
    ¡Pongan cuidado muchachas,   esas que se están casando:
    cuidado con resbalones,   miren lo que está pasando!

5.2

Andándome yo paseando   por las riberas del mar
me encontré una joven bella   y la empecé a enamorar.
Me agarra ella de la mano   y a su casa me llevó,
y estábamos conversando   cuando el marido llegó.
5   —¡Tu marido, tu marido!   ¿adónde me escondo yo?
    —¡Métete bajo la cama   mientras me disculpo yo!
    —¡Abrime la puerta, cielo,   abrímela que soy yo!
    ¿Has tenido calentura   o es que tienes nuevo amor?
    —No he tenido calentura   ni tampoco nuevo amor,
10 se me han perdido las llaves   de tu rico tocador.
    —¡Si tú las tienes de plata   de acero las tengo yo!
    ¿De quién es se caballo   que en el corral relinchó?
    —Ese caballo es muy tuyo,   mi papá te lo mandó,
    para que vayas a las bodas   de mi hermana, la menor.
15 —¿Para qué quiero caballo,   si caballo tengo yo?
    Lo que quiero es ese amiguito   que en mi cama se acostó.
    —Aquí no se acuesta nadie   cuando tú andas por allá,
    los únicos que se acuestan   es tu hermana y tu mamá.
    —¡Ya no te estés disculpando   porque yo estoy enojado,
20 a mí no me dentra el peine   cuando esto enmarañado!
    Esta pistola que traigo   me va a servir para ti,
    porque tienes una mañita   de burlarte tú de mí.
    La agarró él de la mano   al suegro se la llevó:
    —Suegro, aquí le traigo a su hija,   una traición me jugó.
25 —Llevástela tú, mi yerno,   ¿para qué la quiero yo?
    si una traición te ha jugado,   no tengo la culpa yo.
    La agarró él de la mano,   al campo se la llevó,
    hincadita de rodillas   cinco balazos le dio.
    La hermosa murió a la una,   el galán murió a las dos,
30 hincadito de rodillas   cinco balazos le dio.
    ¡Pongan cuidado, señoras,   esas que se están casando,
    cuidado con los resbalones,   miren lo que está pasando!

Cuba

8.1

Mañanita, mañanita,   mañanita de san Simón,
estaba una señorita   sentadita en su balcón,
arreglada y bien compuesta   con un poco de primor.
Al pasar un caballero,   hijo del emperador,
5   con la bandurria en la mano   esta canción le cantó:
—Dormiré contigo, Luna,   dormiré contigo, Sol.
La joven le contestó: —Venga usté una noche o dos,
mi marido está cazando   en los montes de León.
Para que no vuelva más   le echaré una maldición:
10   cuervos le saquen los ojos,   águilas el corazón,
y los perros con que él caza   lo saquen en procesión.
Al decir estas palabras   el caballero llegó.
—Ábreme la puerta, Luna,   ábreme la puerta, Sol,
que te traigo un león vivo   de los montes de León.
15   Va Luna a abrirle la puerta,   mudadita de color.
—O tú tienes calentura,   o tú tienes nuevo amor.
—Yo no tengo calentura,   ni tampoco nuevo amor;
se me han perdido las llaves   de tu rico comedor.
—Si de plata se han perdido,   de oro las tengo yo;
20   un platero tengo en Francia   y otro tengo en Aragón.
Fue a abrazar a su señora   y el caballo relinchó.
—¿De quién es ese caballo   que en mi cuadra siento yo?
—Ése es tuyo, dueño mío,   mi padre te lo mandó
pa que vayas a cazar   a los montes de León.
25   —Mil gracias dale a tu padre,   que caballo tengo yo;
cuando yo no lo tenía   nunca me lo regaló.
¿De quién es ese sombrero   que en mi percha veo yo?
—Ése es tuyo, esposo mío,   mi padre te lo mandó
pa que vayas a la boda   de mi hermana la mayor.
30   —Muy feliz sea tu hermana   que sombrero tengo yo,
cuando yo no lo tenía   nunca me lo regaló.
¿De quién es esa escopeta   que en mi rincón veo yo?
—Ésa es tuya, amado mío,   mi padre te la mandó
pa que fueras a cazar   a los montes de León.
35   —Mil gracias dale a tu padre,   que escopeta tengo yo;
cuando yo no la tenía   nunca me la regaló.
El joven ya con sospechas,   a la cama se acercó.
—¿Quién es este caballero   que en mi cama veo yo?
—¡Mátame, marido mío,   que te he jugado traición!

40 Él la cogió por un brazo   y al suegro se la llevó.
—Téngala usted, suegro mío,   que me ha jugado traición.
—Llévatela, yerno mío,   que la Iglesia te la dio.
Él con ira la amenaza   y al campo se la llevó.
Le ha dado una puñalada   que el corazón le enfrió.
45 A la una murió ella,   a las dos murió su amor,
y el otro, como tunante,   en la cama se quedó.

República Dominicana

9.1

—¡Válgame la Virgen pura   y mi padre san Gil,
que antes de llegar a la puerta   se me ha apagado el candil!
¿Quién es ese caballero   que en mis puertas dice: abrid?
—Señora, yo soy don Carlos,   que deséole servir,
5 que vengo a ver si esta noche   en sus brazos puedo dormir.
—Dormirá, el señor Don Carlos,   esta noche y diez mil.
Don Albero anda cazando   en los montes de León,
cuervos le saquen los ojos   y serpientes el corazón,
los perros del matadero   lo saquen en procesión
10 y al primer río que llegue   que se ahogue el traidor.
Ellos que están en eso   y don Albero llegó:
—¿Cúyo es ese sombrero   que reluce junto al mío?
—Tuyo es, mi don Albero,   mi padre te lo mandó.
—Niña, dígale a su padre   que sombrero tengo yo;
15 cómo no me lo mandó   cuando yo no lo tenía.
¿Cúyo es ese arnés   que reluce junto al mío?
—Tuyo es, mi don Albero,   mi padre te lo mandó.
—Niña, dígale a su padre   que arnés tengo yo;
cómo no me lo mandó   cuando yo no lo tenía.
20 ¿Cúyo es ese caballo   que al par del mío relinchó?
—Tuyo es, mi don Albero,   mi padre te lo mandó.
—Niña, dígale a su padre   que caballos tengo yo;
cómo no me los mandó   cuando yo no lo tenía.
¿Cúya, cúya es esa espada   que con la mía se presentó?
25 —Tuya, tuya, don Albero,   que mi padre te la mandó.
—Gracias le vuelvo a tu padre   y merced a mi blanca flor
que cuando yo no tenía   jamás de mí se acordó.
¿Quién es ese caballero   que en mi casa repeló?
—Mátame, mi don Albero,   gran ofensa te he hecho yo.

30   —No te mataré, doña Ana,   no te mataré, mi flor.
La cogió por los cabellos   y cinco puñaladas le dio
y también al caballero   con su espada lo estocó.
El uno murió a la una   y la otra murió a las dos.

Puerto Rico

10.1

Don Alberto así decía   a su mujer al salir:
—Prepárame un almuerzo   que a caza voy a salir;
voy a cazar bien temprano   a las montañas de Abril.
—¿Quién ha tocado a mi puerta?   ¿A quién es quien debo
abrir?
5   —Es un esclavo rendido;   si no abres va a morir.
—Entra, entra, don Fernando;   don Alberto no está aquí,
don Alberto está cazando   en las montañas de Abril;
águilas le saquen el alma,   serpientes el corazón,
perros de carnicería   lo lleven en procesión.
10   A estas palabras diciendo,   don Alberto que llegó.
—¿De quién es ese sombrero   que en la percha veo yo?
—Tuyo, tuyo, don Alberto,   mi padre te lo mandó.
—Niña, dígale a su padre   que sombreros tengo yo,
que cuando no los tenía   él de mí no se acordó.
15   ¿De quién es esa espada   que relumbra como un sol?
—Tuya, tuya, don Alberto,   mi padre te la mandó.
—¿De quién es ese caballo   que en mi cuadra relinchó?
—Tuyo, tuyo, don Alberto,   mi padre te lo mandó.
—Niña, dígale a su padre   que caballos tengo yo.
20   que cuando no los tenía,   él de mí no se acordó.
¿Quién es ese caballero   que en mi cuarto estornudó?
Don Fernando sale entonces   y así dice en alta voz:
—Yo, que busco una paloma   que por aquí se escondió.
Don Alberto a su mujer   por los cabellos cogió
25   y arrastrándola con furia   siete salas él barrió.
Agarrando las espadas   uno y otro se batió;
uno era hijo de un duque,   otro de un gobernador.
Uno se murió a la una,   otro cuando sale el sol.
La mujer porque era mala   sin ninguno se quedó.

Venezuela

11.1

—Quién durmiera con doña Alba   una noche sin temor.
—No digo una noche,   una noche y también dos.
Mi marido no está aquí,   está en la montaña de León,
águilas le saquen los ojos   y cuervos el corazón
5   y los diablos del infierno   lo carguen en procesión.
Estando en estas palabras,   don Francisco que llegó,
alza el caballo las manos,   puertas en tierra le dio.
—¿Qué haces por aquí, doña Alba,   toda mudada en color,
estáis tocada del vino   o también del nuevo amor?
10   —Ni estoy tocada del vino   ni tampoco nuevo amor,
se me han perdido las llaves   de tu rico almirador.
—Si de plata eran mis llaves   de oro las mando hacer yo,
tesoros tengo en España,   plateros en Iroró.
¿De quién es aquella espada   que relumbra más que el sol?
15   —Tuya, tuya, don Francisco,   mi padre te la mandó.
—Cómo cuando no la tenía,   cómo no me la mandó,
tesoros tengo en España,   plateros en Iroró.
¿De quién es aquel caballo   que en el jardín relinchó?
—Tuyo, tuyo, don Francisco,   mi padre te lo mandó.
20   —Cómo cuando no lo tenía,   cómo no me lo mandó,
tesoros tengo en España,   plateros en Iroró.
La agarró por los cabellos,   siete salas la arrastró,
para dentrar para el cuarto   diez puñaladas le dio.
Se ha encontrado con don Corvos   sentadito en un rincón:
25   —¿Qué hacéis por aquí, don Corvos,   qué hacéis por aquí, traidor?
—Ando en busca de una garza   que por aquí se ocultó.
—Esa garza que tú buscas   muerta la he dejado yo.
A las cuatro murió doña Alba,   a las cinco murió don Corvos,
a las seis murió don Francisco   y a las siete rayó el sol.

11.2

—¿Quién es ese caballero   que mi puerta manda abrir,
que por abrirle la puerta   se me ha apagado el candil?
—Yo soy don Carlos, doña Ana,   en tus bracitos dormir.
—No por una sola noche,   sino por doscientas mil.
5   —¿Por dónde está don Norberto?   —Don Norberto no está aquí,
don Norberto está cazando   en los montes del León,
perros de carnicería   le traspasen el corazón.

—¿Qué tienes mi querida niña,   qué tienes mi querida flor?
—Sólo que se me han perdido   las llaves del tocador.
10   —No tengas cuidao, mi vida,   no tengas cuidao, mi amor.
Si tus llaves eran de plata,   de oro te las daré yo.
¿De quién es ese caballo   que en mi corral relinchó?
—Tuyo, tuyo, don Norberto,   mi padre te lo mandó.
—¿Por qué cuando no lo tenía   por qué no me lo mandó?
15   ¿De quién es esa arma blanca   que en mi cuarto relumbró?
—Tuya, tuya, don Norberto,   mi padre te la mandó.
—¿Quién es ese caballero   que en mi cuarto estornudó?
—Es un primito hermano   que hará un momento llegó.
—¿Si es tu primito hermano,   por qué, mi vida, se ocultó?
20   La agarró por los cabellos,   siete salas la barrió
y en el último salón   una puñalada le dio.
La sangre que derramaba   combina sus rayos el sol.
Don Carlos, hijo del rey,   don Norberto, emperador.

Colombia

12.1

Doña María se casó con don Pedro. Pero ella salió muy pájara, pues. Y
mientras él estaba en viaje, ya tenía su otro marido. Y de esas cosas, que
tenía el marido, tenía el otro. Entonces, cada vez que volvió el marido,
quedóse una cosa del otro. Y era que le preguntaba, de quién era eso que
encontraba y que igualaba a la de él.

—Dime, dime, doña María,   dime, dime, mi blanca flor,
¿cúyo, cúyo es ese sombrero,   que con el mío igualó?
—Tuyo, tuyo, don Alonso,   tu padre te lo mandó.
—Dímele a mi padre,   que sombrero tengo yo.
5   Que ¿por qué, cuando no lo tenía,   por qué no me lo mandó?
Dime, dime, doña María,   dime, dime, mi blanca flor,
¿cúyo, cúyo es ese caballo,   que con el mío igualó?
—Tuyo, tuyo, don Alonso,   tu padre te lo mandó.
—Dímele a mi padre,   que caballo tengo yo.
10   Que, cuando no lo tenía,   ¿por qué no me lo mandó?
Dime, dime, doña María,   dime, dime, mi blanca flor,
¿cúya, cúya en esa pistola,   que con la mía igualó?
—Tuya, tuya, don Alonso,   tu padre te la mandó.
—Dímele a mi padre,   que pistola tengo yo.
15   Que, cuando no la tenía,   ¿por qué no me la mandó?
Dime, dime, doña María,   dime, dime, mi blanca flor,

¿cúya, cúya es esa capa,   que con la mía igualó?
—Tuya, tuya, don Alonso,   tu padre te la mandó.
—Dímele a mi padre,   que capa tengo yo.
20 ¿Por qué, cuando no tenía,   por qué no me la mandó?
Dime, dime, doña María,   dime, dime, mi blanca flor,
¿cúyo, cúyo es este paraguas,   que con el mío igualó?
—Tuyo, tuyo don Alonso,   tu padre te lo mandó.
—Dímele a mi padre,   que paraguas tengo yo.
25 Que, cuando no lo tenía,   ¿por qué no me lo mandó?
Dime, dime, doña María,   dime, dime, mi blanca flor,
¿cúyo, cúyo es ese cuchillo,   que con el mío igualó?
—Tuyo, tuyo don Alonso,   tu padre te lo mandó.
—Dímele a mi padre,   que cuchillo tengo yo.
30 Que, cuando no tenía   ¿por qué no me lo mandó?

¿Y ella confesó su culpa? —Ella no confesó nada, el público lo comenta
pues. —¿Y cómo terminó el asunto? —Él hace mandar un cuchillo, cabo
de oro, y dice a ella, que con ese cuchillo iba a matarla.[8]

Perú

14.1

Estaba la blanca niña,   estaba la blanca flor
sentadita en su ventana,   bordando en su bastidor.
Por ahí pasó don Carlos,   hijo del emperador;
se enamoró de la niña   y ella le correspondió.
5 —Eres bella como el cielo,   eres bella como el sol;
¡quién se acostara contigo   una noche y otras dos!
—Suba, pues, señor don Carlos,   y duerma una noche o dos.
Mi marido anda de caza   por esos campos de Dios.
Los dos gozándose estaban   y don Alberto llegó:
10 —¿De quién es ese caballo   que en la cuadra relinchó?
—Tuyo es, señor marido,   mi padre te lo mandó.
—¿De quién serán esas armas   que relumbran como el sol?
—Tuyas son, señor marido,   mi padre te las mandó.
—¿De quién serán esas ropas   que colgadas veo yo?
15 —Tuyas son, señor marido,   mi padre te las mandó.
—¿De quién serán esos pasos   que huyen por el corredor?

---

[8] Versión que sólo conserva en verso la parte central, el núcleo concéntrico. La hemos incluido porque es la más completa que tenemos de Colombia.

—¡Mátame, señor marido,   que te he usado traición!
Le dio una gran puñalada   y a sus pies la derribó.
Don Carlos y don Alberto   se arremeten con furor.
20   Uno murió a media noche   y el otro al ponerse el sol.

Chile

15.1

—¡Ah, qué niña tan bonita   que le quita el lustre al sol!
¡Ah, quién durmiera con ella   una noche y otras dos!
—Dormirá usted, buen mancebo   sin cuidado ni pensión,
que mi marido anda fuera   por esos campos de Dios.
5   Dios quiera que por donde anda   lo maten sin compasión,
entonces, sin sobresalto,   nos gozaremos los dos.
Micaela que esto dijo,   don Alberto que llegó;
la criada que tenía   de todo cuenta le dio.
—¿Qué tiene, señora mía,   que me habla con distracción?
10   —¿Qué he de tener, don Alberto?   La llave se me perdió.
—Si la llave era de plata,   de oro se la vuelvo yo.
¿De quién es ese caballo   que relincha en mi galpón?
—Suyo es, mi don Alberto,   mi padre se lo dejó.
—¿Y de quién son estas armas   que están en mi mostrador?
15   —Suyas son, mi don Alberto,   mi hermano se las dejó.
—¿Y de quién son esos pasos   que van para este rincón?
—Máteme, pues, don Alberto,   que le he formado traición.
La tomó de los cabellos,   para el patio la sacó,
le dio siete puñaladas   y de la menor murió.
20   Para dentro se entró,   con don Carlos se encontró
y batieron las espadas,   no se véida compasión.
Don Carlos murió a la una   y don Alberto a las dos.
Al otro día en la misa,   ¡qué bonita procesión!
¡qué repique de campanas   en la iglesia mayor!
25   ¡qué lindos los tres entierros   de tres amantes que son!

Argentina

16.1

Estaba Catalinita   sentadita en su balcón,
tocando su guitarrita,   cantando versos de amor.
—Si no fuera, Catalina,   si no fuera por tu amor,
pasaría un rato contigo,   prenda de mi corazón.
5 —Sí pasará un ratito,   y pasará también dos.
Mi marido está en el campo,   trabaja de leñador.
Al decir estas palabras,   el marido que llegó;
golpea que te golpea,   abajo la puerta echó.
—¿Qué te pasa Catalina,   pálido está tu color?
10 ¿Es que tienes hombre en casa   y a mí me haces traición?
—Yo no tengo un hombre en casa,   a ti no te hago traición,
se me han perdido las llaves,   las llaves del bastidor.
—Si eran las tuyas de plata,   de oro las traigo yo.
¿De quién es aquella espada   que relumbra contra el sol?
15 —Tuya, tuya, mi marido,   mi hermano te la mandó.
—Tantas gracias a tu hermano,   que mejor la tengo yo,
cuando yo la precisaba   tu hermano no la mandó.
¿De quién es aquel caballo   que está allá en el corredor?
—Tuyo, tuyo, mi marido,   mi hermano te lo mandó.
20 —Tantas gracias a tu hermano,   que mejor lo tengo yo,
cuando yo lo precisaba   tu hermano no lo mandó.
¿De quién es aquella sombra   que está allá en el comedor?
—Es el gato la vecina   que está por cazar ratón.
—Por el monte siempre he andado,   por el monte de Aragón,
25 y yo nunca he visto gato   con corbata y pantalón.
—Mátame, señor marido,   que tienes mucha razón;
desde hace cuatro o cinco años   te vengo haciendo traición.
A la primera puñalada,   Catalinita cayó;
con el pecho destrozado,   Catalinita murió.

16.2

Un jueves era por cierto,   víspera de la Ascensión,
vide tu casa enramada   con ramas de admiración.
—¡Ay, qué niña tan hermosa!   Se parece al mismo sol.
¡Quién durmiera con ti, niña,   esta noche y otras dos!
5 —Duerma, duerma, mi buen Carlos,   esta noche y otras dos,
que mi marido está ausente   por los campos de León.
No acabó bien la palabra,   don Alberto que llegó.

Corre una criada, y dice   que le han usado traición.
—¿Qué es eso, doña Felisa,   que me habla con turbación?
10 —Nada, mi señor marido,   la llave se me perdió.
—Si la tuya fue de plata,   de oro te la traigo yo.
¿Cúyas son aquellas armas   que relumbran contra el sol?
—Tuyas son, señor marido,   que a dorarlas mandé yo.
—¿Cúyas son aquellas bestias   que dan vuelta al corralón?
15 Tuyas son, señor marido;   mi padre te las mandó.
—¿Cúyos son aquellos pasos   que van para el mostrador?
—Mátame, señor marido,   que te había usado traición.
No acabó bien la palabra,   y el corazón le partió.
Hizo picar su caballo   dos pasos al corralón;
20 a poco andar don Alberto,   con el mancebo encontró.
De puñaladas se daban   que causaban compasión.
Como los dos eran guapos,   mucho el combate duró.
¡Ay, qué guerra tan sangrienta,   que daba temor a Dios!
Carlos murió a media tarde,   Alberto al entrarse el sol,
25 y mi señora Felisa,   al golpe de la oración.
Al otro día de mañana   ya doblaron las campanas,
para hacer un triste entierro   de tres queridos del alma.

Uruguay

17.1

Estando Catalinita   sentadita en su balcón,
pasa su novio y le dice: —Ven, que quiero hablar con vos.
—Sube, sube caballero,   sube, sube sin temor,
que mi marido está ausente   por los montes de Aragón.
5   Para más seguridad   le echaré una maldición,
que los perros de los moros   le coman el corazón.
Al decir estas palabras   se entreabrieron las dos puertas;
era su marido ausente   que volvía de Aragón.
—¿Qué tenés, Catalinita,   que has cambiado de color?
10 —Se me han perdido las llaves   de mi amante bastidor.
—Si tus llaves son de plata,   de oro las compro yo.
Tu tenés tu amante dentro   y a mí me tenés temor.
—Yo no tengo mi amante dentro   ni a ti te tengo temor;
se me han perdido las llaves   de mi amante tocador.
15 —¿De quién es aquel sombrero   que en la puerta veo yo?
—Es tuyo, marido mío,   que tu hermano lo dejó.
—¿De quién es aquel caballo   que en el pesebre veo yo?

—Es tuyo, marido mío,   que tu hermano lo mandó.
—¿De quién es aquella sombra   que en la parra veo yo?
20   —Es el gato de la vecina   que está cazando un ratón.
—Siete años de casados   y dos más de labrador,
en mi vida he visto un gato   con levita y pantalón.
¿De quién son aquellos ojos   que en la cama veo yo?
—Son del nene de la vecina   que en mis brazos se durmió.
25   —Tomaremos el candelero   y lo iremos a ver los dos;
me parece que este nene   tiene más barba que yo.
—Siete años de casados   y te eché una maldición;
mátame, marido mío,   mátame sin compasión.
A la primer puñalada   Catalina suspiró,
30   la segunda puñalada   Catalinita murió.

II. ALFONSO XII (CGR 0168.1)

Calcado de *La aparición*, con motivo de la muerte de la reina Mercedes (1878), es muy probable que la primera versión fuese monorrima y comprendiera solamente la noticia de la muerte y la descripción del entierro. El romance se difundió rápidamente por España y por América. Se han recogido en el continente 90 versiones en 13 países.

Debido a su origen, el romance toma a veces motivos de *La aparición*, como la aparición de la muerta y sus recomendaciones. Por su misma popularidad ha sufrido muchas recreaciones en el siglo que lleva de vida; éstas se centran en el motivo de los regalos (vestido, zapatos, pulsera, etc.) y en el del duelo que se guarda por la muerte de la reina (los faroles, las campanas, etc.). Casi todas estas recreaciones se han hecho mediante dísticos con rima propia, verdaderas coplas, con lo que el romance ha perdido su monorrimia; así, la rima original en *i* sólo se conserva en unos pocos versos del principio en la mayoría de las versiones; a veces, el romance adquiere incluso coplillas pentasílabas, señal inequívoca de la disgregación de la forma original.

Bibliografía

Textos americanos: cf. 3, 5, 8, 12, 13bis, 15, 17, 21, 23, 24, 25, 26, 39, 42, 43, 45, 46, 52, 53, 56, 68, 76, 88, 93, 95, 102, 115, 120, 127, 132, 133, 135, 140, 145, 148, 150, 154, 161, 162, 163, 164.

Otros textos hispánicos: cf. *Alvar 71*, 214; *Catalán*, 179-181, 291-292, 378; *Córdova*, p. 118; *Cossío-Maza*, 252; *Díaz-Delfín*, I, p. 267; *Díaz V.*, I, p. 111; *Gil*, I, p. 96, II, 86; *Menéndez Pelayo*, p. 254; *Petersen*, II, p. 133; *Piñero-Atero*, p. 95; *Puig*, p. 95; *Trapero 82*, p. 170.

Estudios: cf. E-29, E-52.

Textos

México

2.1

—¿Dónde vas, Alfonso XII,   dónde vas lejos de mí?
—Voy en busca de Mercedes   que ayer tarde la perdí.
—Pues Mercedes ya está muerta   ayer tarde yo la vi,
la llevaban cuatro duques   por las calles de Madrid.
5   El vestido que llevaba   no te lo podré decir,
la corona era de oro,   los botones de marfil;
los zapatos que llevaba   eran de un rico charol,
fue regalo de su Alfonso   desde el día que se casó.
Los faroles de palacio   ya no quieren alumbrar
10 porque la reina ha muerto   y el luto quieren guardar.
Ya no paso por palacio   ni me voy hacia el cuartel
porque dicen que era novia   del teniente coronel.

2.2

—¿Dónde vas, Alfonso XII,   dónde vas, pobre de ti?
—Voy en busca de Mercedes   que ayer tarde la perdí.
—Pues si vas en busca de ella   jamás la vas a encontrar
porque la bella reposa   donde no se puede amar.
5   Ya Mercedes ya se ha muerto,   ya la llevan a enterrar
entre cuatro zopilotes   y un ratón de sacristán.

Nicaragua

5.1

—¿Dónde vas, Alfonso XII,   por las calles de Madrid?
—Voy en busca de Mercedes   que ayer tarde la perdí.
—Se acabó la flor de mayo,   se acabó la flor de abril,
se acabó con quien paseabas   por las calles de Madrid.
5   —¿Qué es aquello que diviso   en aquella calle real?
—Son los ojos de Mercedes   que los van a embalsamar.
Al bajar los escalones,   Alfonso se desmayó,
y sus criados le decían: "Alfonso, tené valor".
Las campanas del palacio   ya no quieren repicar,
10 porque ha muerto Merceditas   y sólo quieren doblar.
Ya las lámparas de la torre   ya no quieren alumbrar,
porque ha muerto Merceditas,   y luto quieren guardar.

Costa Rica

6.1

—¿Adónde vas, Alfonso XII,   adónde vas, pobre de ti?
—Voy en busca de Mercedes   que anteanoche la perdí.
—Ya Mercedes se murió,   ya Mercedes no está aquí,
la llevaron cuatro duques   por las calles de Madrid.

6.2

—¿Dónde vas, Alfonso XII,   dónde vas, pobre de ti?
—Ando en busca de Mercedes   que ayer tarde la perdí.
—A Mercedes la llevaba,   la llevaba a enterrar
entre cuatro zopilotes   y un ratón de sacristán.

Panamá

7.1

—¿Dónde vas Alfonso XII,   por las calles de Madrid?
—Voy en busca de Mercedes   que hace días no la vi.
—A Mercedes no la busques,   no la busques por aquí,
cuatro hombres la llevaban   por las calles de Madrid.
5 Se acabó la flor de mayo,   se acabó la flor de abril,
se murió la que paseaba   por las calles de Madrid.
Sortijita de oro traigo,   piedrecita de marfil,
que se quiten, que se quiten   de las puertas de Madrid.

Cuba

8.1

—¿Dónde vas Alfonso XII,   dónde vas triste de ti?
—Voy en busca de Mercedes   que ayer tarde no la vi.
—Ya Mercedes está muerta,   muerta está que yo la vi,
cuatro duques la llevaban   por las calles de Madrid.
5 Al subir los escalones   Alfonso se desmayó,
y las tropas le decían: "Alfonso, tened valor".
El vestido que llevaba   era color carmesí,
que se lo regaló Alfonso   la noche que le dio el sí.
El velo que la cubría   era de fino crespón,

10 que se lo regaló Alfonso   la noche que se casó.
Los zapatos que llevaba   eran de un fino charol,
que se los regaló Alfonso   la noche que se casó.
Las flores que la cubrían   eran de plata y marfil,
con un letrero que dice: "ya murió la flor de aquí".
15 Ya murió la flor de mayo,   ya murió la flor de abril,
ya murió la que reinaba   en las cortes de Madrid.
Las campanas de la iglesia   ya no quieren repicar,
porque Mercedes se ha muerto   y luto quieren guardar.
Los faroles del palacio   ya no quieren alumbrar,
20 porque Mercedes se ha muerto   y luto quieren guardar.

República Dominicana

9.1

—¿Dónde vas, Alfonso XII?   ¿Dónde vas? ¡Triste de ti!
—Voy en busca de Mercedes   que ayer tarde no la vi.
—Mercedes ya está muerta,   muerta está que yo la vi;
cuatro pajes la cantaban   por las calles de Madrid.
5 El vestido que llevaba   era de fino lamé
y se lo regaló Alfonso   la noche que se casó.
Los zapatos que llevaba   eran de fino charol
y se los regaló Alfonso   la noche que se casó.
Al subir las escaleras   Alfonso se desmayó,
10 los soldados le gritaban: "Alfonso, ¡tened valor!"
Los faroles de palacio   ya no quieren alumbrar
porque Mercedes ha muerto   y luto quieren guardar.
Las campanas de la iglesia   ya no quieren repicar
porque ya Mercedes es muerta   y luto quieren guardar.
15 ¡Ya murió la flor de mayo!   ¡Ya murió la flor de abril!
¡Ya murió la que paseaba   por las calles de Madrid!

Puerto Rico

10.1

—¿Dónde vas, Alfonso XII?   ¿Dónde vas? ¡Triste de ti!
—Voy en busca de Mercedes,   que hace tiempo no la vi.
—Mercedita ya se ha muerto,   que enterrada yo la vi,
cuatro condes la llevaban   por las calles de Madrid.
5 Su carita era de cera,   y sus dientes de marfil,

y el pañuelo que llevaba   era color carmesí.
El vestido que llevaba   era de fino poplín,
que se lo regaló Alfonso   la noche que le dio el sí.
Los zapatos que llevaba   eran de un fino charol,
10   que se los regaló Alfonso   la noche que se casó.
Los faroles del palacio   ya no quieren alumbrar
porque se murió Mercedes,   luto le quieren guardar.
Las campanas de la iglesia   ya no quieren repicar
porque se murió Mercedes,   luto le quieren guardar.
15   Al subir las escaleras   Alfonso se desmayó,
le acudieron los soldados: "Rey Alfonso, ten valor".
Ya murió la flor de mayo,   ya murió la flor de abril,
ya murió quien gobernaba   los palacios de Madrid.

10.2

—¿Dónde vas, Alfonso XII?   ¿Dónde vas, triste de ti?
—Voy en busca de Mercedes   que hace tiempo no la vi.
—Merceditas ya se ha muerto,   que enterrarla yo la vi,
cuatro duques la llevaban   por las calles de Madrid.
5   Su carita era de cera,   y sus dientes de marfil,
y el pañuelo que llevaba   era color carmesí.
Sandalias de oro bordadas   llevaba en sus lindos pies,
que se las bordó la infanta,   la infanta Doña Isabel.
—Al subir las escaleras   una sombra negra vi,
10   mientras más me retiraba,   más se me acercaba a mí.
—No te asustes caballero,   no te asustes tú de mí;
que soy tu esposa Mercedes   que te viene a recibir.
Cásate, buen caballero,   cásate, no estés así,
la primera hija que tengas   la llamarás como a mí.
15   Los faroles del palacio   ya no quieren alumbrar
porque Mercedes se ha muerto   y luto quieren guardar.

Venezuela

11.1

—¿Dónde vas, Alfonso XII,   donde vas? —Pobre de mí,
voy en busca de Mercedes,   que ayer tarde la perdí.
—No la busques, no la busques,   que ayer tarde yo la vi,
en compaña'e cuatro coches   por las calles de Madrid.
5   Los zapatos que llevaba   eran de fino charol,

que se los regaló Alfonso   la noche que se casó.
Los faroles del palacio   no querían alumbrar
porque se murió Mercedes   y luto deben guardar.
Se acabó la flor de mayo,   se acabó la flor de abril,
10   se acabó la que paseaba   por las calles de Madrid.

11.2

—¿Dónde vas, Alfonso XII   a estas horas por aquí?
—En busca de Merceditas,   que ayer tarde no la vi.
—La llevaban cuatro condes   por las calles de Madrid.
—¡Se acabó la flor de mayo,   se acabó la flor de abril,
5   se acabó la que pasaba   por las calles de Madrid!
Las campanas de este templo   ya no quieren repicar
porque Mercedes se ha muerto   y luto le han de guardar.
Las muchachas de esta calle   ahora no quieren bailar
porque se ha muerto Mercedes   y luto le han de guardar.

Colombia

12.1

—¿Dónde vas, Alfonso XII?   ¿Dónde vas? ¡Triste de mí!
—En busca de Merceditas,   que hace un año la perdí.
—Mercedita no [sic] se ha muerto,   ayer tarde yo la vi.
La llevaban cuatro frailes   por las calles de Madrid.
5   Los zapatos que llevaba   eran puro charolí,
los que le había dado Alfonso   en la noche de chespín [sic].
Desde aquí se ve la casa,   el arbolito también,
donde se querían juntos,   donde se besan también.
Si las luces del palacio,   ya no quieren encender,
10   por la muerte de Mercedes,   ya no quieren florecer.
Se acabó la flor de mayo,   y también la flor de abril;
se acabó la que paseaba   por las calles de Madrid.

12.2

—¿Para dónde vas, Alfonso López? —Yo voy para el jardín,
en busca de Merceditas,   que ayer tarde la perdí.
—Tres padres la llevaban   por la calle de marfil,
los pendientes eran de oro   y los dientes de marfil.
5   Los zapatos que llevaba   eran de rico charol,

se los regaló Alfonso López,   el día que se casó.
Al subir las escaleras   Alfonso se desmayó,
porque se había muerto Merceditas,   que solito lo dejó.
Las lámparas del palacio   ya no quieren alumbrar
10   porque se había muerto Merceditas   y de luto ha de guardar.

12.3

—Se acabó la flor de mayo,   se acabó la flor de abril,
se acabó mi buena madre,   para siempre la perdí.
El cajón era de oro   y la tapa de marfil,
y el velo que la cubría   eran rosas y jazmín.
5   Al llegar al cementerio   una campana dobló,
y los besos, que me daba,   para siempre los perdí.
Angelito de mi guarda,   tú que sabes, dónde está,
dime, ¿dónde está mi madre?   —En el cielo está con Dios.[9]

Perú

14.1

—¿Dónde vas, Alfonso XII,   dónde vas por el jardín?
—Voy en busca de Mercedes   que ayer tarde no la vi.
—Si Mercedes ya se ha muerto,   muerta está que yo la vi,
cuatro duques la llevaban   por las calles de Madrid.
5   Su carita era de cera,   sus manitas de marfil
y el manto que la cubría   era color carmesí.
Las alhajas que lucía   no te las puedo decir,
regaladas por Alfonso   el día que se casó.
Y la caja en la que iba   era de blanco marfil,
10   los zapatos que llevaba   eran de rico charol.
Al entrar en el palacio   una sombra negra vi,
y mientras más se retiraba,   más se iba acercando a mí.
—No te retires, Alfonso,   no te retires de mí,
soy Mercedes que te quiere   y se viene a despedir.
15   Los faroles de palacio   ya no quieren alumbrar
porque Mercedes se ha muerto   y luto quieren guardar.
Y las flores de su casa   ya no quieren revivir
porque Mercedes se ha muerto   y luto quieren guardar.

---

[9] Recreación hecha con base en el romance y que se incluye aquí para mostrar cómo
la poesía tradicional puede usarse para expresar algo propio.

Chile

15.1

—¿Dónde vas, rey Alfonsito,   dónde vas, triste de mí?
—Voy en busca de Mercedes   que ayer tarde no la vi.
—Merceditas ya se ha muerto,   muerta está, que yo la vi,
cien doncellas van llorando,   caballeros más de mil.
5   El paño que la cubría   era azul y carmesil
con botones de oro y plata   y claveles más de mil.
Al Escoria la llevaron   y la enterraron allí
en una caja forrada   de cristal y de marfil.[10]

Argentina

16.1

—¿Dónde vas, Alfonso XII,   dónde vas tan solo así?
—Voy en busca de Mercedes   que hace días no la vi.
—Merceditas ya está muerta,   muerta está, que yo la vi,
cuatro duques la llevaron   por la calle La Madrid.
5   El cajón que la llevaba   era de oro y de marfil
y el manto que la cubría   era de azul carmesí,
recamado de oro y perlas   y con hojas de jazmín.
Los faroles del palacio   ya no quieren alumbrar
porque la reina se ha muerto,   luto le quieren guardar.

16.2

—¿Dónde vas, Alfonso XII,   dónde vas tan solo así?
—Voy en busca de Juanita   que ayer tarde la perdí.
—Ya Juanita está muerta,   ayer tarde yo la vi,
cuatro duques la llevaban   por las calles de Madrid.
5   Su cajón era de oro   y su tumba de cristal
y el velo que la cubría   eran espumas del mar;
los zapatos que llevaba   eran de un rico charol,
con letras de oro que decían: "Ya murió la flor de amor".
Los faroles del palacio   ya no quieren alumbrar
10   porque Juanita se ha muerto,   ellos quieren enlutar.
Las campanas del palacio   ya no quieren repicar

[10] Esta versión parece libresca, seguramente aprendida en el *Suplemento* de Menéndez Pelayo (p. 254).

porque Juanita se ha muerto   y luto quieren llevar.

16.3

—¿Dónde vas, Alfonso XII,   dónde vas triste, ay de ti?
—Voy en busca de Mercedes   que ayer tarde no la vi.
—Ya Mercedes está muerta,   muerta está, que yo la vi,
cuatro duques la llevaban   por las calles de Madrid.
5   Su carita era la virgen,   sus manitas de marfil,
el mantón que la cubría·   era un rico carmesí.
Las botitas que llevaba   eran de un rico charol,
regaladas por Alfonso   el día que se casó.
Al subir las escaleras   Alfonso se desmayó.
10   Al sentir los cañonazos,   Alfonso salió al balcón.
Ya murió la flor de mayo,   ya murió la flor de abril,
ya murió la que buscaban   en las cortes de Madrid.
—Adiós Mercedes del alma;   prenda de mi corazón.
En el fondo del palacio   una sombra vi venir,
15   cuando yo más me alejaba,   ella se acercaba a mí.
—No te retires, Alfonso,   no te retires así,
que soy tu esposa Mercedes   que me vengo a despedir.
Cásate Alfonsito XII,   cásate y no andes así,
y la hija que tú tengas   la nombrarás como a mí
20   para que cuando la llames   te acuerdes de quien murió.
Los faroles del palacio   ya no quieren alumbrar
porque Mercedes ha muerto   y luto quieren llevar.

Uruguay

17.1

—¿Dónde vas, Alfonso XII?   ¿Dónde vas, triste de mí!
—Voy en busca de mi esposa   que hace días que no la vi.
—Si tu esposa ya está muerta,   muerta está que yo la vi,
cuatro duques la llevaban   por las calles de Madrid.
5   Al oír estas palabras   Alfonso se desmayó,
y diciendo los soldados: "Alfonso tened valor".
Por las calles del palacio   no quisieron alumbrar
porque se ha muerto la reina   y el luto quiere guardar.
Las alhajas que llevaba   no se las puedo decir
10   porque iban y tapadas   por las mantas de alhelí.
Al subir las escaleras   Alfonso se desmayó,
y diciéndole a la esposa: "Prenda de mi corazón".

17.2

—¿Dónde vas, Alfonso XII?   ¿Dónde vas, lejos de mí?
—Voy en busca de Mercedes   que ayer tarde la perdí.
—Si Mercedes ya está muerta,   muerta está, que yo la vi;
cuatro duques la llevaban.   por las calles de Madrid.
5   La cara era de virgen,   sus manos de marfil
y el vestido que llevaba   era color carmesí.
Los zapatos que llevaba   eran de rico charol,
regalados por Alfonso   el día que se casó.
Al subir las escaleras   una sombra negra vi,
10   y entre más se retiraba,   más se me acercaba a mí.
—No te retires, Alfonso,   no te retires de mí,
que soy tu querida esposa   que me vengo a despedir.
Los faroles del palacio   ya no quieren alumbrar,
y es porque ha muerto Mercedes   y luto quieren guardar.

17.3

—Al subir una montaña   una sombra vi venir;
cuando más yo me alejaba,   ella se acercaba a mí.
—No se asuste, caballero,   no se asuste, ¡ay de mí!
que ando en busca de mi esposa   que hace días la perdí.
5   —Su esposa ya es muerta,   muerta, muerta yo la vi.
Cuatro coches la llevaban   por la plaza de Madrid.
El vestido que llevaba   era de un rico zefir,
que se lo regaló Alfonso   el día antes de morir.
Los zapatos que llevaba   eran de un rico charol,
10   que se los regaló Alfonso   el día que ella murió.

III. LA APARICIÓN (CGR 0168)

Romance al parecer muy difundido en los Siglos de Oro. Aparece en el *Cancionero de Londres* (recopilado entre 1471-1500) y se ha utilizado en el teatro (Vélez de Guevara, *Reinar después de morir*, Guillén de Castro, *La tragedia por celos*). Se conoce también un pliego impreso en Zaragoza en 1506 con algunos versos arreglados. Según Menéndez Pidal, el romance español dio origen a canciones francesas e italianas.

En nuestros días aparece muchas veces, perfectamente integrado, como segunda parte de *El quintado*. Es de anotar que en América no se conoce esta modalidad. Como romance independiente no es de los más difundidos; en el continente se han encontrado 39 versiones.

Como ya se dijo, este romance fue base para el de *Alfonso XII*; debido a ello, muchas versiones tienen motivos que pertenecen a este último, como el de la flor de mayo, la mención de Madrid, etc. Las versiones americanas suelen estar bastante acortadas, pero la mayoría conserva el motivo nuclear de la aparición de la esposa. El comienzo que habla del encuentro en la playa (México, Estados Unidos) o en la montaña (Uruguay) parece ser recreación americana.

Hay que resaltar que las versiones más o menos puras de este romance sólo se han hallado en los extremos del continente: Estados Unidos, México y Argentina, Uruguay. Al parecer, en los otros países ha sido totalmente absorbida por *Alfonso XII*.

Bibliografía

Textos americanos: cf. 19, 57, 60, 88, 105, 132, 154.

Otros textos hispánicos: cf. *Alonso*, p. 42 y 194; *Alvar 66*, 55; *Alvar 71*, 214; *Armistead-Silverman 77*, p. 50; *Catalán*, 12; *Córdova*, p. 153; *Cossío-Maza*, 241; *Costa*, 54-62; *Díaz-Delfín*, I, p. 267, II, p. 134; *Díaz V*, p. 103; *Echeverría*, p.404, *Gil*, II, 183; *Ledesma*, p.164; *Leite*, 26; *Menéndez Pelayo*,

24; *Milá*, p. 111; *Petersen*, p. 173; *Pires*, p. 58; *Schindler*, p. 55; *Trapero 82*, p. 211.
Apéndice 37 y p. 446.

Estudios: cf. E-3, E-52, E-64.

TEXTOS

Estados Unidos

1.1

En una arenosa playa   una hermosa ninfa vi,
que cuanto más me alejaba   más se acercaba a mí.
—¿Dónde vas, caballerito,   ausentándote de mí?
—Voy en busca de mi esposa   que hace días no la vi,
5 —Tu esposa ya está muerta,   muerta está que yo la vi,
muchos condes la llevaban   al palacio de Madrid.
Ya murió la flor de mayo,   ya murió la flor de abril,
ya murió la que reinaba   en la corte de Madrid.

1.2

En una playa arenosa   una blanca sombra vi,
y entre más me retiraba   más se acercaba a mí.
—¿Dónde vas, caballerito,   alejándote de mí?
—Voy en busca de mi esposa,   que hace días no la vi.
5 —Ya tu esposa ya es muerta,   con mis ojos yo la vi,
cuatro duques la llevaban   a la ciudad de Madrid.
El coche en que la llevaban   era de oro y cortesí,
la tapa que le pusieron   era de oro y de marfil.
Cásate, caballerito,   y no te quedes así,
10 y al primer niño que tengas   ponle nombre como a mí.
Ya murió la flor de mayo,   ya murió en el mes de abril,
ya murió la que reinaba   en la ciudad de Madrid.

México

2.1

A la orilla de una playa   una sombra negra vi,
yo me retiraba de ella,   ella se acercaba a mí.

    —Caballero, caballero,   ¿qué anda haciendo por aquí?
    —Ando en busca de mi esposa   que hace tiempo la perdí.
5   —Ya su esposa ya está muerta,   eso mismo yo lo vi,
    cuatro candeleros blancos   alumbraban frente a mí.
    De los hijos que quedaron   sácalos a divertir,
    háblales cuando los mientes   pa que se acuerden de mí.
    Se secó la flor de mayo,   se secó la flor de abril.
10 Son recuerdos de mi esposa   que dejó antes de morir.

Argentina

16.1

    —¿Dónde vas tú, caballero? ¿Dónde vas, triste de ti?
    —Voy en busca de mi esposa   que hace tiempo no la vi.
    —Tu esposa ya se ha muerto,   muerta está que ya la vi,
    el cajón que la llevaron   era de oro y de marfil.
5   Ya se va la flor de mayo,   ya se va la flor de abril,
    ya se acabó todo el mundo,   todo el mundo para mí.

16.2

    —¿Dónde vas, buen caballero,   dónde vas tan solo así?
    —Voy en busca de mi esposa,   que hace tiempo no la vi.
    —Tu esposa ya se ha muerto,   muerta está que yo la vi,
    el cajón que la llevaba   era de oro y marfil,
5   los zapatos que llevaba   eran de un rico charol,
    regalados por su esposo   la noche que se casó,
    su carita era de cera   y los dientes de marfil.
    Al entrar al cementerio   una sombra negra vi,
    cuánto más me retiraba   más se aproximaba a mí.
10 —No te asustes esposito,   no te asustes tú de mí,
    que soy tu esposa querida,   abre los brazos a mí.
    Los abrazos y los besos   a la tierra se los di.
    Cásate esposo mío,   cásate y no estés así,
    la primera hija que tengas   ponle Dolores por mí.
15 No la saques a paseo,   no la lleves al jardín,
    métele entre cristales,   no le pase lo que a mí.
    Los faroles de la calle   ya no quieren alumbrar
    porque ha muerto Dolores,   luto le quieren llevar.

Uruguay

17.1

—¿Dónde vas, tú, caballero,   dónde vas, triste de ti?
—Voy en busca de mi esposa   que hace tiempo no la vi.
Pues tu esposa está muerta,   es muy cierto, yo la vi,
el cajón era de oro   y la tapa de marfil,
5   la mortaja que llevaba   era de hojas de jazmín,
los zapatitos de plata   y la cara un querubín,
la guirnalda de azucenas,   de azahar y toronjil
y el paño con que la cubren   es de tela carmesí.
Los grandes pusieron lutos   todos por amor de ti,
10 y de la gente menuda   pasan de sesenta mil.

17.2

—¿Dónde va usted, caballero,   dónde va usted por aquí?
—Voy en busca de mi esposa   que hace días que no la veo.
—Su esposa ya está muerta,   muerta está, que yo la vi,
el cajón que ella llevaba   era de oro y de marfil,
5   la manta que la tapaba   era de un rico crespón.
Al subir una montaña   una sombra vi venir,
cuanto más yo me alejaba,   ella más se acercaba a mí.
—No se asuste, caballero,   no se asuste usted de mí,
que soy su querida esposa   que me vengo a despedir.

17.3

Al subir una montaña,   una sombra vi venir,
cuanto más yo me alejaba,   ella se acercaba a mí.
—No se asuste, caballero,   no se asuste, ¡ay! de mí.
—Ando en busca de mi esposa,   que hace días la perdí.
5   —Su esposa ya es muerta,   muerta yo la vi.
Cuatro coches la llevaban   por la plaza de Madrid.
El cajón era de oro   y la tapa de marfil,
el vestido que llevaba   era de un rico zafir,
que se lo regaló Alfonso   el día antes de morir.
10 Los zapatos que llevaba   eran de un rico charol,
que se los regaló Alfonso   el día que se murió.

IV. LA BASTARDA (CGR 0161)

Medianamente difundido en el resto del mundo hispánico, es escasísimo en América; tan sólo tenemos cuatro versiones, todas de Argentina.

El romance se presenta de varias maneras: termina con la negativa respetuosa del segador o bien con la enumeración de las gavillas; a veces se prolonga hasta hacernos saber que el segador fue muerto por el padre a la mañana siguiente.

Es de notar que las versiones americanas mencionan a la hija "del presidente de Chile", mientras que las españolas hablan de la sobrina del papa o del emperador.

Bibliografía

Textos americanos: cf. 28, 53.

Otros textos hispánicos: cf. *Alvar 66*, 108; *Armistead-Silverman 79*, p. 107; *Catalán*, 35 y 153; *Cossío-Maza*, 302; *García M.*, 94 y 172; *Gil*, I, 53, II, p. 118; *Leite*, 291; *Petersen*, II, p. 56; *Piñero-Atero*, p. 86; *Schindler*, 22.

TEXTOS

Argentina

16.1

El presidente de Chile   tiene una niña bastarda;
por tenerla más segura   la tiene dentro la sala.
En un día caluroso   se allegaba a una ventana,
divisó tres segadores   que están segando cebada.
5   Se va, y los hace llamar   con una de sus criadas.
—Segador que tanto siegas   ¿qué no siegas mi cebada?
—Cómo no, mi señorita,   ¿dónde la tiene sembrada?

—En medio de dos lomitas,   en una honda cañada.
. . .
—Segador que tanto siegas   ¿qué tal está la cebada?
10   —. . .   Chiquitita y bien granada;
la barbita tiene negra,   la cañita colorada.
Aquí se acaba este verso   de la niña Cebadilla
que le han quebrado el carozo   y comido la semilla.

V. BERNAL FRANCÉS (CGR 0222)

Aunque no tenemos textos antiguos de este romance, sabemos que era conocido en los Siglos de Oro, ya que tanto Góngora como Lope y Calderón aluden a él. Hay canciones muy semejantes en Francia y en Italia que Menéndez Pidal cree que tienen su origen en el romance español.

Su difusión general es media. En el continente se han encontrado 66 versiones completas en nueve países.

Además de pequeñas variantes en los motivos principales, hay versiones con el motivo de los hijos y con los alardes de crueldad del marido (ambos de origen vulgar). Una variante importante es la creación, de origen americano (posiblemente mexicano), de un episodio preliminar que nos relata las sospechas del marido y, a veces, su duelo con el amante. Con ello se anula la estructura de sorpresa final y el público está al tanto de la verdadera personalidad del caballero. Una consecuencia de este primer episodio (hecho en dísticos con su propia rima) es la polirrimia del romance, ya que cualquier recreación se hace en la misma forma.

Bibliografía

Textos americanos: cf. 9, 10, 15, 19, 26, 34, 35, 43, 48, 49, 52, 56, 57, 60, 75, 93, 95, 99, 105, 109, 111, 120, 124, 131, 140, 154, 157, 164.

Otros textos hispánicos: cf. *Alonso*, p. 95; *Alvar* 66, 83; *Catalán*, 99; *Costa*, 139; *Ferré*, p. 160; *Gil*, I, p. 61, II, 31; *Leite*, 25; *Marazuela*, p. 393; *Milá*, pp. 136 y 139; *Piñero-Atero*, p. 68; *Pires*, p. 58; *Schindler*, 25.

Estudios: cf. E-52, E-58, E-63, E-64, E-65, E-88, E-109.

Textos

Estados Unidos

1.1

—¡Francisquita, Francisquita,   la del cuerpo muy sutil!
Ábreme las puertas, mi alma,   que yo te las mando abrir.
—¿Quién es ese caballero   que mis puertas manda abrir?
—Yo soy el Andrés Francés   que en un tiempo te serví.
5   Se levanta Francisquita   y hace encender el candil
y lo toma de la mano   y lo mete para el jardín.
Lo lava de pies y manos   con agua de toronjil,
lo viste de paños blancos,   y se acuestan a dormir.
—Media noche hemos dormido,   media falta que dormir.
10   ¿Qué tienes, Andrés Francés,   que no volteas a mí?
O te han corrido los moros,   o te han dicho mal de mí,
o tienes amor en Francia,   que lo quieres más que a mí,
o temes a mi marido,   que está cien leguas de ti.
—No me han corrido los moros   ni me han dicho mal de ti,
15   ni tengo amores en Francia,   que los quiero más que a ti,
ni le temo a tu marido,   que está en un ladito de ti.
Mañana por la mañana,   te cortaré que vestir
tu gargantón colorado   y tu rico faldillín.
Escribiré a Andrés Francés   que arrastre luto por ti
20   y pagaré las campanas,   que doblen tristes por ti.

1.2

—¡Válgame la Virgen santa!   ¡Válgame el señor san Gil!
¿quién es ese caballero   que mis puertas viene a abrir?
—Soy don Hernández Francés,   el que te suele servir.
Se levanta de la cama,   media puerta le va a abrir
5   y lo toma de la mano   y se lo lleva al jardín.
Se lavan de pies y manos   con agua de toronjil,
se visten de paños blancos   y se acuestan a dormir.
—¿Qué tienes, Hernández Francés,   que no te volteas a mí?
¿Tienes amores en Francia,   o quieres a otra más que a mí?
10   ¿O temes a mi marido   que está cien leguas de mí?
—No tengo amores en Francia   ni quiero a otras más que a ti,
ni le temo a tu marido   porque está al ladito de ti.

1.3

—Ábreme la puerta, Elena,   no me tengas desconfianza,
que soy Fernández Francés   que ahora vengo de Francia.
Se levanta doña Elena   con el candil en la mano,
y al tiempo de abrir la puerta,   la vela se le ha apagado.
5 Lo toma así de la mano   y lo mete a su jardín,
lo cambia de ropa limpia   y se acuestan a dormir.
—Media noche hemos dormido,   media falta que dormir.
¿Qué tiene mi rey francés   que no se ha acercado a mí?
O lo han corrido los moros,   o le han dicho mal de mí,
10 o le teme a mi marido,   que está cien leguas de aquí.
—Ni me han corrido los moros,   ni me han dicho mal de ti,
ni le temo a tu marido,   que está a un ladito de ti.
—Perdóname, esposo mío,   perdona mi desventura,
ya no lo hagas por mí,   hazlo por tus dos criaturas.
15 Perdóname, esposo mío,   perdona mi debilidad,
que no es la primer mujer   que cae en fragilidad.
—De mí no alcanzas perdón,   de mí no alcanzas ternura;
que te perdone el malvado   que gozó de tu hermosura.
Toma, criada, esos niños,   y llévaselos a su abuela;
20 si pregunta por Elena,   dile que no sabes de ella.
La pobrecita de Elena,   ¡pobrecita, ya murió,
con seis tiros de pistola   que su marido le dio!
Suenen, suenen las campanas   y ciérrense los conventos,
la pobrecita de Elena   no alcanzó los sacramentos.
25 Pongan cuidado, casadas,   miren lo que sucedió,
que Elena por cautelosa   su marido la mató.

1.4

En este plan de barranco,   sin saber cómo ni cuándo,
ahí fue donde se encontró   Villano con don Fernando.
Le sacó y el machete,   su rifle de a dieciséis.
Cinco balazos le pegó   y a don Fernando el francés.
5 A luego que ya se iba,   y a luego vuelve otra vez
y a ponerse el vestido   de don Fernando el francés.
—Ábrame la puerta, dueña Ilena,   ábramela con confianza,
mira que soy don Fernando   que acabé llegar de Francia.
Apenas me abrió la puerta   y allí le apagué el candil.
10 La vestí toda de blanco   y me la llevé al jardín.
—Perdona, marido mío,   perdona, misericordia,
no lo hagas por mí,   hazlo por mi criatura.

—De mí no tienes perdón,   de mí no causas victoria,
tú sola te desgraciaste,   pide a Dios misericordia.

México

2.1

Entrando al plan de Barranco,   sin saber cómo ni cuándo,
se encontraron dos contrarios,   don Benito y don Fernando.*
Luego metió mano al sable   y al rifle del dieciséis
pa darle cinco balazos   a don Fernando el francés.*
5   Luego se subió pa arriba,   luego se bajó otra vez,
luego se puso el vestido   de don Fernando el francés.*
—Ábreme la puerta, Elena,   sin ninguna desconfianza,
yo soy Fernando el francés   que vengo desde la Francia.*
Al abrir la media puerta   se les apagó el candil,
10   se tomaron de la mano   y se fueron al jardín.**
—Óigame usted, don Fernando,   ¿por qué no me habla usted a mí?
que, ¿tiene amores en Francia   o quiere a otra más que a mí?**
—Ni tengo amores en Francia   ni quiero a otra más que a ti,
no más temo a tu marido   que se halla al lado de ti.**
15   —Perdóname, esposo mío,   perdóname esta aventura,
ya no lo hagas por mí,   sino por mis dos criaturas.**
—No puedo yo perdonarte   toditas tus maldituras
más ahí viene don Fernando   toditas tus hermosuras. [sic]**
La pobrecita de Elena   con qué lástima murió,
20   con tiros de su pistola   que apenas tres aguantó.**
Luego la vistió de blanco   que parecía un serafín,
le puso cama de flores   y le quitó el primer botín.*

* *Vuela vuela, palomita,   vuela si sabes volar,*
  anda a avisarle a esta Elena   que ya la van a matar.

** *Vuela, vuela, palomita,   vuela y sigue tu volido,*
   anda a ver cómo le fue   a Elena con su marido.

2.2

Ahora les voy a decir   a las señoras honradas,
no den su brazo a torcer   cuando se encuentren casadas;
ya ven lo que le pasó   a la infeliz Elena,
quiso tratar en latín   teniendo su letra buena.
5   Noticias tuvo su esposo   que Elena era preferida,

cuando se encontraba sola   de un francés era querida.
Un viaje fingió su esposo   para poderlos hallar,
agarrarlos en el lecho   y poderla asesinar.
—Ábreme la puerta, Elena,   sin ninguna desconfianza,
10   yo soy Fernando el francés   que vengo desde la Francia.
Al abrir la puerta Elena   se les apagó el candil,
se agarraron de las manos,   se fueron para el jardín.
Luego la vistió de blanco,   como la sabía vestir,
tendieron cama de flores,   se acostaron a dormir.
15   Aquello de media noche   Elena le dijo así
a don Fernando el francés: —¿Por qué no me habla usted a
                                                                mí?
o tenga amores en Francia   o querrá a otra más que a mí.
No le tema a mi marido   que se halla lejos de aquí.
—No tengo amores en Francia,   no quiero a otra más que a ti,
20   no le temo a tu marido   que se halla al lado de ti.
De lo que pasó, pasó,   de otra cosa hemos de hablar,
encomienda tu alma a Dios   porque te voy a matar.
—Dispensa, esposo querido,   dispensa mi desventura,
no lo hagas tanto por mí,   hazlo por mis dos criaturas.
25   Piedad, te encargo a mis hijos,   recíbelos como madre,
si te preguntan de Elena   les dices que tú no sabes.
—Si te siguen preguntando   les dices que la maté,
la carne la hice cecina   y las piernas empastillé.
A aquello de media noche   cuando el cilindro tronó,
30   qué desgracia de mujer,   con tres balazos pagó.
Aquí se acaban cantando   los versitos del problema
ejemplo pa las casadas,   tengan ejemplo de Elena.

Guatemala

3.1

Muy cerca del camposanto   donde estaban caminando
se encontraron de repente   Domingo con don Bernardo.
De dos hombres que se temen   responde el más ofendido;
don Domingo a don Bernardo   lo dejó muy mal herido.
5   —Elena abrime la puerta   que vengo a darte mi amor,
yo soy Bernardo el Francés   que vengo desde la Francia.
Al abrir la puerta Elena   se le apagó su candil,
se abrazaron muchas veces   y se fueron a dormir.
Cuando estaban desvestidos   Elena le preguntó:
10   —¿Por qué, Bernardo el Francés   no quieres hablarme a mí?

O tienes amor en Francia   o amas a otra más que a mí,
o temes a mi marido   que está muy lejos de aquí.
—No tengo amores de Francia   ni amo a otra más que a ti,
ni tengo miedo al marido   que se halla al lado de ti.
15   —¡Válgame la Virgen pura, qué pecado cometí,
burlé el honor de mi esposo   y ni su voz conocí!
—Confiesa las malas cosas   que tu vida terminó,
como maté a don Bernardo   que hace un rato que murió.
—Perdóname esposo mío,   perdona mi desventura,
20   mira que dejo a tu hijo   y es pequeña la criatura.
—Criada, conduce ese niño   a la casa de mi madre,
si preguntan por Elena   les dices que nadie sabe.
Preguntan los familiares   en donde quedó la madre,
les contestan los vecinos: —Los mató su señor padre.
25   Pobrecita de la Elena,   mala suerte le tocó,
por faltarle a su marido   don Domingo la mató.
Y aquí se acaba el corrido   para que tengan presente
las mujeres con marido   o soltero pretendiente.

Nicaragua

5.1

Allá en el guarda barranco,   no sé ni cómo ni cuándo,
allí fue donde se encontró   Benigno con don Fernando.
Echaron manos al hombro   del número diez y seis,
se dieron cuatro balazos: Benigno mató al francés.
5   —Elena, abrime la puerta   sin ninguna precaución,
yo soy Fernando el francés   que vengo desde la Francia.
Al entrar a la puerta   se les apaga el candil,
allí se dieron las manos   y se acostaron a dormir.
A la mitad de la noche   Elena le dice así:
10   —¿Por qué, Fernando el francés   tú no me hablas a mí?
O tienes amor en Francia   o quieres a otra más que a mí,
o le temés a mi marido   que se halla lejos de aquí.
—No tengo amores en Francia   ni quiero a otra más que a ti,
ni le temo a tu marido   que se halla al lado de ti.
15   Confesate con Dios, Elena,   que hasta aquí llegó tu vida,
te crees con don Fernando   estando con tu marido.
—Perdoname, esposo mío,   mi desgraciada aventura,
ya no lo hagas por mí,   hacelo por tus criaturas.
—Criada, cogé a esos niñitos,   lleváselos a mi madre,
20   si preguntan por Elena,   deciles que no sabés.

Preguntan los chiquititos   a dónde quedó su madre,
responden los grandecitos: —La mató mi señor padre.
Vuela, vuela, pajarillo,   no detengas el volido,
a ver, a ver a la Elena,   a ver qué le ha sucedido.
25 Pobrecita la Elena,   con qué martirio murió,
con dos tiros de revólver   que su marido le dio.
Y aquí termina el corrido   de la mujer que faltó.

Costa Rica

6.1

En un profundo barranco,   no sé cómo ni cuándo,
allí se dieron las manos   Benino con don Fernando.
Benino mató al francés;   de momento se marchó.
Llegó a las puertas de Elena,   llegó, llegó y tocó.
5 —Elena abrime la puerta,   sin ninguna desconfianza,
que soy Fernando el francés,   que vengo de la Francia.
Y a Elena al abrir la puerta,   se le apagó la candela.
Se cogieron de las manos,   y se fueron a acostar
Y estando ya acostados,   le preguntó Elena así:
10 —Si sos Fernando el francés,   ¿por que no me hablas a mí?
¿Tenés amores en Francia,   querés otra más que a mí,
le temés a mi marido   que está muy largo de aquí?
—No tengo amores en Francia,   ni quiero otra más que a ti,
ni le temo a tu marido,   que está al lado de ti.
15 Perdoname esposo mío,   perdoná mi desventura.
No lo hagas por mí, Benino   hacelo por tus criaturas.
Y ay, ay, ay, la pobre Elena,   ay qué triste que murió,
de tres tiros de revólver   que su marido le dio.
Y cojan estos chiquillos,   llévenselos a la abuela,
20 si preguntan por la máma,   díganles que se murió.

Venezuela

11.1

—Elena, abrime la puerta,   si no tienes desconfianza,
que soy Bernardo Francés,   que yo he venido de Francia.
—Si sos Bernardo Francés   ¿por qué no me habláis a mí?
¿Tienes amores en Francia,   quieres otra más que a mí?
5 —Ni tengo amores en Francia   ni quiero a otra más que a ti,

pa más siento a tu marido   que está muy cerca de aquí.
Y en el abrir de la puerta   para dentrarlo a dormir,
en la mitad de la sala   le apagaron el candil.
Siete tiros de revólver   que su marido le dio.
10 Le sacó la carne humana   y la piel le embalsamó.
—Perdona marido mío,   perdona la desventura,
mira no lo hagas por mí,   hacelo por esta criatura.
—De mí no alcanza perdón,   de mí no alcanza ventura
que te perdone Francés,   que gozó de tu hermosura.
15 —Tomá muchacha esta niña,   llévasela a aquella abuela
si pregunta por Elena   dile que no sabes de ella.
Todas las mujeres que se casen   vivan bien con su marido,
no les vaya a suceder   lo que a Elena le ha sucedido.[11]

Colombia

12.1

—Elena, abrime la puerta,   si no te da desconfianza,
que soy Fernando el Francés,   que acabo de llegar de Francia.
Elena le abrió la puerta   para acostarlo a dormir
y en la mitad de la puerta   le apagaron el candil.
5 Elena a la medianoche   Elena le dijo así:
—¿Tenéis amores en Francia,   o quieres otra más que a mí?
—No tengo amores en Francia,   ni quiero quererte a ti,
porque tienes tu marido,   que está muy cerca de aquí.
—¡Perdona, marido mío,   perdona mi desventura!
10 No lo hagas tanto por mí,   hácelo por esta criatura.
—De mí no tienes perdón,   que te perdone el Francés;
hacerle cuenta, Elenita,   que a mí no me conocés.
Siete tiros de revólver   que su marido le dio.
La carne vuelve acecinar   y el cuero le embalsamó.
15 —Tened este niño   y llevádselo a aquella abuela,
si preguntan por su madre,   dile que no sabes de ella.
Todas las que sean casadas   vivan bien con sus maridos,
que no les suceda el caso,   que a Elena le ha sucedido.

[11] Versión sumamente maltratada, que incluimos por ser la única de Venezuela. Los versos 3-6 y 9-10 están desplazados.

Chile

15.1

—¡Válgame la Virgen pura,   válgame el santo san Gil!
¿Qué caballerito es éste   que las puertas me hace abrir?
—Tu esclavo soy, gran señora,   el que te suele servir,
si no me abres la puerta,   aquí me verás morir.

5   Tomó el candil en la mano,   y con persona gentil,
ella que le abre la puerta   y él que le apaga el candil.
Y lo toma de la mano,   lo lleva para el jardín,
lo lava de pies y manos   con agua de toronjil.
y lo vuelve a tomar,   lo lleva para dormir.

10   Le dice en la media noche: —¡Tú no te arrimas a mí!
¿Qué tienes tu amor en Francia   o te han dicho algo de mí?
—No tengo mi amor en Francia   ni me han dicho mal de ti,
tengo un dolor en el alma   que no me deja dormir.
—No temas a mis criados,   que ya los eché a dormir,

15   no temas a la justicia,   que no porta por aquí
y menos a mi marido   que está muy lejos de aquí.
—No le temo a tus criados,   ellos me temen a mí,
no le temo a la justicia,   porque nunca le temí,
menos temo a tu marido,   que a tu lado lo tenís.

20   —¡Infeliz, infeliz yo,   y la hora en que nací!
Hablando con mi marido,   ni en la habla lo conocí.
—Mañana por la mañana   te cortaré de vestir,
tu cuerpo será la grana   y mi espada el carmesí.
Llamarás a padre y madre,   que te vengan a sentir,

25   llamarás a tus hermanos,   que me vayan a seguir.
Yo me voy a entrar de fraile   al convento 'e San Austín.

Argentina

16.1

—¡Válgame Dios,   el señor santo san Gil!
¿Quién es este caballero   que llama a mi puerta a abrir?
—Es el señor francés   que siempre le suele servir.
—Apaguen velas y candelas,   vayan criados a dormir,

5   yo con el señor francés   pasaremos al jardín,
pies y manos nos lavaremos   en aguas de toronjil,
en sábanas de holán   nos tiraremos a dormir.

—¿Qué haces amante mío   que no te llegas a mí?
Está tu amor en Francia   o algo te han dicho de mí.
10   No temas a las justicias   que no andan por aquí,
mucho menos a mi marido   que está distante de aquí.
—No temo a las justicias   porque nunca les he temido
mucho menos a tu marido   que está hablando contigo.
Mañana por la mañana   . . .
15   llamarás a tu padre y madre   que te echen la bendición
y este puñal que aquí tengo   se teñirá de carmesí,
estos tres hijos que tengo   para el rey se los mandaré,
que le sirvan de vasallos   y allí mueran por la fe.[12]

---

[12] Estos dos últimos versos son un cruce con *Las señas del esposo*.

VI. BLANCA FLOR Y FILOMENA (CGR 0184)

Romance bastante difundido en la tradición hispánica. En América no se ha hallado en la zona norte; tenemos 61 versiones de diez países.

Proviene del mito clásico de Progne y Tereo. Quizás su origen sea una composición de factura culta, pero el romance, tal y como lo conocemos, es de estilo plenamente tradicional.

La elisión del motivo de la cena está bastante difundida, pero perdura también en muchas versiones; en algunas de éstas aparecen motivos de un romance vulgar, *La infanticida*, donde también se relata una cena semejante. Los finales son variados: muerte de él por castigo del cielo, por mano propia o a manos de ella (éste es, creo, el más difundido); algunas versiones terminan con la muerte de ella en manos de Tarquino y unas pocas con la muerte de Filomena. Hay también innumerables variantes en los motivos secundarios. Es de resaltar que en una buena parte de las versiones, el nombre de él es Tarquino (o sus variantes); se ha olvidado a Tereo, pero se ha recordado, como prototipo del violador, al de Lucrecia.

Bibliografía

Textos americanos: cf. 1, 13 bis, 15, 18, 21, 24, 26, 43, 46, 68, 73, 88, 93, 105, 109, 120, 141, 164, 165.

Otros textos hispánicos: *Alvar 66*, 151c: *Bénichou*, 247; *Catalán*, 26; *Cossío-Maza*, 176-178; *Costa*, 3; *Echeverría*, 76; *Gil*, I, 73, II, 38; *Menéndez Pelayo*, 17-18, 21-22; *Petersen*, pp. 192-201; *Schindler*, p. 17; *Trapero 82*, pp. 72-77.

Estudios: cf. E-8, E-46.

TEXTOS

Guatemala

3.1

Doña Ana estaba sentada,   borda que borda, bordando,
con sus dos hermosas hijas,   Blanca Flor y Filomena.
Llega el moro de Turquía   a enamorar a las dos.
—Casarás con Blanca Flor   que la otra es para Dios.
5 Muy linda era Blanca Flor,   pero era más Filomena,
el moro la está mirando   con deseo que condena.
De blanco tul fue el vestido   que Blanca Flor se estrenó,
de azul de cielo el vestido   que Filomena llevó.
Blanca Flor ya se ha casado   y a lejana tierra ha ido,
10 el moro a los nueve meses   regresa muy abatido.
—Buena suerte tenga el yerno   que viene en yegua briosa,
¿dónde está mi hija querida,   dónde está mi hija, su esposa?
—Mi esposa está muy enferma   porque de parto enfermó
y quiere que Filomena   vaya al sobrino esperar.
15 —Apúrate Filomena,   vestite de buen color,
que te ha llamado tu hermana,   mi querida Blanca Flor.
Ya está lista Filomena,   y al caballo se subió,
por delante la ha montado   para llevarla mejor.
Cuando estaba oscureciendo   el andante se paró,
20 a un lado del camino   de Filomena gozó.
El moro de la Turquía   quiere ocultar su traición,
con un cuchillo de plata   la lengua se la cortó.
Filomena está muriendo   sin decir lo que pasó,
con la sangre de su boca   a Blanca Flor escribió.
25 Su hermana cuando la lee   un hijo muerto parió,
al hijo que le ha nacido   entre una olla metió.
Le tendió al moro la mesa   con flores de buen color.
—¿Qué me diste tan sabroso,   qué me has dado, Blanca Flor?
—Es la carne de tu hijo   que ayer tarde malparió,
30 no quiero hijo de un ingrato   que a mi hermanita mató.

Nicaragua

5.1

Santa Fe estaba sentada   a la luz de una candela,
con sus dos hijas queridas,   Blanca Flor y Filomena.

Llega el galán de Turquí,   se enamora de una de ellas.
—Cásate con Blanca Flor,   pero no con Filomena.
5 Linda estaba Blanca Flor,   pero mejor Filomena,
y el galán que la miraba   ya está penando por ella.
Blanca Flor ya se casó,   a su tierra se la lleva.
Nueve meses de casado   y vuelve donde su suegra.
—Buenos días tenga el yerno   que viene de tierra ajena,
10 —...   déme razón de su esposa.
—Mi esposa no está muy buena   porque de parto quedó,
y le manda a suplicar   que le preste a Filomena.
—Corre, corre, Filomena,   andá, vestite de color,
que te ha mandado a llamar   tu pipita Filomena.
15 Ya se viste Filomena,   a caballo ya montó,
por delante se la echa   para llevarla mejor.
Allá por medio del camino   de Filomena gozó.
Pero el galán de Turquí,   para ocultar su traición,
con su cuchillo de plata   la lengua se la trozó.
20 Filomena ya no puede   decir lo que le pasó.
Con la sangre de sus venas   una carta le escribió.
Blanca Flor cuando la lee   por el dolor malparió,
y el hijo que le ha nacido   en la olla lo coció.
—¿Qué me diste tan sabroso,   que me diste, Blanca Flor?
25 —Es la carne de tu hijo,   el que anoche me nació;
no quiero hijo del ingrato   que a mi hermanita mató.

5.2

Santa Fe estaba sentada   al pie de una candela,
con sus dos hijas queridas,   Blanca Flor y Filomena.
Y el galán de Turquía   de una de ellas se enamoró.
—Casate con Blanca Flor,   pero con Filomena no.
5 Blanca Flor ya se casó,   a su tierra se la llevó;
nueve meses de casada,   donde su suegra volvió.
—Buenos días tenga el yerno,   que viene de tierra ajena,
dame razón de vuestra esposa,   ...
—Bien quedó, para servirla,   aunque de parto quedó,
10 y le manda a suplicar   que le preste a Filomena.
—Tomá la llave, Filomena,   andá, vestite de color.
Filomena ya se vistió.   Adelante se la echó.
Allá por medio camino   de Filomena gozó.
Y el galán de Turquía   la lengua se la trozó.
15 Y con sangre de sus venas   una carta escribió.
Y la dicha Filomena   en el campo se quedó.

Costa Rica

6.1

Santa Fe estaba sentada   a la luz de una candela,
con sus dos hijas queridas,   Blancaflor y Filomena.
Vino un galán de Turquía,   enamorado de Filomena.
Enamorado de Filomena,   se casó con Blancaflor.
5   Por casado que se hallaba,   para su tierra se la llevó,
y a los nueve meses de casado,   donde su suegra regresó.
—Bienvenido estás, mi yerno,   mi yernito de mi corazón.
Dame razón de mi hijita,   de mi hijita, la Blancaflor.
—Pues señora quedó muy buena,   sólo de parto quedó.
10   Y le manda a suplicar   que le mande a Filomena.
—Mi hijita, tomá las llaves,   y vestite de color,
que te ha mandado a llamar,   tu hermanita, la Blancaflor.
Por vestida si se hallaba,   a la polca se la montó,
y allá por medio camino,   cha ra rá, ta ra rá, ta ra rá.[13]

República Dominicana

9.1

Donde está doña María   sentadita en su balcón
con sus dos hijas al lado,   Filomena y Blanca Flor.
Por allí pasó Turquino   se enamoró de una de ellas;
—Un rey que bajó del cielo   para yo enterarme de ella.
5   —Ahí viene Turquino mío,   ahí viene Turquino de ella,
que viene a traer aviso   que Blanca Flor está enferma.
—Traigan el caballo blanco   más lindo que una azucena,
preparen a Filomena   que va para donde su hermana.
A las dos horas de camino,   Turquino la enamoraba.
10   —¡Ave María, Turquino,   mira que soy tu cuñada!
Al pasar por un barranco,   al cruzar una vereda,
allí la desmontó Turquino   e hizo lo que quiso de ella:
viva le sacó los ojos,   viva le sacó la lengua,
y la echó en un zarzal   donde gente no la viera.
15   Por allí pasó un pastor   pastoreando sus ovejas.
—Si me das papel y pluma   escribiré cuatro letras.

---

[13] El informante se negó a continuar el romance por razones morales, según nota del recolector. Hemos incluido esta versión trunca porque es la única de Costa Rica.

—No te doy papel ni pluma   porque aquí no se usa eso,
te daré un pañuelo blanco,   saca sangre de mis venas.
—¡Ave María, mujer mía,   qué carne sabrosa y buena!
20   —Más sabrosa era Filomena   cuando te gozaste de ella.
—¿Quién te trajo a ti esta carta?   ¿Quién te trajo a ti esas nuevas?
—Un rey que bajó del cielo   para yo enterarme de ella.

Puerto Rico

10.1

Estando doña María   en su sala de primera,
con sus dos niñas al lado,   Blanca Flor y Filomena
vino Turquín en batalla.   Se casó con Blanca Flor
y a los siete o nueve días   Blanca Flor embarazó.
5   Viene Turquín en batalla   a visitar a su suegra.
—¿Qué tal se halla, suegra mía?   —Que yo me hallo bien, Turquín.
—Blanca Flor manda a decir   que le mande a Filomena,
para el día de su parto   tenerla en la cabecera.
—¡Ave María, Turquín,   qué mucho me pides de ella!
10   pero al fin la llevarás   doncella a tierra ajena.
Siguieron todo el camino   sin palabritas tenerlas,
y al toque de la oración   la desmontó del caballo.
Hizo de ella lo que quiso   y le cortó media lengua.
Al saberlo Blanca Flor,   del sentimiento abortaba,
15   y cogió la criaturita   y en un picador la picaba
y la preparó en la mesa.
—Véngase a comer, Turquín,   que ya la mesa está puesta.
—¡Ave María! Blanca Flor   ¿qué carne tan dulce es ésta?
Para comer de esta carne   como de la mía vuestra.
20   —Más dulce era Filomena   cuando de ella abusaste,
que hiciste lo que quisiste   y le cortaste media lengua.
—¡Ave María! Blanca Flor   ¿quién te ha traído a ti esta nueva?
—¿Quién me la iba a traer?   ¡Dios que todo lo gobierna!
Madres que tengan sus hijas   con mucho gusto y regalo,
25   no se las deben de fiar   ni de sus mismos hermanos.

10.2

Estaba doña María   sentadita en su escalera
con sus dos hijas al lado,   Blanca Flor y Filomena.
Pasó el pícaro Turquino   y le habló de esta manera:
—Vengo a pedirle la mano   de su hija Filomena.

5   —Un imposible me pide   con pedirme a Filomena.
Cásese con Blanca Flor,   que es mi hija casadera.
Se casó con Blanca Flor,   suspiró por Filomena,
y al cabo de algunos meses   volvió a visitar su suegra.
—Buenas tardes, suegra mía,   buenas tardes, buena suegra.
10 —Buenas tardes, don Turquino,   ¿y su esposa, cómo queda?
—¿Cómo ha de quedar mi esposa?   De señora en tierra ajena,
esperando con cuidado   el parto, que pronto llega.
Ella le manda a decir,   que le mande a Filomena,
para cuando llegue el tiempo   tenerla en su cabecera.
15 —Mucho me pides, Turquino   con pedirme a Filomena,
pero, en fin, la llevarás   como hermana a casa buena.
Domingo por la mañana   montaron a Filomena
en su caballito blanco   más lindo que las estrellas.
En la mitad del camino   ella tuvo gran sospecha
20 al acercarse Turquino   lleno de malas ideas.
—Turquino, tú estás tentado,   —le decía Filomena—
mira que somos cuñados,   mira que yo soy muy nueva.
Él la apeó del caballo,   atropellóla como fiera,
y pàra guardar secreto,   viva le cortó la lengua.
25 No se le movía el alma,   la tenía como piedra;
él la tiró por un monte   en donde nadie la viera.
Un pastorcito llegó   pastoreando sus ovejas;
le pidió tinta y papel   para escribir cuatro letras.
—No tengo papel ni tinta,   no se usa en esta tierra.
30 Eso contestó el pastor   a la pobre Filomena.
Cogió una hoja de un árbol,   sacó sangre de sus venas
y escribió por ambos lados   su desgracia Filomena.
A almorzar va don Turquino   que ya está la mesa puesta.
—Ave María, Blanca Flor,   ¿qué carne tan dulce es ésta?
35 —Si dulces son estas carnes,   más dulce fue Filomena.
Traidor, que la atropellaste,   y le cortaste la lengua
y la tiraste en el monte   en donde nadie la viera.
—¡Ave María, Blanca Flor!,   ¿quién te trajo a ti esas nuevas?
—Me las mandó el Dios del cielo,   el que todo lo gobierna.
40 Vas a pagar con tu vida,   traidor, esa gran ofensa,
pues mi hermana era una santa   y tú una bestia fiera.
Y con un cuchillo en mano   muerte al traidor le diera,
bañándose todo el suelo   con la sangre de sus venas.

10.3

Estaba doña María   en su sala de primera
con sus dos hijas al lado,   Blanca Flor y Filomena.

Un día pasó un Turquino   y se enamoró de una de ellas.
Se casó con Blanca Flor   y suspiró por Filomena.
5   Se casaron, se embarcaron   y se fueron para otras tierras.
A los seis o siete meses   Turquino en casa de su suegra.
—Buenos días don Turquino.   —Blanca está muy buena,
pero le manda a decir   que le mande a Filomena,
para el día de su parto   tenerla a la cabecera.
10   A la una de la noche   montaron a Filomena
en su caballito blanco   más blanco que la azucena.
A la legua del camino   Turquino la enamoraba.
—Ave María, Turquino,   mira que soy tu cuñada.
Se desmontó del caballo,   hizo lo que quiso de ella.
15   Viva le sacó los ojos,   viva le sacó la lengua
y la tiró en un zarzal   donde no supieran de ella.
Un día pasó un pastor   pastoreando sus ovejas.
Le pidió papel y tinta   para escribirle sus quejas.
—Papel y tinta no tengo;   no se usa en esta tierra.
20   Tenga usté esta cuchillita   saque sangre de mis venas.
Mi lengua sirve de pluma   y mis ojos tinta negra.
¿Quién me llevará estas cartas?   ¿Quién me llevará estas nuevas?
A mi hermana Blanca Flor,   si un hijo varón tuviera
que lo hiciera picadillo   y lo echara en la cazuela.
25   —Turquino, vente a almorzar,   que ya la mesa está puesta.
—Ave María, mujer mía,   qué carne sabrosa y buena.
—Así era la honradez   de mi hermana Filomena.
—¿Quién te trajo a ti estas cartas?   ¿Quién te ha traído esas
nuevas?
—Me las trajo un rey del cielo   para que yo supiera de ella.
30   Se levantó de la silla   y cogió un cuchillo de la mesa.
Viva le sacó los ojos   y le cortó la cabeza.

Venezuela

11.1

Estando doña María   . . .
con sus dos queridas hijas   Blanca Flor y Filomena,
pasó un galán por la calle   enamorándose de ellas.
Se casó con Blanca Flor;   se la llevó pa su tierra.
5   A los siete años volvió   a ver su querida suegra.
Preguntó por Blanca Flor,   le dijo que estaba buena,
en una cama tendida   clamando por Filomena.
—Si por Filomena clama,   ahora te la llevarás.
—Mucho cuidado te encargo,   mira que ésa es tu cuñá.

10 Cuarenta leguas andaron,   palabra no se dijeron;
para andar las otras tantas   en amor se convirtieron.
Al llegar a una montaña,   le ha trozado la lengua
para cuando se acordare   más nunca ya lo dijera.
Un ángel bajó del cielo;   hizo una carta para ella;
15 se la llevó a Blanca Flor   para que ella se impusiera,
y del susto que llevó   nació un niño varón.
—Ásalo, bien asaíto,   para cuando Quintín venga
tenga la mesita puestica.
Acabando 'e decir esto,   Quintín que toca la puerta.
20 ¡Qué carne tan blanditica,   qué carne tan bella es ésta!
—Más bella era Blanca Flor   cuando enamoraste a ella.
Aquí se acaba el romance   Blanca Flor y Filomena.

Colombia

12.1

Estaba la blanca Juana   arrimada a la candela
con sus dos hijas preciosas,   Blancaflor y Filomena.
A eso pasó un pastor,   por señitas ella le habló:
se casa con Blancaflor   y muere por Filomena.
5 Estando recién casado   se fue el pastor pa su tierra,
a los dos años cabales   volvió a casa de su suegra.
—Buenas tardes tenga, suegra.   —Buenas tardes tenga, yerno,
¿Cómo queda Blancaflor?   —De parto queda, señora,
y le manda suplicar   que le mande a Filomena.
10 —A Filomena no mando   porque está niña y doncella.
—Mándela no más, señora,   la llevo con mucho cuidado;
la llevo como cuñada   y también como dueño de ella.
—Dentre, Filomena, al cuarto,   vístase de seda negra,
que le manda suplicar   su hermanita blanca y bella.
15 En la mitad del camino   hizo el pastor uso de ella
y para que no contara   la lengua se la cortó.
A eso pasó un pastor,   por señitas ella le habló:
—Llévemele allá esta carta   a mi hermana Blancaflor.
Blancaflor cogió la carta,   de ese susto malparió.
20 —Apresen a mi marido   por pícaro y por traidor.
Ya no me llamen la blanca   ni tampoco Blancaflor.

12.2

Cantaba la blanca Juana   arrimada a la candela
con sus dos hijas doncellas,   Blancaflor y Filomena.
En ésas pasó un pastor,   se enamoró de una de ellas;
se casa con Blancaflor   y moría por Filomena.
5 A los seis meses y medio   volvió el pastor de su tierra
diciendo que Blancaflor   mandaba por Filomena.
—Filomena no la mando   porque está niña y doncella.
—Mándela usted no más   que allá la verán con ella.
En la mitad del camino,   pastor violó a Filomena
10 y para que no contase   llegó y le cortó la lengua.
Filomena con su sangre   le escribió a la Blanca bella.
De todo eso Blancaflor   le cuenta al Emperador
y cogieron al pastor   y lo ahorcaron por traidor
en el sitio en que violara   a la hermana de Blancaflor.

12.3

Está la buena madre   arrimada a la candela,
con sus dos hijas queridas,   Blancaflor y Filomena.
En éstas pasó un pastor,   se enamora de una de ellas.
Se casó con Blancaflor,   y volvió por Filomena.
5 A los tres años cumplidos   vino el yerno donde su suegra.
—Buenos días, suegra mía.   —Buenos días, yerno bueno.
¿Podrás decirme, buen yerno,   cómo quedó Blancaflor?
—Blancaflor está de parto   y le pide a Filomena;
—A Filomena no la mando,   porque está niña doncella.
10 —Yo la llevo, y se la trato   como a una hermana de ella.
—Filomena, entra al cuarto,   saca el vestido mejor,
que te ha mandado a llamar   tu hermanita Blancaflor.
En medio camino que iba   los pechos le declaró;
después de haberla gozado,   la vida se la quitó.

Chile

15.1

Estaba santa Lucía   a la luz de una candela,
con sus dos hijas queridas,   Blanca Flor y Filumena;
iba pasando un Turquío,   se enamoró de una dellas;
se casa con Blanca Flor   y pena por Filumena.

5 Ya luego que se casaron la retiró a lejas tierras.
 A los nueve meses justos llega a casa de la suegra:
 —¿Cómo quedó por allá hija mía y mujer vuestra?
 —Cómo quedará, señora: en vías de parir queda,
 y le manda a suplicar que le preste a Filumena.
10 —Cómo la lleva, pues, hijo, siendo joven, y doncella.
 —Yo la llevaré, señora, como prenda suya y vuestra.
 —Saca, niña esos vestidos, los de seda que tenís,
 que me manda Blanca Flor a suplicarme por ti.
 Filumena le hizo caso y de ella se despidió;
15 el Turquío la aguardaba y a las ancas la tomó.
 Por la mitad del camino su pecho le descubrió;
 a más de haberla forzado su lengua le rebanó.
 Con la sangre de su lengua un papelito escribió.
 Iba pasando un pastor y por señas le llamó:
20 —Toma, pastor, esta carta, llévasela a Blanca Flor.
 Blanca Flor lo que la vio de la pena mal parió
 y dio parte a la justicia del asesino y traidor.
 El Turquío, lo que supo, a un peñasco se arrimó
 y se hizo dos mil pedazos y el Diantre se lo llevó.

15.2

 Estaba Leonor, estaba, entre la paz y la guerra,
 con sus dos hijas queridas, Blanca Flor y Filomena.
 Pasó un joven de Turquía, se enamoró de una de ellas;
 se casó con Blanca Flor y pena por Filomena.
5 A los tres meses y medio fue a buscar a Filomena.
 —Cómo la lleva, pues, hijo, niña tan bella y doncella.
 —Al anca la llevaré como tuya hermana y vuestra.
 Al anca se la tomó y se disparó con ella.
 A la mitad del camino, su pecho le descubrió,
10 su lengua se la sacó y las venas le cortó.
 Con la sangre de sus venas un papelito escribió.
 Divisó un pastor, pasando, le hizo señas y lo llamó:
 —Toma esta carta, pastor, y llévasela a Blanca Flor,
 que conozca a su marido por lo cochino y traidor.
15 Blanca Flor, cuando lo supo, de puro susto abortó
 y con la misma creatura una cena preparó.
 —Qué mala que está la noche, qué mala que está la cena.
 —Más malo ha estado el hecho que hiciste con Filomena.
 Aquí terminan los versos, al pie de la yerbabuena,
20 de dos hermanas queridas: Blanca Flor y Filomena.

15.3

Estaba la reina, estaba,   entre la paz y la guerra,
con sus dos hijas queridas,   Blanca Flor y Filomena.
Llega el príncipe Bernardino,   se enamora de una de ellas;
se casó con Blanca Flor   y pena por Filomena.
5   A los nueve meses cumplidos,   llega a casa de la suegra:
—Buenos días, mi señora.
—¿Cómo queda Blanca Flor?   —A punto de caer enferma
y le manda suplicar   que le preste a Filomena.
—¿Cómo la llevas, pues, hijo,   siendo mirada y dueña?
10   —Mándela, no más, señora,   como prenda suya y dueña.
El galán sube a caballo,   Filomena sube al anca.
Por el medio del camino,   sus hechos le declaró;
hizo su gusto con ella,   la lengua le rebanó.
Con la sangre de su lengua   un ramillete escribió.
15   Luego ha pasado un pastor,   ella a señas lo llamó:
—Pastor, llévale esta carta   a mi hermana Blanca Flor.
Blanca Flor, cuando lo supo,   a un peñasco se ganó;
haciéndose mil pedazos,   su vida la concluyó.

Argentina

16.1

Estaba la Leona, estaba,   entre la paz y la guerra,
con sus dos hijas doncellas,   Blanca Flor y Filomena.
Bajó un conde de Sevilla   a pretender una de ellas;
se casó con Blanca Flor,   se moría por Filomena.
5   Desde el día que se casó   la llevó pa lejas tierras.
A los diez meses cumplidos   volvió a casa de su suegra.
—¡Hijo serás bien llegado!   ¡Hijo de mi corazón!
agora me has de avisar   cómo quedó Blanca Flor.
—Quedó muy buena, mi madre,   tan sólo su parto espera
10   y la mandó a suplicar   que le preste a Filomena.
—¡Cómo te via prestar, hijo,   esa niña tan querida!
—Yo la llevaré, mi madre,   como prenda que usté estima.
De la casa a doce leguas,   sus intentos ya logró,
le descubrió los dos pechos   y la lengua le cortó.
15   Quedó muda Filomena   aumentando su dolor.
Bajó un pastor y la mira   y con señas lo llamó.
Con la sangre de su lengua   a Blanca Flor escribió.
Al tener papel en mano,   ella de susto abortó,
y dio parte a la justicia,   al más probado Mayor,

20 que le prenda su marido   por alevoso y traidor.
    Esto supo su marido,   se arrimó en un peñajón:
    se hizo trescientos pedazos;   ahí sus delitos pagó.

Uruguay

17.1

    Estaba la reina, estaba,   entre la paz y la guerra,
    con sus dos hijas queridas,   Blanca Flor y Filomena.
    Vino un conde de Sevilla,   se enamoró de una de ellas;
    se casó con Blanca Flor,   muriendo por Filomena.
5   Después de haberse casado,   se fue a tierras ajenas;
    y ahí como a los nueve meses   vino a casa de su suegra.
    —Bien venido seas, mi yerno.   —Bien venido soy, mi suegra.
    —¿Cómo quedó Blanca Flor?   —En días mayores queda,
    y le manda suplicar   que le enviara a Filomena.
10 —¿Cómo se la enviaré, hijo,   siendo una niña soltera?
    —¿Cómo se la enviará, madre?   Como prenda suya que es.
    —Toma, niña, estas diez llaves   y ándate a aquel corredor,
    de las alhajas que tengas   viste de ellas la mejor.
    Lo que ha venido vestida   en ancas fue y la alzó;
15 por la mitad del camino   su pecho le descubrió.
    La niña, como letrada,   al punto le contestó:
    —Mira que soy tu cuñada,   hermana de Blanca Flor.
    Sin atender a más nada   al suelo fue y la tiró;
    después de gozarse de ella,   y la lengua le cortó.
20 Iba un pastor y pasando,   y con señas lo llamó,
    y con sangre de su lengua   a Blanca Flor le escribió.
    Blanca Flor, lo que supo esto,   un gran susto se llevó.
    —Que llamen a la justicia,   a la justicia mayor,
    que prendan a mi marido,   que es un pícaro traidor.
25 Y el caballero oyó esto,   y a una peña se arrimó,
    y se arrimó a una peña,   y Mandinga lo cargó.

VII. LA BÚSQUEDA DE LA VIRGEN (CGR 0228)

El más difundido romance religioso. Tiene un sinfín de variantes resultado de cruces con otros textos del mismo tipo; sus comienzos son diversos, así como muchos de sus motivos. Hemos incluido bajo este título todos aquellos textos que contienen la pregunta de la Virgen inquiriendo por su hijo.

Figura en muchas colecciones españolas y ha sido recogido en 11 países americanos con un total de 88 versiones. Se observará que el léxico no contiene, por lo general, americanismos; esto se debe, seguramente, a su carácter sacro.

Suele usarse también como oración, como lo muestran muchas veces sus comienzos y finales.

Bibliografía

Textos americanos: cf. 1, 13 bis, 15, 19, 28, 38, 52, 53, 57, 60, 65, 73, 82, 86, 88, 90, 93, 95, 98, 99, 106, 109, 113, 127, 138, 140, 159, 164, 166.

Otros textos hispánicos: cf. *Alonso*, pp. 138, 140 y 216; *Díaz V*, p. 231; *Petersen*, II, p. 87; *Schindler*, 61; *Trapero 82*, p. 400.

Estudios: cf. E-96, E-102.

TEXTOS

Estados Unidos

1.1

Por el rastro de la sangre   que Jesucristo derrama,
camina la Virgen pura   en una fresca mañana.
De tan mañana que era   a la hora que caminaba,
las campanas de Belén   solas tocaban el alba.
5   Encuentra a san Juan Bautista   y de esta manera le habla:

—¿No me has visto por aquí   al hijo de mis entrañas?
—Por aquí pasó, señora,   antes que el gallo cantara;
cinco mil azotes lleva   en sus sagradas espaldas.
Con una cruz en sus hombros   de madera muy pesada;
10   como el madero era verde,   cada paso arrodillaba.
Una soga a la garganta   que más que cien nudos daba;
allí estaba una mujer   Verónica se llamaba.
Lleva un clarín por delante   publicando el padecer,
una corona de espinas   de juncos marinos es.
15   Tres clavos lleva en sus manos,   con los que ha de ser clavado;
corona de espinas lleva,   con que ha de ser coronado.
Cuando la Virgen oyó esto,   cayó en tierra desmayada;
san Juan, como buen sobrino,   procuraba levantarla.
—Levántate, tía mía,   ya no es tiempo de tardanza.
20   que allí en el monte Calvario,   tristes trompetas sonaban.
¡Ay, Jesús, mi padre amado,   que por mí estás de esta suerte,
haz que nos valga la muerte   por redimir el pecado!
Quien esta oración cantare,   todos los viernes del año,
saca una ánima de penas   y la suya del pecado.
25   El que sabe y no la enseña,   el que la oiga y no la aprende,
el día del juicio sabrá   lo que esta oración contiene.
Madre mía de Guadalupe,   madre de consolación,
Señora de los Dolores,   yo te ofrezco esta oración.

1.2

Por el rastro de la sangre   que Jesucristo derrama,
camina la Virgen pura   en una fresca mañana.
Como era tan de mañana   a la hora que caminaba,
las campanas de Belén   todas repican el alba.
5   Se encontró a san Juan Bautista   y de esta manera le habla:
—¿No ha pasado por aquí   el hijo de mis entrañas?
—Por aquí pasó, señora,   antes que el gallo cantara;
lleva cinco mil azotes   en sus sagradas espaldas,
lleva una cruz en sus hombros   de madera muy pesada;
10   una corona de espinas   que sus sienes traspasaban.
Al punto que oyó la Virgen,   cayó en tierra desmayada;
San Juan, como buen sobrino,   luego acude a levantarla.
—Levántese, tía mía,   que no es tiempo de tardanza,
que en el Calvario sangriento   roncas trompetas sonaban.
15   Suenan las roncas trompetas   y el destemplado tambor;
póngase luto la Virgen,   que ha muerto nuestro Señor.

1.3

Por el rastro de la sangre   que Jesús ha derramado,
iba la Virgen María   buscando a su hijo amado.
Por el camino donde iba   una mujer ha encontrado.
—¿Qué haces aquí mujer?   ¿Qué haces aquí llorando?
5   —¿Me habrías visto pasar   a mi hijo, Jesús amado?
—Dadme las señas, señora,   de vuestro hijo adorado.
—Es más blanco que la nieve,   más brillante que oro y plata;
a su frente trae el sol   y su cara es de ángel.
—Por aquí pasó, señora,   por aquí Cristo ha pasado,
10   con una cruz en los hombros   y una cadena arrastrando,
una corona de espinas   y su cuerpo maltratado.
Me ha pedido que le diera   un paño de mi tocado
para limpiarse el rostro,   que lo tenía sudado.
Tres dobleces tenía el paño;   tres figuras me han quedado.
15   Si lo quiere ver, señora,   aquí lo tengo retratado.
Oyendo la Virgen esto   cayó al suelo desmayada;
san Juan y la Magdalena   ya iban a levantarla.
—Vamos, vamos, mi señora,   vamos presto en el Calvario,
que por presto que lleguemos   ya lo habrán crucificado.
20   Ya lo ponen a la cruz,   ya le ponen los tres clavos,
ya le dieron la bebida   de amarga hiel y vinagre,
ya le dieron la lanzada   a su divino costado.
La sangre que derramaba   en el cáliz sobresale;
el hombre que bebe de él   será bienaventurado.
25   Quien esta oración dirá   todos los viernes del año
sacará un alma de penas   y la suya de pecado.
La gracia que pedirá   de Dios le será otorgada;
la del Padre, la del Hijo   y la del Espíritu Santo.

1.4

Viernes santo, a media noche,   madruga la Virgen madre,
en busca de Jesucristo,   y san Juan la acompaña.
—¿No han visto por aquí   al hijo de mis entrañas?
—Por aquí pasó, señora,   antes que el gallo cantara.
5   Cinco mil azotes lleva   en sus sagradas espaldas,
una corona de espinas   que sus sienes traspasaba.
Lloraban las tres Marías   de ver el paso en que andaba;
una le enjuga los pies,   otra el rostro le limpiaba,
otra recogía la sangre,   la que el Señor derramaba.

México

2.1

Gracias te doy, gran señor,   y alabo tu gran deber
pues con el alma en el cuerpo   me has dejado amanecer.
Por el rastro de la sangre   que Jesucristo derrama
caminó la Virgen pura   toda una triste mañana.
5   —Señora, ¿no vio pasar   al hijo de mis entrañas?
—Sí señora, sí pasó   tres horas antes del alba;
una cruz lleva en los hombros   de madera muy pesada,
una túnica morada   que hasta el suelo le llegaba.
La Virgen, oyendo esto,   cayó al suelo desmayada;
10   San Juan, como buen sobrino   luego vino a levantarla.
La sangre que derramó   cayó en un cáliz sagrado,
el hombre que la bebiere   será bien aventurado.
Viste de luto la Virgen,   que ha muerto su bien amado
y le da noticias al pueblo   que ha muerto por su pecado.
15   Lloraban las tres Marías   al ver que el pecho manaba,
Virgen pura, Magdalena   y la otra Marta, su hermana.
El sol se vistió de luto,   la luna se enterneció,
las piedras vertieron sangre   cuando Jesús expiró.
Santísimo sacramento   que sea por siempre alabado
20   por las ánimas benditas   y las que estén en pecado.

2.2

Alabadas sean las horas,   las que Cristo padeció
por librarnos del pecado.   ¡Bendita sea su pasión!
Jueves santo a medianoche   madrugó la Virgen santa
en busca de Jesucristo   porque ya el dolor no aguanta.
5   El viernes en la mañana   sacaron a mi Jesús
a padecer por las calles   con una pesada cruz.
Y caminando al Calvario   con gran dolor preguntaba
quién había visto pasar   al hijo de sus entrañas,
—Por aquí pasó, señora,   antes que el gallo cantara,
10   cinco mil azotes lleva   en sus sagradas espaldas
y una soga en la garganta   la que dos judíos tiraban;
a cada tirón que daban   mi Jesús se arrodillaba.
Para su mayor afrenta   lo llevan para el Calvario
con una ronca trompeta   y un clarín destemplado.
15   Una corona de espinas   que sus sienes traspasaba.
Lloraban las tres Marías   de ver el paso que daban.
Una era la Magdalena,   y santa Marta, su hermana,

la otra, la Virgen pura,   la que más dolor llevaba.
Una los pies enjugaba,   otra, el rostro le limpiaba,
20   otra recogía la sangre,   la que Cristo derramaba.
Alabemos y ensalcemos   al santo árbol de la cruz
donde fue crucificado   nuestro cordero Jesús.
Sí, mi culpa fue la causa   de que mi Dios y señor
pasara tantos martirios   hasta que en la cruz murió.
25   Por los méritos sagrados   de tu bendita pasión
que me cubran y me tapen   las cortinas de tu amor.

Guatemala

3.1

Alabadas sean las horas,   las horas que Cristo padeció,
por librarnos del pecado,   bendita sea su pasión.
Jueves santo a media noche   madrugó la Virgen santa
en busca de Jesucristo   porque ya el dolor no aguanta.
5   El viernes por la mañana   sacaron a mi Jesús
a padecer por las calles   con una pesada cruz.
Y caminando al Calvario   con gran dolor preguntaba
quién había visto pasar   al hijo de sus entrañas.
—Por aquí pasó, señora,   antes que el gallo cantara;
10   cinco mil azotes lleva   en sus sagradas espaldas
y una soga en la garganta,   la que dos judíos tiraban,
y cada tirón que le daban   mi Jesús se arrodillaba.
Para su mayor afrenta   lo llevan para el Calvario
con una ronca trompeta   y un clarín destemplado.
15   Una corona de espinas   que sus sienes traspasaba.
Llorando las tres Marías   de ver el paso que daba;
una era la Magdalena   y santa María su hermana;
la otra la Virgen pura,   la que más dolor llevaba.
Una los pies enjugaba,   otra el rostro le limpiaba,
20   otra recogía la sangre,   la que Cristo derramaba.
Bendita la que del pecho   por último resto sale
a fundar los sacramentos   para que todos se salven.
Alabemos y ensalcemos   al santo árbol de la cruz,
donde fue crucificado   nuestro cordero Jesús.
25   Sí, mi culpa fue la causa   de que mi Dios y señor
pasara tantos martirios   hasta que en la cruz murió.
Venid pecadores,   venid con amor,
a adorar el cuerpo   de mi redentor.

3.2

Jesucristo se ha perdido,   la Virgen lo va a buscar,
de huerto en huerto,   de rosal en rosal.
Debajo de un rosal blanco   un hortelanito está;
—Hortelanito por Dios,   dime la pura verdad,
5   si a Jesús el Nazareno   por aquí has visto pasar.
—Sí, señora, que lo he visto   antes del gallo cantar;
una cruz lleva en sus hombros   que lo hacían arrodillar,
una corona de espinas   que lo hacían sollozar,
una soga en la garganta   que de ella arrastrando va,
10   entre moros y judíos   y un esclavo que le da.
—Caminemos, Virgen pura,   para el monte del Calvario,
que por presto que lleguemos   ya lo habrán martirizado.
Ya le sujetan los pies,   ya lo rompen de las manos,
ya le tiran la lanzada   en su divino costado,
15   ya la sangre derramada   está en un cáliz sagrado;
el hombre que la bebiere   será bienaventurado,
será rey en este mundo   y en el otro coronado.
Jesucristo se ha perdido,   su madre ya lo ha encontrado;
el llanto que ha padecido   a su hijo ha amortajado.
20   Quien esta oración dirá   sacará una alma de pena
y la suya de pecado.
Quien la sabe y no la dice,   quien la oye y no la aprende,
el día que venga el juicio   su alma lo ha de padecer.
Jesucristo bien amado,   en todo lugar, Amén.

Nicaragua

5.1

Camina la Virgen pura   con san Juan que le acompaña,
en una calle sangrienta   que Jesucristo derrama.
Al cruzar por una calle   estaba una mujer sentada;
arrimó la Virgen y le dijo: —¿Cuya reina sos, bien criada?
5   —¿No ha pasado por aquí   el hijo de mis entrañas?
—Por aquí pasó, señora,   antes que el gallo cantara.
Una cruz lleva en los hombros   de madera muy pesada,
como el madero era verde,   cada paso arrodillaba.
Con una soga la garganta,   a trescientos nudos daba,
10   con una corona de espinas   que el cerebro traspasaba,
con una túnica morada   que el color le emparejaba;
y si no lo quieres creer,   mira aquí el rostro estampado.

Al mirar esto la Virgen   cayó en tierra desmayada.
San Juan, como buen sobrino,   le dijo a su tía amada:
15   —Levántate señora mía,   vámonos para el Calvario,
que al presto de que lleguemos   lo has de hallar crucificado.
A Jesús Nazareno,   le ofrezco este Alabado,
para que se lo ofrezca   a las almas de su agrado.

Panamá

7.1

Viernes santo, Viernes santo,   Viernes santo, en aquel día
pasó la Virgen María   en busca de su hijo amado,
y al doblar una esquina   encontró una mujer cristiana.
. . .   —Mujer cristiana, mujer cristiana,
5   ¿has visto pasar por aquí   al hijo de mis entrañas?
—Por aquí pasó, señora,   antes que el gallo cantara.
San Juan y la Magdalena   de la mano lo llevaban;
con una cruz en los hombros   de madera muy pesada
y una soga en la garganta   que con los pies tropezaba.
10   —Caminemos, caminemos,   caminemos, hijo amado,
que por presto que lleguemos   ya estará crucificado.
Ya lo coronan de espinas,   ya le remachan los clavos.
El que esta oración rezare   todos los viernes del año
sacará un alma de pena   y la suya de pecado.
15   El que la sabe y no la dice,   el que la oye y no la aprende,
el día del juicio final sabrá   lo que esta oración contiene.

Cuba

8.1

Por las calles de Jerusalén   va la Virgen preguntando
que si han visto pasar   a Jesucristo su amado.
—Sí, señora, yo lo vi;   hay ratico que ha pasado
con una cruz en los hombros   y una cadena arrastrando,
5   y me pidió que le diera   un paño de mi tocado
para limpiarse su rostro   que lo lleva ensangrentado.
—Caminemos, caminemos,   hasta llegar al Calvario,
que por pronto que lleguemos   ya lo habrán crucificado.
Ya le ponen la corona,   ya le clavan los tres clavos,
10   ya le dan una lanzada   en su divino costado.

El que esta oración dijera   todos los viernes del año
saca un ánima de pena   y la suya de pecado.
Quien la sabe y no la dice,   quien la oye y no la aprende
el día del juicio sabrá   lo que esta oración contiene.

Venezuela

11.1

En la calle de la Amargura   'taba una niña sentada,
y la Virgen le pregunta: —Cúya niña tan bien criada,
—como no le sabe el nombre,   Verónica se llamaba—,
¿por aquí no ha pasado un hijo,   un hijo de mis entrañas?
5   —Por aquí pasó, señora,   antes que el gallo cantara.
Una cruz llevaba a cuestas   de madera muy pesada,
cada paso que mudaba   la rodilla en tierra hincaba;
una corona de espinas   su cerebro traspasaba,
una soga su garganta   que más de cien vueltas daba.
10   Cinco puñaladas lleva,   la menos le llega al alma,
las tres por los pecadores   y dos por salvar las almas.
Si no lo queréis creer,   mirad mi toca manchada;
aquí me dejó la muestra   donde él se limpió la cara.
María con estas voces,   cayó en tierra desmayada.
15   San Juan, como buen sobrino   en brazos la levantaba.
—Levántate, tía mía,   levántate, tía amada,
que en el Calvario sangriento   está mi primo clavado.
Las campanas de Belén   solitas se repicaban
en oírle aquellos golpes   a los clavos que sonaban.

Colombia

12.1

Por el rastro de la sangre   que Jesús ha derramado,
camina la Virgen pura   en busca de su hijo amado.
A las tres leguas que anduvo   una mujer ha encontrado:
—Dime, mi buena cristiana,   si a Jesús lo has encontrado.
5   —Sí, lo he encontrado, señora,   muy rendido y fatigado,
con una cruz en los hombros   de madera muy pesada,
una soga en la garganta   que ellos le van tirando.
—Caminemos, Virgen pura,   caminemos al Calvario,
10   que tan pronto que lleguemos   ya le habrán crucificado.

Ya lo coronan de espinas,   ya le remachan los clavos,
ya le pegan la lanzada   en su divino costado.
San Juan y la Magdalena   de la cruz lo han bajado;
la sangre de que él caía   en un cáliz consagrado;
15   el hombre que la bebiese   será bienaventurado,
será rey en esta vida   y en la otra coronado.
Quien aprenda esta oración   y no la enseñe,
quien la oiga y no la aprenda,   el día del juicio final sabrá
lo que esta oración contiene.
Amén.

12.2

Jueves santo, jueves santo,   jueves santo, aquel día
estaba la Virgen María   buscando a su hijo amado.
En la calle de Amargura   está una niña sentada.
La Virgen le preguntó: —Buena y bien criada,
5   ¿por aquí no ha pasado   . . .
mi hijo de mi corazón,   el hijo de mis entrañas?
—Por aquí pasó, señora,   antes que el gallo cantara,
con un madero de cruz   en su hombro atravesado.
Como el madero era verde,   a cada paso arrodillaba.
10   Una soga en su garganta,   que por ella tropicaba,
una corona de espina   en su cabeza traspasada.
La Virgen [oyó] eso,   cayó en el suelo desmayada.
San Juan, como buen sobrino,   en brazo la levantó diciéndole:
—Alevántate, tía mía,   alevántate, tía amada,
15   que en el Calvario sangrino   está mi primo clavado.
Ya aprietan las clavijas,   ya lo habrán crucificado.

12.3

Jesucristo se ha perdido,   su madre lo anda buscando
preguntando si le han visto   un lucero relumbrando.
—Por aquí pasó, señora,   iba p'al monte Calvario
se aparece con los hombres   a morir crucificado.

Chile

15.1

Desde el monte de Belén,   siete leguas al Calvario,
encontré a una mujer   que era devota 'el rosario.

Le pregunté si había visto   pasar a Jesús amado.
—Por ahí más alante va   muy triste y lastimado;
5   una soga lleva al cuello,   una cadena arrastrando;
una mujer lo acompaña   y el rostro le va limpiando;
con el paño que le limpia   tres estampas han quedado,
una de la Magdalena,   otra de san Juan Bautista
y otra de Jesús amado.   —Caminemos, caminemos
10   que supuesto que lleguemos   lo estarán crucificando.
Unos le pasarán lanzas   por los sagrados costados,
otros le pasarán clavos   por los pies y por las manos.
La sangre donde cayese   cae en un cáliz sagrado
y el hombre que la tomase   será bienaventurado;
15   en este mundo será reino   y en el otro coronado.
Amén.

15.2

Escuchen y estén atentos;   cuando Jesucristo llama,
san Juan y la Magdalena   todos juntos caminaban
con un tomado de basto   y un calidoro llevaban
donde recogen la sangre   que Jesucristo derrama.
5   Sale la Virgen buscando   por el rastro de la sangre;
con una mujer se encuentran   y a ella le preguntaba:
—¿Dónde me ha visto pasar   un hijo de las entrañas?
—Sí, señora, sí, lo vi   antes que el gallo cantara,
con una cruz en los hombros   del madero muy pesao
10   y la corona de espino   que el cerebro traspasaba;
la cruz como era tan grande   tres veces se arrodillaba.
La Virgen oye las nuevas,   cae a tierra desmayada,
san Juan, como buen sobrino,   tuvo pronto a levantala.
—Levántate, tía, le dice,   levántate, tía del alma,
15   que allá arriba del Calvario   entre tres luces estaba.
Un hombre estaba en el medio,   Jesucristo se llamaba.
La Virgen no lo conoce,   aunque mucho lo miraba.
Conócelo Madalena,   que a los pies de Cristo estaba.
—¡Ay! ¡hijo mío!, le dice,   ¡Ay! ¡hijo mío del alma!,
20   hiciste tu testamento   que a todo el mundo agradaba.
Perdonaste a los impíos   y a quien le dio la lanzada,
aquel perro del judío   que le dio la bofetada.
San Pedro le deja las llaves,   quien tres veces te negaba,
sólo a mí por ser mujer   me deja desamparada.
25   Vuelve la cabeza Cristo   y a san Juan le preguntaba:
—¿Quién es aquella mujer   que tan lindamente hablaba?
—Es María Madalena,   la que mucho te estimaba,

quien te lavaba los pies   con lágrimas que derramaba.
—Calla, calla, Madalena,   no te dejo desamparada,
30   que en el centro de mi patria   tengo una silla apartada
pa que te sientes en ella   contra mi madre sagrada.[14]

15.3

—Ya viene rompiendo el alba   con su luz y claro día;
démosle infinitas gracias   a Jesucristo y María*
Despierten, almas dormidas,   todas alabar a Dios;
suspendan todos el eco   y alaben con devoción,*
5   ¿Para dónde va Jesús?   —Voy para el monte Calvario
a padecer por el hombre   y a morir crucificado.*
Ya lo llevan, ya lo traen   por la calle de la Amargura,
cuatro mil azotes lleva   atados a la columna.*
Jesucristo se ha perdido,   la Virgen lo va a buscar;
10   —¿No me ha visto por aquí   un lucero relumbrado?*
—Por aquí pasó, señora,   antes que el gallo cantara
con una cruz a los hombros   y una soga en la garganta,
de rodillas por el suelo   que se cae y se levanta.*
La Virgen 'taba en el huerto   gotas de sangre llorando
15   de ver las ingratitudes   con que le estamos pagando.*
En el cielo hay un pilar   rodeado de pedrería
que lo plantó el niño Dios   para la Virgen María.*
Estas alabanzas que hay cantao   se las ofrezco a estos tres,
a Jesucristo y María   y a mi padre san José.

* *Alabemos al señor,   que nos dio su santo cuerpo*
que en el ara del altar   se celebra el sacramento.

15.4

¡Quién tuviera tal ventura   sobre las aguas del mar,
como tuvo Magdalena   cuando a Cristo fue a buscar![15]
Lo buscó de villa en villa   y de villar en villar.
A Valeriano le dice: —a vos te podré vogar.
5   Una verdad te pregunto,   que no sea falsedad:
si a Jesús de Nazaret   por aquí has visto pasar.
—Por aquí pasó, señora,   los gallos querían cantar;

---

[14] A partir del verso 19 es una recreación basada en el romance *Las quejas de doña Urraca* (*Primavera*, núm. 36).
[15] Cf. *El infante Arnaldos* (*Primavera*, núm. 153). Se trata de una contrahechura religiosa bastante difundida.

con una cruz en los hombros   que lo hacía arrodillar,
y una soga a la garganta   que lo hacía tropezar;
10   corona de espinas lleva,   todo ensangrentado va.

Argentina

16.1

Jesucristo se ha perdido,   la Virgen lo va a buscar;
lo buscaba de huerto en huerto   y de rosal en rosal;
debajo de un rosal blanco   vio un hortelanito estar:
—Hortelanito, por Dios,   dime la pura verdad,
5   si a Jesús de Nazaret   por acá ha visto pasar.
—Sí, señora, que lo he visto   antes del gallo cantar,
con una cruz en su hombro   que le hacía arrodillar,
una corona de espinas   que le hacía traspasar,
y una soga a la garganta   que le hacía tropezar;
10   entre judío y judío   bien acompañado va.
—Caminemos, Virgen pura,   para el monte del Calvario
que por presto que lleguemos   ya lo habrán crucificado.
Ya le remachan los pies,   y le clavarán sus manos,
ya le tiran la lanzada   en su divino costado.
15   La sangre que derramaba   está en cáliz sagrado;
el hombre que la bebiera   será bienaventurado;
será el rey en este mundo   y en el otro coronado.

16.2

—¿Dónde han visto, dónde han visto   un hijo de mis entrañas?
—Por aquí pasó, señora,   cuando los gallos cantaban,
los pajarillos del prado   cantando glorias estaban,
las campanas de Belén   muy al alba repicaban.

Uruguay

17.1

Camina la Virgen pura,   camina muy de mañana,
por los arroyos de sangre   que su hijo derramaba.
En la calle de la amargura   una mujer encontraba.
—Bien venida, seas mujer;
5   ¿no has visto por aquí a mi hijo,   el hijo de mis entrañas?

—Lo vi, señora, lo vi,   tres horas antes del alba.
Una cruz llevaba a cuestas   de un madero muy pesado,
una corona de espinas   que el cerebro le ha pasado,
una soga en la garganta   por donde Judas tiraba;
10   cada vez que Judas tira   el Señor se arrodillaba.
La Virgen oyendo esto   se ha caído desmayada.
San Juan como buen sobrino   animó a su tía del alma.
Allá en el monte Calvario   las roncas trompetas andan.
Por más pronto que llegaron   crucificándolo estaban.
15   Unos le clavaban espinas,   otros le clavaban los clavos;
Longino metió su lanza   por el divino costado.
La sangre que de él caía   caía en un cáliz sagrado;
el hombre que de ella beba   será bienaventurado;
en este mundo será rey   y en el otro coronado.

17.2

Allá arriba en Belén,   siete leguas del Calvario,
encontré una mujercita   que iba rezando el rosario.
Me llegué a preguntarle   si no vio a Jesús amado.
—Sí, señora, yo lo he visto;   por allá arriba ha pasado
5   con una cruz en los hombros   y una cadena de arrastro.
—Caminemos, caminemos   hasta llegar al Calvario,
que por pronto que lleguemos   lo estarán crucificando.
Unos le ponían espinas,   otros le ponían clavos,
otros le clavaban lanzas   en su divino costado.
10   La sangre que de él caía   caía en el cáliz sagrado,
el hombre que la bebiere   será bienaventurado;
tendrá cien años de vida,   y ésta libre de pecados.
Quien esta oración dijese   todos los viernes del año,
sacará un alma de penas   y la suya de pecado.

VIII. EL CABALLERO HERIDO

Romance de escasa difusión en el mundo hispánico. En América tenemos 10 versiones bastante maltratadas, de sólo cuatro países. Parece haber aquí dos romances, el de *Polonia* y otro vulgar, que han intercambiado motivos. Al ser difícil delimitarlos, los hemos consignado bajo un título que los abarca a ambos.

Bibliografía

Textos americanos: cf. 7, 42, 68, 120, 121, 135.

Otros textos hispánicos: cf. *Cossío-Maza*, II, 316-322; *Gil*, I, p. 56, II, p. 43; *Menéndez Pelayo*, p. 295.

TEXTOS

Cuba

8.1

Una noche muy oscura   tempestuosa de agua y truenos,
se paseaba un caballero   con un coche y su cochero.
El vestido que llevaba   todito le relumbraba;
llevaba tres plumas blancas,   también dos plumas moradas.
5   Al doblar las cuatro esquinas   le dieron de puñaladas.
Ya lo llevan, ya lo traen   a la puerta de su casa:
—Abre la puerta, Polonia,   que vengo herido en el alma;
lo que siento, lo que siento,   que te dejo embarazada,
que si naciera varón   será príncipe de España,
10   y que si naciera hembra   fuera monja 'e santa Clara.
Entiérrame en campo verde   donde pise mi ganado;
me pones a la cabeza   la silla de mi caballo
con un letrero que diga: "Aquí ha muerto un desdichado;
no ha muerto de calentura   ni de dolor de costado,
15   que ha muerto de puñalada,   que es un mal desesperado".

República Dominicana

9.1

Noche oscura y temerosa   de relámpagos y truenos,
vi pasear un caballero   de su coche a la cochera.
El vestido que llevaba   era de oro y relumbraba.
—Abre la puerta, Polonia,   que vengo herido en el alma.
5   Y si acaso yo muriera,   no me entierren en sagrado,
entiérrenme en campo verde   donde pisen mis soldados.
En mi cabecera pongan   cuatro ladrillos dorados
con un letrero que diga: "Aquí ha muerto un desdichado;
no ha muerto de calentura   ni de dolor de costado,
10   ha muerto de mal de amor,   de un dolor desesperado".

Venezuela

11.1

Anoche, a la media noche,   cayó un lucero a la plaza
pa alumbrar a don Alonso   que salía de su casa.
Entre plumas, tú me trías   el retrato de la dama.
El uno era Juan de Luna,   y el otro Juan de Parada.
5   Como no lo conocía,   porque se tapó la cara.
Si yo la cara le viere   con la punta de la espada.
Yo lo que siento es Paloma,   niña que ya está preñada.
Si tuvieres un niñito,   del obispo de Granada,
si tuvieras una niña   fuera monja en santa Clara.
10   . . .   No me entierren en sagrado,
entiérrenme en un campito   donde no pise ganado,
déjenme un brazo afuera   con un letrero en la mano
pa que la gente que pase   diga al ver lo que ha pasado:
"Aquí murió don Alonso   . . .
15   no murió de tabardillo   ni de dolor de costado.
que murió de mal de amores,   que es un mal desesperado".

Colombia

12.1

Anoche a la medianoche,   salió un lucero a la plaza
a alumbrarle a don Alonso   que saliera de su casa

con un vestido de seda   y abrochadores de plata;
entre pluma y pluma lleva   el retrato de su amada.
5   La propuesta que le hicieron   fue darle de puñaladas.
Se volvió para su casa   con la sangre aborbollada.
—¿Quién lo ha herido, don Alfonso?   ¿Quién le ha puesto tal
celada?

—El uno era Juan Deloy   y el otro era Juan Delara.
Muriendo ya don Alonso   a su mujer declaraba:
10   —Si acaso tuvieses niña,   que sea monja en santa Clara,
si acaso tuvieses niño,   que sea obispo de Granada.

IX. CARABÍ

Romancillo heptasilábico que por su brevedad y carácter infantil no ha sido recogido en muchas colecciones, pero que está bastante difundido.

Las versiones son muy semejantes, pero existen dos tipos de historia: la común, en que la niña muere y tiene un entierro semejante al de *Mambrú* y la versión acortada que termina antes de la muerte y que más parece una cancioncilla.

De América tenemos 27 versiones de siete países.

Bibliografía

Textos americanos: cf. 3, 13, 13bis, 15, 25, 26, 42, 43, 46, 69, 164.

Otros textos hispánicos: cf.*Catalán*, 381; *Córdova*, p. 102; *Puig*, p. 90; *Trapero 82*, p. 187.

TEXTOS

Costa Rica

6.1

En coche va una niña*   hija de un capitán.**
¡Qué hermoso pelo tiene!*   ¿Quién se lo peinará?**
Lo peinará su tía,*   con mucha suavidad,**
con peinecito de oro*   y horquillas de cristal.**
5   La niña ya está muerta,*   la llevan a enterrar**
en cajita de oro*   con tapa de cristal.**
Encima de la caja*   un pajarillo va**
cantando el pío, pío,*   el pío, pío, pa.**

  * *Carabín.*
  ** *Carabiburí, carabiburá.*

6.2

En coche va una niña*   hija de un capitán.**
¡Qué lindo pelo tiene!*   ¿Quién se lo peinará?**
Lo peinará su tía,*   con mucha suavidad.**
Elisa ya está muerta,*   la llevan a enterrar**
5   con cuatro zopilotes*   y un cura sacristán.**

  * *Carabí*
  ** *Carabí ru, ri, carabí ru, ra.*

6.3

En coche va una niña*   hija de un capitán.**
¡Qué hermoso pelo tiene!*   ¿Quién se lo peinará?**
Se lo peinará su tía*   . . .
con peinecito de oro*   y horquilla de cristal.**

  * *Carabí*
  ** *Carabí, ru, ri, carabí, ru, ra.*

Cuba

8.1

En coche va una niña   hija de un capitán.
¡Qué hermoso pelo tiene!   ¿Quién se lo peinará?
Se lo peina su tía   con mucha suavidad,
con peinecito de oro,   horquilla de cristal.
5   Elisa ya está enferma,   quizás se salvará.
Elisa ya está muerta,   la llevan a enterrar
con varios oficiales,   un cura de cristal.
Encima de la tumba   un pajarito va
cantando el pío, pío,   cantando el pío, pa.

8.2

A Atocha va una niña*   hija de un capitán.**
¡Qué hermoso pelo lleva!*   ¿Quién se lo peinará?**
Se lo peinará su tía*   con peinecitos de oro,**
con peinecitos de oro*   y moldes de cristal.**

  * *Curubá.*
  ** *Hurí, hurí, hurá.*

República Dominicana

9.1

Atocha es una niña*   hija de un capitán.**
¡Qué lindo pelo lleva!*   ¿Quién se lo peinará?**
Se lo peina su tía*   ...
con peinecitos de oro*   y el borde de cristal**
5   para que Atocha vaya*   a ver su majestad.**

  * *Curubá.*
  ** *Hurí, hurí, hurá.*

Puerto Rico

10.1

En Francia hay una niña*   hija de un capitán.**
¡Qué hermoso pelo lleva!*   ¿Quién se lo peinará?**
Su madre se lo peina*   con mucha suavidad,**
con un peine de oro*   y horquillas de cristal.**
5   La niña ya se ha muerto,*   la llevan a enterrar.**
La caja era de oro*   con tapa de cristal.**
Encima de la tapa*   un pajarito va,**
cantando el pío, pío,*   cantando el pío, pa.**

  * *Carabí.*
  ** *Carabí, hurí, carabí, hurá / carabela blanca, la manchipitá /*
  cuchichi, lailán, cuchichí, lailán.

Colombia

12.1

La niña va en su coche,*   hija de un capitán.**
¡Qué hermoso pelo tiene!*   ¿Quién se lo peinará?**
Se lo peina su tía*   con peinecito de oro.**
La niña está enferma,*   la llevan al doctor.**
5   La niña ya está muerta,*   la llevan a enterrar**
en cajoncito de oro*   y tapa de cristal.**

Encima de la tapa*   dos pajaritos van**
cantando el pío, pío,*   cantando el pío, pa. **

* *Carabí.*
** *Carabí durí, carabí durá.*

Chile

15.1

Alicia va en el coche*   a ver a su papá.**
¡Qué lindo pelo lleva!*   ¿Quién se lo peinará?**
Se lo peina su tía*   con peine de cristal.**
Alicia se murió,*   la fueron a enterrar**
5   en un cajón de vidrio*   con tapa de cristal;**
arriba de la tapa*   dos pajaritos van**
cantando el pío, pío,*   cantando el pío, pa.**

* *Carolín.*
** *Carolín, cacao, lero, lao.*

15.2

Por un jardín hermoso*   cuatro niñitas van;**
la niña que va al medio*   hija es de un capitán.**
¡Qué lindo pelo lleva!*   ¿Quién se lo peinará?**
Se lo peina su tía*   con peine de cristal.**

* *Clorín.*
** *Clorín, clorán.*

Argentina

16.1

En Francia hay una niña*   hija de un capitán.**
¡Qué hermoso pelo tiene!*   ¿Quién se lo peinará?**
Se lo peinará su tía*   con mucha suavidad**
con peinecito de oro*   y horquillas de cristal.**
5   Elisa cayó enferma,*   Elisa morirá.**
Elisa ya se ha muerto,*   la llevan a enterrar**
con cuatro oficiales*   y un comandante atrás.**

Encima de la tumba*   un pajarito va,**
cantando el pío, pío,*   el pío, pío, pa.**

    * *Carabín.*
    ** *Carabirulín, carabirulán.*

16.2

En coche va una niña*   hija de un capitán.**
¡Qué hermoso pelo tiene!*   ¿Quién se lo peinará?**
Los peinará la reina*   con mucha suavidad,**
con peinecito de oro*   y horquillas de cristal.**

    * *Carabín.*
    ** *Carabín run, rin, carabín run, ran.*

X. SANTA CATALINA (CGR 0126)

Romance religioso perteneciente al ámbito infantil. No tiene variantes notables, salvo que muchas veces se continúa con el romance de *El marinero*, con el que tiene coincidencia de rima y de naturaleza (en ambos el protagonista muere por no renunciar a su fe). Hay pequeñas variantes en la localización inicial y en los detalles.

Está bastante difundido en la Península y también, aunque menos, en América: 50 versiones de siete países.

Bibliografía

Textos americanos: cf. 8, 12, 17, 18, 23, 24, 26, 41, 42, 45, 46, 53, 54, 56, 68, 88, 105, 116, 120, 135, 141, 143, 150.

Otros textos hispánicos: cf. *Alonso*, pp. 132 y 205; *Catalán*, 167, 283-284; *Córdova*, pp. 124 y 364; *Cossío-Maza*, 398; *Costa*, 346; *Díaz-Delfín*, II, p. 126; *Díaz V.*, I, p. 183; *Echevarría*, 78; *García M.*, 171; *Gil*, I, p. 90; *Leite*, 79; *Menéndez Pelayo*, 30; *Pires*, p. 100; *Puig*, p. 119; *Schindler*, p. 91 *Trapero* 82, p. 223; *Trapero* 87, 221.

Estudios: cf. E-61.

Textos

Cuba

8.1

En Cádiz hay una niña   que Catalina se llama.
Todos los días de fiesta   su padre la regañaba
porque no quería hacer   lo que su padre mandaba.
Mándale hacer una rueda   de cuchillas y navajas;
5   Ya la rueda estaba hecha,   Catalina arrodillada.
Bajó un ángel del cielo   con su corona y su espada:
—Sube, sube, Catalina,   que el rey del cielo te llama.

—¿Para qué me quiere él   que tan de prisa me llama?
—Para entregarte las llaves   las llaves del reino del cielo.

8.2

En Galicia hay una niña   que Catalina se llama.
Su padre es un perro moro,   su madre una renegada.
Todos los días de fiesta   su padre la regañaba
porque no quería hacer   lo que su madre mandaba.
5   Mándale hacer una rueda   de cuchillos y navajas.
Ya la rueda estaba hecha,   Catalina arrodillada.
Bajó un ángel del cielo   con su corona y su palma:
—Sube, sube, Catalina,   que allá en el cielo te llaman.
—¿Para qué me querrán en el cielo   que tan de prisa me
                                                    llaman?
10   —Para ajustarte las cuentas   de la semana pasada.
Al subir Catalina   cayó un marinero al agua.
—¿Qué me das, marinerito,   por que te saque del agua?
—Te doy mis tres navíos   cargados de oro y de plata,
y a mi mujer que te sirva   y a mis hijos por esclavos.
15   —Yo no quiero tus navíos   ni tu oro ni tu plata,
ni tu mujer que me sirva   ni tus hijos por esclavos,
quiero que cuando te mueras   me entregues a mí tu alma.
—El alma la entrego a Dios   y el cuerpo a la mar salada.

8.3

En Galicia hay una niña   que Catalina se llama.
Todos los días de fiesta   su madre la regañaba
porque no quería hacer   lo que su padre mandaba.
Mandóle hacer una rueda   de cuchillas y navajas;
5   ya la rueda estaba hecha,   Catalina arrodillada.
Bajó un ángel del cielo   con su corona y su palma:
—Sube, sube, Catalina,   que allá en el cielo te llaman.
—¿Para qué me querrán en el cielo   que tan de prisa me
                                                    llaman?
—Para cobrarte una cuenta   de la semana pasada.
10   Al subir Catalina   cayó un marinero en el agua.
—¿Cuánto me das, marinero,   porque te saque del agua?
—Todo mi oro y mi plata   y a mi mujer que te sirva.
—No, no, no, yo no quiero   ni tu oro ni tu plata,
yo lo que quiero es que tú   te cases conmigo.
15   Que el marinero no se ahogó,   que Catalina lo salvó.

República Dominicana

9.1

En Cádiz hay una niña   que Catalina se llama.
Su padre era un rey moro,   su madre una renegada.
Todos los días de fiesta   su padre la castigaba.
Mandó a hacer una rueda   de cuchillas y navajas;
5   ya la rueda estaba hecha,   Catalina arrodillada.
Bajó un ángel del cielo   con su corona y su espada:
—Sube, sube, Catalina,   que el rey del cielo te llama.
—¿Qué querrá el rey del cielo   que tan de prisa me llama?

Puerto Rico

10.1

En Galicia había una niña,   Catalina se llamaba.
Su padre era un rey moro,   su madre una renegada.
Todos los días de fiesta   su madre la castigaba
porque no quería hacer   lo que su padre mandaba.
5   Le mandó hacer una rueda   de cuchillos y navajas;
la rueda ya estaba hecha,   Catalina arrodillada
y bajó un ángel del cielo   con la corona y la palma:
—Sube, sube, Catalina,   que Dios del cielo te llama.
—¿Para qué me quiere el cielo   que tan de prisa me llama?
10   —Para redimir las penas   de tu vida renegada.
—Sube, sube, Catalina,   con la corona y la palma.
Y al padre de Catalina   cuatro diablos lo llevaban.

Venezuela

11.1

En la ciudad de los moros,   que es una ciudad muy grande,
donde una niña se crió,   que Catalina se llama.
Su taita es un gran judío,   su madre una renegada;
cada vez que amanecía,   Catalina castigada
5   con cien varas de membrillo   con toda su flor y rama.
Baja un ángel del cielo,   que san Gabriel se llamaba:
—Vamos, vamos, Catalina,   que Jesucristo nos llama.
Aquí se acaba la loa   de san Francisco Romero,
un perdón para la loa   y un trago pa los guargüeros.

Perú

14.1

El día cinco de mayo   hay una fiesta en Granada
porque ha nacido una niña   que Catalina se llama.
Su padre era un perro moro,   su madre una renegada
y a Catalina por ser   una ferviente cristiana,
5   mandan tenderla en la rueda   de cuchillos y navajas
y Catalina al instante   en su sangre se bañaba.
—Por aquel que en su cruz murió   y la Virgen soberana,
aliviad mi sed mortal   con una jarra de agua,
la garganta se me seca   y la vida se me acaba.
10   —No te la podemos dar,   Catalina tan amada,
porque el moro de tu padre   la fuente tiene sellada
y custodiada también   por leones y por guardas
y el primero que la toque   la vida tiene jugada.
Mientras esto le decía,   Catalina ya expiraba.
15   Viene la reina del cielo   con su corona y su palma
y entre celestes legiones   su alma al cielo volaba.
Catalina, virgen bella,   con el martirio esmaltada,
alcánzame del Señor   esa tu fe denodada
para que siempre seamos   fieles y firmes cristianos.[16]

Argentina

16.1

Se me ha perdido una niña   que Catalina se llama.
Todos los días de fiesta   su padre la castigaba
porque no quería hacer   lo que su padre mandaba.
Mandan hacer una rueda   de cuchillos y navajas;
5   la rueda ya estaba hecha,   Catalina arrodillada.
Bajó un ángel del cielo   con coronas y guirnaldas:
—Sube, sube, Catalina,   que Jesucristo te llama.

16.2

En Galicia hay una niña,   Catalina se llamaba.
Todos los días de fiesta   su padre la castigaba.

---

[16] Reelaboración de tipo culto inspirada en *Delgadina*.

Su padre era un perro moro,   su madre una renegada.
Mandan hacer una rueda   de cuchillas y navajas;
5   la rueda ya estaba hecha,   Catalina arrodillada.
Y bajó un ángel del cielo   con su corona y su espada:
—Catalina, sube, sube,   que el rey del cielo te llama.
Y mientras iba subiendo   cayó un marinero al agua.
—¿Qué me das tú, marinero,   si yo te saco del agua?
10   —Te doy todos mis navíos   cargados de oro y plata.
—Yo no quiero nada de eso,   lo que yo quiero es tu alma.
—El alma la entrego a Dios   y el cuerpo al agua salada.[17]

Uruguay

17.1

En Galicia había una niña,   Catalina se llamaba.
Su padre era un perro moro,   su madre una renegada.
Todos los días de fiesta   su padre la castigaba
porque no quería hacer   lo que su madre mandaba.
5   La mandó hacer una rueda   de cuchillo y sin espada;
la rueda ya estaba hecha,   Catalina arrodillada.
Mientras nosotros jugamos   cae un ángel del cielo
con una palma en la mano.

17.2

En Galicia hay una niña   que Catalina se llama.
Su padre era un perro moro,   su madre una renegada.
Todos los días de fiesta   su padre la castigaba.
Mandó hacer una rueda   de cuchillos y navajas;
5   la rueda ya estaba hecha,   Catalina arrodillada.
Bajó un ángel del cielo   con su corona y su espada:
—Sube, sube, Catalina,   que el rey del cielo te llama.
Mientras que iba subiendo,   cayó un marinero al agua.
—¿Qué me das tú, marinero,   si yo te saco del agua?
10   —Te doy mis tres navíos   y mi mujer por esclava.
—No quiero tus tres navíos   ni tu mujer por esclava,
quiero que cuando te mueras   a mí me entregues el alma.
—El alma se la entrego a Dios   y el cuerpo al agua salada,
el corazón que me queda   a la Virgen consagrada.

[17] Una de las consecuencias de la unión de *Santa Catalina* y *El marinero* es que parece que es la santa la que tienta al marino. Sólo unos pocos textos han solucionado este contrasentido (véase aquí el 8.3), pero en el resto, como en éste, el absurdo persiste.

XI. LA DAMA Y EL PASTOR (CGR 0191)

Éste es el primer romance documentado (1421) en una versión ya muy tradicionalizada, por lo que se le supone del siglo XIV. Bastante difundido en la tradición moderna, no lo está tanto en América, del que existen 54 versiones de siete países.

Las variaciones están en la clase de ofrecimientos y en la fórmula de respuesta del pastor (algunas veces invariable); en varias versiones se insiste en la liviandad de la dama o en la fortaleza moral del villano. Digna de realzarse es la recreación final que invierte la situación: el pastor ahora ruega, y la dama se niega; con ello se dignifica la figura de la mujer rechazada.

Debido a que las enumeraciones que constituyen el núcleo del romance (de estructura "concéntrica") suelen tener su propia rima, el texto entero suele ser polirrímico.

Bibliografía

Textos americanos: cf. 149, 154, 165.

Otros textos hispánicos: cf. *Rom. tradicional*, ts. X y XI; *Petersen*, II, p. 40; *Piñero-Atero*, p. 84.

Estudios: cf. E-19, E-49, E-52.

TEXTOS

Estados Unidos

1.1

Una niña en un balcón   le dice a un pastor: —Espera,
que por ti está la zagala   que de amores desespera.

[102]

—No me hables de esa manera   —responde el villano vil—,
que ya me muero de sueño   y me quiero ir a dormir.
5   —Te daré una pila de oro   y unas cañas de marfil
tan sólo porque te quedes   esta noche aquí a dormir.
—No quiero tu pila de oro   ni tus cañas de marfil,
que ya me muero de sueño   y me quiero ir a dormir.
—Mira qué lindos cabellos,   que llevarás que contar;
10   hasta el sol se mira en ellos   cuando me salgo a pasear.
Mira qué pulido pie   para un zapato dorado;
mira que soy niña y tierna   y dispuesta a tu mandado.
—A mí no me da cuidado   —responde el villano vil—,
que ya me muero de sueño   y me quiero ir a dormir.
. . .
15   —Zagala, cuando me hablastes,   tus palabras no entendí;
perdóname, dueña amada,   si en algo yo te ofendí.
—Cuando quise no quisistes,   y ahora que quieres no quiero;
pasaré mi vida triste   como la pasé primero.

1.2

Una niña en un balcón   le dice a un pastor: —Espera,
aquí te habla una zagala,   que de amores desespera.
—No me hables de esa manera,   le dice el villano vil;
mi ganado está en la sierra,   con él me voy a dormir.
5   —Mira qué rojos cabellos   y llevarás que contar;
el sol se enamora de ellos   cuando me siento a peinar.
Mira qué pulido pie   para un zapato bordado;
mira que soy niña y tierna   y que estoy a tu mandado.
Te doy una pila de oro   y tres cañas de marfil,
10   tan sólo por que te quedes   esta noche aquí a dormir.
—No quiero tu pila de oro   ni tus cañas de marfil;
mi ganado está en la sierra,   con él me voy a dormir.
—Te doy el burro y el carro,   el catre y el almirez,
tan sólo porque te quedes   esta noche y otras tres.
15   —No quiero el burro ni el carro,   ni el catre ni el almirez;
mi ganado está en la sierra,   con él me voy otra vez.
—Zagala, cuando me hablaste,   tus palabras no entendí.
Perdóname, gran señora,   si en algo yo te ofendí.
Yo te doy las posesiones   donde pastea mi ganado,
20   tan sólo porque me dejes   arrimarme por tu lado.
—Pastor rústico y cansado,   villano, vete de aquí;
tu ganado está en la sierra,   con él te vas a dormir.
—Yo te doy mi ganadito,   con to' y perros y pastores,
tan sólo porque me dejes   arrimarme a tus amores.

25   —Pastor rústico y cansado,   villano, vete de aquí;
       tu ganado está en la sierra,   con él te vas a dormir.
       —Haré de cuenta que tuve   una sortijita de oro,
       y que se me cayó en el mar   y así la perdí del todo.
       —Cuando quise no quisiste,   y hora que quieres no quiero;
30   llora tú tu soledad,   que yo la lloré primero.

México

2.1

En medio de un sesteadero   una oveja me faltó,
una joven blanca y bella   de un pastor se enamoró.
   —Oye, pastor adorado,   aquí te habla esta paloma,
acércate aquí conmigo   sin temor de que te coma.
5   —Oye, joven blanca y bella,   tus palabras no entendí,
mi ganado está en la sierra,   yo me voy a ir de aquí.
   —Tengo cuatro mil pesos   y de pesos doce mil,
te los doy porque te quedes   esta noche aquí a dormir.
   —No quiero cuatro mil pesos   ni de pesos doce mil,
10   mi ganado está en la sierra,   yo me voy con él allí.
   —Mira qué manitas tengo   pa aquello de perfilar,
te las doy porque te quedes   esta noche a vacilar.
   —Yo también tengo manitas   pa aquello de trabajar,
mi ganado anda en la sierra   lo tengo que ir a cuidar.
15   —Mira qué piernas tan blancas   con sus venas tan azules,
te las doy porque te quedes   sábado, domingo y lunes.
   —Yo también tengo chaqueta   con sus botones azules,
mi ganado anda en la sierra,   ya me voy y no lo dudes.
   —Mira qué piesito tengo   con un zapato lucido,
20   te lo doy porque te quedes   esta noche aquí conmigo.
   —Yo también tengo piesito   para un huarache lucido,
mi ganado anda en la sierra,   yo me voy y no lo olvido.
   —Oye, pastor adorado,   bien te puedes retirar,
mis palabras no comprendes,   tú te puedes ir allá.
25   —Oye, joven blanca y bella,   tus palabras no entendí,
mi ganado está en la sierra,   pero yo me quedo aquí.
   —No hay perdón para el que yerra,   mucho menos para ti,
tu ganado está en la sierra,   bien te puedes ir de aquí.

Cuba

8.1

Estaba un pastor y estaba   de amores muy enojado.
Preguntóle una dama   si quería ser casado.*
—Yo no quiero ser casado,   responde el villano vil,
mi ganado está en la sierra   y con él me voy a dormir.*
5   —Mira qué pie tan pulido   para un zapato bordado,
mira que soy niña,   y dispuesta a tu mandato.*
—Yo no quiero ser mandado,   responde el villano vil,
mi ganado está en la sierra   y con él voy a domir.*
—Pastor, que estás en la sierra   durmiendo en duros terrones,
10   si te casaras conmigo   dormirías en colchones.*
—Yo no quiero sus colchones,   responde el villano vil,
mi ganado está en la sierra   y con él voy a dormir.*
—Pastor, si tú me quisieras,   mi madre te daría un coche
para que me visitaras   los sábados por la noche.*
15   —Yo no quiero su gran coche,   responde el villano vil,
mi ganado está en la sierra   y con él voy a dormir.*
Zagala, cuando me hablaste,   tu palabra no entendí;
dispénsame, gran señora,   si en algo yo os ofendí.*
—Ya es tarde, gran caballero,   para que venga a persuadir;
20   su ganado está en la sierra   vaya con él a dormir.

* ¡Ay Dios!

Venezuela

11.1

—¿Pastor, qué hacéis en el campo   del amor tan retirado?
Aquí vengo a preguntarte   que si quieres ser casado.
Contestó Villanovil: —Yo no quiero ser casado;
adiós, que me quiero ir   a cuidar de mi ganado.
5   —Si a comer pan de centeno   estarás acostumbrado,
si te casaras conmigo,   lo comerías blanqueado.
—Yo no quiero de ese pan,   contestó Villanovil,
tengo en la sierra el ganado,   adiós, que me quiero ir.
—Si a ponerte chamarrones   tú estás bien acostumbrado,
10   si te casaras conmigo   tendrías calzones de paño.
—Yo no quiero esos calzones,   contestó Villanovil,
tengo el ganado en la sierra,   adiós, que me quiero ir.
—Si te casaras conmigo,   nos daría papá un coche,

donde iríamos a pasear   los sábados por las noches.
15   —Déjame, no quiero coche,   contestó Villanovil,
tengo el ganado en la sierra,   adiós, que me quiero ir.
—Si te casaras conmigo,   yo te mandaría a hacer
un puente de cuatro caños   para que pasaras por él.
—Tu puente no quiero yo,   contestó Villanovil,
20   tengo el ganado en la sierra,   adiós, que me quiero ir.

11.2

—Mirá qué piernas tan blancas   para un botín colorao.
—Si a mi ganadillo   que tengo en la sierra,
a mi ganadillo   me voy a cuidar.
—Mirá qué rubios cabellos   que son para tú mirar
5   que se para el sol a verlos   cuando me salgo a peinar.
—Si a mi ganadillo   que tengo en la sierra,
a mi ganadillo   me voy a cuidar.
—Échele paja a ese búrro   y ayúdaselo a comer,
y así digo ganadillo   que tú no sabéis querer.

Colombia

12.1

—Pastor que andas por la sierra   pastoreando los ganados,
si te casaras con yo,   salieras de esos cuidados.
—No me caso con usted,   responde el mozo serrano;
el ganado está en la sierra,   adiós, adiós, que me largo.
5   —A caminar con las quimbas   como estás acostumbrado,
si te casaras con yo,   te mandara hacer zapatos.
—Cállate, que estoy de prisa,   adiós, adiós, que me largo.

Chile

15.1

—Pastor, yo mucho te quiero,   yo misma te lo confieso,
y mucho más te quisiera   si fueras algo travieso.
—A otro perro con ese hueso.
—Pastor, cuando nos casemos,   nos amaremos entre ambos
5   y después nos reiremos   de lo mismo que tratamos.

—Por cierto, en grande pensamos.
—Toma este chaper de punto,   toma este chaper dorado;
mírame que soy bonita   y que estoy a tu mandado.
—Conmigo no habéis tratado.
10 —Vete, pastor, para acá,   que no hay miedo que te corra;
desde el día que te vi   viene la muerte y me toma.
—Bien se está san Pedro en Roma.
—Permita el cielo, pastor,   que mi maldición te alcance:
que al darle agua a tu ganado,   toda se te desparrame.
15 —El buey suelto bien se lame.

15.2

Una niña en una fiesta   le dice a un pastor: —Espera,
que por ti anda la zagala   de amor que se desespera.
—No me hables de esa manera,   responde el villano vil,
mi ganado está en la sierra,   con él me voy a dormir.
5 —Mira qué lindos cabellos,   ya llevarás que contar,
el sol se divierte en ellos   cuando me siento a peinar.
—Yo no me enamoro de ellos,   responde el villano vil,
mi ganado está en la sierra,   con él me voy a dormir.
—Mira qué pie tan pulido   para un zapato bordado,
10 mira que soy niña tierna,   'toy rendida a tu mandado.
—Zagala, cuando me hablaste   de amores, no te atendí:
perdóname, dueña amada,   si en algo yo te ofendí.
—Pastorcito, ya no es tiempo,   no me quieras perseguir;
tu ganado está en la sierra,   con él te irás a dormir.
15 —Te ofrezco una chigua de oro   y unos caños de marfil,
tan sólo por que me digas   si yo me quedo a dormir.
—No quiero tu chigua de oro   ni tus caños de marfil;
tu ganado está en la sierra,   con él te irás a dormir.
—Te ofrezco dos chiguas de oro,   mis gualatos, mi sombrero,
20 tan sólo por que me digas   si esta noche yo me quedo.
—Cuando quise, no quisiste,   ahora que quieres, no quiero,
pasaré mis días tristes,   donde los pasé primero.

Cogollo

Mi señor don Fulanito,   cogollito colorado,
el joven perdió a la niña   por dormir con su ganado.

Argentina

16.1

Andaba Pastor un día   deleitando en su ganado
sale una dama y le dice: —Yo de ti m'he enamorado.
Responde Pastor y dice: —A mí no me da cuidado.
—¿Dónde has andado, Pastor,   que no has hallao quien te coma
5   y te has puesto a despreciar   esta gallarda paloma?
Responde Pastor y dice: —Bien está san Pedro en Roma.
—Mucho te quiero, Pastor,   y la verdad te confieso,
más mucho te había é querer   si fueras algo travieso.
Responde Pastor y dice: —Dale a otro perro ese hueso.
10   —Pastor, te doy un ducado,   tesoros de mil en mil,
con tal que me hagas el gusto   y te quedes a dormir.
Responde Pastor y dice: —Ahora es cuando me he de ir.
—Mira estas piernas, Pastor,   mira este cuerpo dorado,
todo ha de ser para vos,   Pastor, si es que nos juntamos.
15   Responde Pastor y dice: —Donde hay amor no hay engaños.
—Permita el cielo, Pastor,   que mi maldición te alcance,
que al dar agua a tu ganado   todo se te desparrame.
Responde Pastor y dice: —Un buey solo bien se lame.
—Lo que te encargo es, Pastor,   lo mucho que te he querido,
20   que no vayas a contar   el desprecio que he tenido.
Responde Pastor y dice: —Eso es lo que habrás querido.
—Hermosísimo Pastor,   alabo tu proceder,
por más que te he perseguido   no te he podido vencer.
Responde Pastor y dice: —De mí puedes aprender.

16.2

Andaba el pastor un día   deleitando a su ganado,
sale un tienta y le dice: —De ti vengo enamorado.
Responde el pastor y dice: —No te tengo ni un cuidado.
—¿Dónde has andado, pastor   que hasta aquí te has librado
5   de las muchas tentaciones   que ya te habréis encontrado?
Responde el pastor y dice: —De mí no tengáis cuidado.
—Mucho te quiero, pastor,   y mi amor te lo confieso;
pero mi gusto sería   si fuerais algo travieso.
Responde el pastor y dice: —A otro perro ese hueso.
10   —Mira estas piernas, pastor,   que buscan toda mirada,
ay, si fueras más travieso,   yo estos tesoros te daba.
Responde el pastor y dice: —Son cenizas de la nada.

XII. DELGADINA (CGR 0075)

El romance más difundido en la tradición moderna. En América se han hallado hasta ahora 126 versiones en trece países.

Pese a no ser romance religioso, el elemento cristiano es fundamental (muerte enviada por el cielo, manifestaciones milagrosas finales, castigo y recompensas celestiales, etc.). Las variantes de los textos son innumerables, pero hay una que afecta el tema de la historia: por razones de pudor se excluye a veces la proposición de incesto; así, el encierro y la sed son parte de un castigo impuesto por el padre; Delgadina muere, no para que no se realice el pecado, sino debido al rigor paterno, y de un romance de incesto se pasa a uno cuyo tema es la severidad excesiva del padre. Entre las otras variantes más destacadas hay que anotar que a veces es otra persona (y no el padre) la que da el agua. También, y esto sucede en algunas versiones americanas, el núcleo enumerativo de estructura concéntrica se reduce al mínimo. Merece resaltarse la recreación mexicana en la que Delgadina nos aparece desde el comienzo en toda su belleza, y el padre en toda su maldad, ya que utiliza la misa para atraer a la hija fuera de casa y le propone el incesto justo después de dicha misa.

Debido a su tema, se cruza a veces con parte de otro romance de incesto, *Silvana*, que forma su primer episodio (cf. por ejemplo, las versiones venezolanas y colombianas).

Bibliografía

Textos americanos: cf. 1, 3, 7, 10, 13bis, 14, 15, 17, 18, 21, 23, 24, 26, 28, 34, 36, 41, 43, 45, 46, 52, 53, 56, 57, 60, 63, 66, 68, 74, 75, 76, 79, 88, 89, 93, 95, 97, 103, 104, 105, 109, 114, 116, 119, 120, 121, 131, 132, 134, 135, 143, 154, 157, 164, 165.

Otros textos hispánicos: cf. *Alonso*, pp. 39 y 154; *Alvar 66*, 99; *Alvar 71*, 208; *Armistead-Silverman 77*, p. 143; *Bénichou*, p. 153; *Catalán*, 23-25,

110-121, 258-262, 354-355; *Córdova*, p. 197; *Cossío-Maza*, 163; *Costa*, 181; *Díaz-Delfín*, I, pp. 75 y 79, II, p. 101; *Díaz V.*, 135; *Echevarría*, p. 421; *Ferré*, pp. 211-229; *García M.*, 73; *Gil*, I, 2, II, 35; *Leite*, p. 44; *Marazuela*, p. 393; *Menéndez Pelayo*, 50 y 6; *Petersen*, p. 221; *Piñero-Atero*, p. 54; *Pires*, pp. 80 y 137; *Puig*, p. 120; *Schindler*, 14; *Trapero 82*, p. 129; *Trapero 87*, 36 y 111.

Estudios: cf. E-46, E-59, E-63, E-83, E-88, E-97, E-105.

Textos

Estados Unidos

1.1

Había un rey   que tenía tres hijitas
y la más pequeñita   Delgadina se llamaba,
y cuando su madre dé a misa   su padre la enamoraba,
y como ella no quería   en un cuarto la encerraba,
5 en un cuarto tan oscuro   donde las ranas cantaban.
A los tres días de encierro,   Delgadina en su ventana
y alcanzó a ver a su hermana   jugando un juego de amas.
—Hermana, por ser mi hermana   ¿me darás un trago de agua?
que de esta hambre y de esta sed   y a Dios pienso dar del alma.
10 —Pasa, pasa, perra malvada,   quítate de esa ventana,
que si mi padre te ve   y puñaladas te daba.
Delgadina se quitaba   muy triste y desconsolada
y con las lágrimas de los ojos   todo el cuarto lo bañaba.
A los seis días de encierro,   Delgadina en su ventana
15 y alcanzó a ver a su otra hermana   jugando un juego de amas.
—Hermana, por ser mi hermana,   ¿me darás un trago de agua?
que de esta hambre y de esta sed   y a Dios pienso dar del alma.
—Pasa, pasa, perra malvada,   quítate de esa ventana,
que si mi padre te ve   y puñaladas te daba.
20 Delgadina se quitaba   muy triste y desconsolada
y con las lágrimas de los ojos   todo el cuarto lo bañaba.
Y a los nueve días de encierro,   Delgadina en su ventana
y alcanzó a ver a su padre   enamorando otra dama.
—Padre, por ser mi padre,   ¿me darás un trago de agua?,
25 que de esta hambre y de esta sed   y a Dios pienso dar del alma.
—Vaygan, caballeros,   denle agua a Delgadina,
—No me la den en tazas de oro   ni en vasos de plata,

denme una copa de cristal   para que me refresque el alma.
Y en la gloria las campanas repicando   y los angelitos cantando
30 porque al montar las escaleras   Delgadina muerta estaba.

1.2

Delgadina se paseaba   en una sala cuadrada,
con una mantona de oro   que la sala relumbraba.
Su padre, como enojado,   se metió por la cocina:
—Sálgase la gente afuera;   déjenme a la Delgadina.
5   Delgadina, hija mía,   tú pudieras ser mi dama.
—No lo permita mi Dios   ni la reina soberana.
¡Qué tal ofensa a mi Dios!   ¡Qué tal ofensa a mi nana!
—¿Quieren darle de comer?   Denle comida pesada.
¿Quieren darle de beber?   Denle de la agua mezclada.
10 Otro día por la mañana,   se levanta a la madrugada;
se va adonde está su madre;   doblones de oro jugaba.
—Madrecita, si es mi madre,   socórrame un jarro de agua,
que ya me abraso de sed   y a mi Dios le entrego el alma.
—Delgadina, hija mía,   yo no te puedo dar agua,
15 porque si nos ve tu padre,   las dos somos castigadas.
Otro día por la mañana,   se levanta a madrugada;
se va adonde está su hermana,   cabellos de oro peinaba.
—Hermanito, si es mi hermano,   socórrame un jarro de agua,
que ya me abraso de sed   y a mi Dios le entrego el alma.
20 —Hermanita Delgadina,   yo no te puedo dar agua,
porque si nos ve mi padre,   las dos somos castigadas.
Otro día por la mañana,   se levanta a madrugada;
se va adonde está su hermano,   bolitas de oro jugaba.
—Hermanito¡ si es mi hermano,   socórrame un jarro de agua,
25 que ya me abraso de sed   y a mi Dios le entrego el alma.
—Hermanita Delgadina,   yo no te puedo dar agua,
porque si nos ve mi padre,   los dos somos castigados.
Se levanta Delgadina   otro día por la mañana;
se va adonde está su padre,   barajas de oro jugaba.
30 —Padrecito, si es mi padre,   socórrame un jarro de agua
que ya me abraso de sed   y a mi Dios le entrego el alma.
—¿Te acordarás, Delgadina,   lo que te dije en la mesa?
—Sí me acuerdo, padrecito,   agacharé la cabeza.
La cama de Delgadina   de ángeles está rodeada;
35 San José la está velando,   y la Virgen del Pilar.
Ya murió la Delgadina;   derecho al cielo se fue,
y el cornudo de su padre   a los infiernos se fue.

1.3

Delgadina se paseaba   de la sala a cocina.*
—Hija mía, Delgadina,   ¿quieres ser mi hermosa dama?*
—¡No lo permita mi Dios   ni la reina soberana!*
—Júntense todos mis criados   y encierren a Delgadina.*
Si les pide que comer,   la comida muy salada.*
5   Si les pide de beber,   denle el agua trasnochada.*
—Padrecito de mi vida,   socórrame un vaso de agua.*
—Júntense todos mis criados,   llévenle agua a Delgadina,
unos en vasos de plata   y otros en vasos de china.*
10   Cuando los criados llegaban   Delgadina estaba muerta.*
Delgadina se murió   coronada de angelitos,
y el padre se murió   coronado de demonios.*

* ¡Que din, que dan, que dan, dan, dan!

1.4

Delgadina se paseaba   en su sala bien cuadrada,
con su manto de hilo de oro,   que en su pecho brillaba.
—Levántate, Delgadina,   ponte tu vestido de seda
para llevarte a la misa   a la ciudad de Morelia.
5   Cuando salieron de misa,   su papá la platicaba:
—Delgadina, hija querida,   yo te quiero para dama.
—Ni lo permita mi Dios   ni la reina soberana;
son ofensas para Dios,   traiciones para mi máma.
—Arriba mis once criados,   encierren a Delgadina
10   en los cuartos más oscuros   donde se oiga más ladina,
con sus candaditos de oro   y sus llavitas muy finas.
—Mamacita de mi vida,   un favor te estoy pidiendo:
Regálame un vaso de agua   que de sed me estoy muriendo.
—Delgadina, hija querida,   no te regalamos nada
15   porque no quisiste hacer   lo que tu padre mandaba.
—Mamacita de mi vida,   ¿cómo querías que lo hiciera,
cómo querías que lo hiciera   si de amores me trataba?
—Arriba mis once criados,   llévenle agua a Delgadina;
unos en vasitos de oro   y otros en cristal de China.
20   Cuando la llevaron el agua   Delgadina estaba muerta,
con sus ojitos cerrados   y la boca seca, seca.
Delgadina está en el cielo   dándole cuenta a Dios,
su padre de Delgadina   está con el diablo mayor.

México

2.1

Éste era un rey que tenía   tres hijas como la plata,
la que era más pequeña   Delgadina se llamaba.
Delgadina se paseaba   de la sala a la cocina
con su vestido de seda   que en su pecho se ilumina.
5   Llegó su papá y le dijo: —Tú has de ser mi enamorada.
—No lo quiera Dios del cielo   ni la Virgen soberana.
—Júntense los once criados,   enciérrenme a Delgadina.
—Mamacita de mi vida,   déme usted un vaso de agua,
que ya me muero de sed   y la vida se me acaba.
10   —Júntense los once criados   y a Delgadina denle agua.
Delgadina ya está muerta,   de ángeles está rodeada
y la cama de su padre   de demonios apretada.

2.2

Delgadina se paseaba   de la sala a la cocina
con su vestido de seda   que su cuerpo cristalina.
Otro día por la mañana   su papá la despertaba:
—Levántate, Delgadina,   ya viene alboreando el alba;
5   levántate, Delgadina   ponte tu falda de seda
porque nos vamos a misa   a la ciudad de Morelia.
Cuando salieron de misa   su papá le platicaba:
—Delgadina, hija mía,   yo te quiero para dama.
—Ni lo mande Dios, papá,   ni la Reina soberana,
10   son ofensas para Dios   y traición para mi mama.
—Si es ofensa pa tu máma   y a mí no me importa nada,
concede tú a mis deseos   si no serás castigada.
Delgadina le contesta   bastante muy enojada:
—Prefiero mejor la muerte   que de ti yo ser burlada.
15   Cuando llegan a palacio   Delgadina fue encerrada.
No le llevan de comer   ni menos un trago de agua.
—Mamacita de mi vida,   y un favor te pediré:
regálame un vaso de agua   que ya me muero de sed.
20   —Hija de mi corazón,   yo no puedo darte el agua,
pídesela al rey tu padre   que por él 'tas castigada.
—Papacito de mi vida,   y un favor te estoy pidiendo:
regálame un vaso de agua   que de sed me estoy muriendo.
—Júntense los doce criados,   llévenle agua a Delgadina,

unos en vasos floreados,   otros en tazas de China.
25   Cuando le llevaron la agua,   Delgadina estaba muerta,
con sus ojitos cerrados   y con su boquita abierta.
La cama de Delgadina   de ángeles está rodeada,
la cama del rey su padre   de demonios apretada.
Ya con ésta me despido,   blancos azahares de lima,
30   aquí termina el corrido   "La muerte de Delgadina".

2.3

Éste era un rey que tenía   tres hijas como la plata
y la que era más pequeña   Delgadina se llamaba.
Delgadina se paseaba   de la sala a la cocina
con su vestido de seda   que en su pecho le ilumina.
5   De su cuarto a la cocina   Delgadina se paseaba
con su corpiño plateado   que en el pecho le brillaba.
Delgadina está en su sala   y sobre un sillón se mece
con su manto de hilos de oro   que en su pecho resplandece.
Su padre se lo decía: —Ponte el vestido de seda
10   porque nos vamos a misa   al estado de Morelia.
Cuando salían de misa   así su padre le hablaba:
—Hija de mi corazón,   yo te quiero pa mi dama.
—Ni Dios lo quiera, papá,   ni la Virgen soberana,
que es ofensa para Dios   y traición para mi máma.
5   —Hija de mi corazón,   pues si no me lo concedes
te voy a dar un castigo   para ver si así me quieres.
Bajaron los once criados   a apresar a Delgadina.
—Remachen bien los candados   que no se oiga voz ladina.
Si les pide de beber   le darán agua salada,
20   pues la quiero yo obligar   a que sea mi prenda amada.
—Mamacita de mi vida,   ofértame una merced,
alcánzame un vaso de agua   porque me muero de sed.
—Hija de mi corazón,   no te puedo dar el agua
porque lo sabe tu padre   y a las dos nos saca el alma.
25   —Mariquita, hermana mía,   regálame un vaso de agua
porque me muero de sed   aquí solita encerrada.
—Delgadina, hermana mía,   no te puedo dar el agua
porque lo sabe mi padre   y a las dos nos saca el alma.
—Papacito de mi vida,   tu castigo estoy sufriendo,
30   regálame un vaso de agua   que de sed me estoy muriendo.
—Te daré agua, Delgadina,   si me ofreces tu palabra.
—Mi palabra es imposible,   prefiero perder el alma.
Bajaron los once criados   a darle agua a Delgadina,
unos con vasos vidriados,   otros con jarras de China.

35 Cuando los criados bajaron,   Delgadina estaba muerta
con sus bracitos cruzados   y con su boquita abierta.
Delgadina está en el cielo   dándole cuenta al creador
y su padre en el infierno   da cuenta al diablo mayor.
La cama de Delgadina   de ángeles está rodeada,
40 la cama del rey su padre   de diablos está apretada.

Guatemala

3.1

Delgadina se paseaba   en una sala cuadrada,
con su medallita de oro   que del pecho le colgaba.
—Levántate, Delgadina,   ponete el vestido blanco
que nos iremos a misa   a la ciudad de Morelia.
5 Cuando salían de misa   el papá se le insinuaba:
—Yo te daré muchas cosas   si tú aceptás ser mi dama.
—Padre mío de mi vida,   eso nunca podrá ser,
porque es traición para el mundo   y a mi madre, tu mujer.
—Delgadina, Delgadina,   oyí ya mi parecer,
10 te pondré en un cuarto oscuro   y buscaré otra mujer.
Delgadina estaba presa   y su castigo sufriendo.
—Denme un poquito de agua   que de sed me estoy muriendo.
—Llévenle un huacal de agua   y este pan que me ha sobrado,
que aún tengo la esperanza   que el castigo haya bastado.
15 Cuando llevaron el agua   Delgadina estaba muerta,
con sus ojos bien cerrados,   su garganta seca, seca.
Aquí se acaba la historia   con flores de clavelina,
el cielo está recibiendo   el alma de Delgadina.

Nicaragua

5.1

Delgadina se paseaba   por su sala bien cuadrada,
con su manto de hilo de oro   que en su pecho le brillaba.
—Levantate, Delgadina,   ponete el vestido blanco,
y nos vamos para misa,   al estilo de Durango.
5 Cuando venían de misa   el papá le platicaba:
—Delgadina, hija mía,   yo te quiero para dama.
—No lo permita mi Dios,   ni la Reina soberana,

yo te entiendo por agora   y también para mañana.
—Delgadina, hija mía,   poné cuidado en lo que te digo.
10   Si no hacés lo que te digo   te daré tu buen castigo.
—Papacito de mi vida,   eso sí no puede ser,
porque tú eres mi padre   y mi madre tu mujer.
—Vengan para acá mis dos esclavos,   echen presa a Delgadina,
remachen bien sus candados,   que no se le oiga su bocina.
15   —Papacito de mi vida,   tu castigo estoy sufriendo,
pasame un poquito de agua,   que de sed me estoy muriendo.
Cuando llegaron con la agua   Delgadina estaba muerta,
con sus ojos muy cerrados,   la boquita muy abierta.
De aquí yo me despido   con la flor de clavellina,
20   aquí termina la historia,   la historia de Delgadina.

Costa Rica

6.1

Delgadina se paseaba   por su sala bien cuadrada
con su talmantito de oro   en su pecho le brillaba.
—Levantarte Delgadina,   ponerte el vestido blanco
porque nos vamos para misa   al establo del Durazno.
5   Cuando salieron de misa   su papá le conversaba:
—Delgadina, hija mía,   yo te quiero para dama.
—Papacito de mi vida,   eso sí no puedo hacer,
porque tú eres mi padre,   y mi madre tu mujer.
—Delgadina, hija mía,   oye lo que te digo,
10   si tú no me lo consientes,   te pondré un buen castigo.
—Papacito de mi vida,   eso sí no puedo hacer,
porque tú estás para Dios   y también para mi madre.
—Vengan todos los hombres bravos,   hagan presa a Delgadina,
cierra bien los candados   que no se oiga la bocina.
15   —Papacito de mi vida   tu castigo estoy sufriendo;
regalarme un vaso de agua,   que de sed me estoy muriendo.
Cuando le llevaron agua,   Delgadina estaba muerta,
con sus bracitos cruzados   y su boca bien abierta.
Ya con ésta me despido   con la flor de clavellina,
20   aquí termina la historia,   la historia de Delgadina.

Cuba

8.1

Pues señor, éste era un rey   que tenía tres hijitas
y la más chiquirrita   Delgadina se llamaba.
Cuando su madre iba a misa   su padre la galanteaba,
cuando su madre volvía,   Delgadina lo contaba.
5 Estando una vez en la mesa   su padre la contemplaba,
y la niña admirada   le habló así a su padre:
—Padre, ¿por qué así miráis   a vuestra hija la cara?
—Niña, porque vas a ser   mi querida enamorada.
—Ni que Dios lo permita   ni la Virgen adorada
10 que sea mujer de mi padre,   y madrastra de mis hermanas.
—Corran, corran mis criados   a encerrar a Delgadina
en el cuarto más oscuro   más allá de la cocina.
Pasaron días, pasaron días,   pasaron siete semanas
y se asoma Delgadina   a una ventana muy alta
15 y ve a su padre paseando   de una sala a otra sala.
—Papacito, si es mi padre   déme una poquita de agua,
que el corazón me lo pide   y el alma me lo llama,
y cuando salga de aquí   yo seré su fiel esclava.
—Delgadina, hija querida,   yo el agua te daré
20 pero con la condición   de que serás mi mujer.
—Ni que Dios lo permita   ni la Virgen adorada
que sea mujer de mi padre   y madrastra de mis hermanas.
Se quita Delgadina   muy triste y desconsolada,
con las lágrimas que echaba   ella su sala regaba,
25 con el pelo que tenía   ella su sala barría.
Pasaban días, pasaron días,   pasaron siete semanas,
y se asoma Delgadina   a una ventana muy alta,
y ve a su madre paseando   de una sala en otra sala.
—Mamacita, si es mi madre,   déme una poquita de agua,
30 que el corazón me lo pide   y el alma me lo llama,
y cuando salga de aquí   yo seré su fiel esclava.
—Delgadina, hija querida,   no te puedo dar el agua,
que si tu padre me ve   me mata a puñaladas.
Se quita Delgadina   muy triste y desconsolada,
35 con las lágrimas que echaba   ella su sala regaba,
con el pelo que tenía   ella su sala barría.
Pasaban días, pasaron días,   pasaron siete semanas,
y se asoma Delgadina   a una ventana muy alta,
ve a sus hermanas tejiendo   con rico hilo de plata.

40   —Hermanas, si son mis hermanas,   denme una poquita de agua,
     que el corazón me lo pide   y el alma me lo llama,
     y cuando salga de aquí   yo seré su fiel esclava.
     —Quítate de ahí, Delgadina,   Delgadina falsa y mala,
     que no quisiste hacer   lo que tu padre mandaba.
45   Se quita Delgadina   muy triste y desconsolada,
     con las lágrimas que echaba   ella su sala regaba,
     con el pelo que tenía   ella su sala barría.
     Pasaban días, pasaron días,   pasaron siete semanas
     y se asoma Delgadina   a una ventana muy alta
50   y vuelve a ver a su padre   de una sala en otra sala.
     —Papacito, si es mi padre,   déme una poquita de agua,
     que el corazón me lo pide   y el alma me lo llama,
     y cuando salga de aquí   yo seré su enamorada.
     —Corran, corran mis vasallos   a darle agua a Delgadina,
55   en la copa de cristal   y en el platico de China.
     Cuando el agua le llevaron   muertecita estaba ya.
     Dios maldiga a sus hermanos   y lo mismo a su papá.
     En la cama de mi madre,   ángeles y serafines,
     en la cama de mis hermanas,   cucarachas y ratones,
60   y en la cama de mi padre,   el diablo con sus doblones.

8.2

     Pues, señor, éste era un rey   que tenía tres hijitas
     y la más chirriquitica   Ambarina se llamaba.
     Cuando su mamá iba a misa   su papá la regañaba;
     cuando su mamá volvía   todito se lo contaba.
5   Hasta que llegó un día   en que el señor rey la oyó;
     la encerró en un cuarto oscuro   sin comer y sin beber.
     Soldaditos, soldaditos   demen un poco de agua,
     que este pecho se me enciende   y el corazón se me abrasa.
     —Ay, niñita, ay niñita   yo no se la puedo dar
10   que si el señor rey me ve   me mandará a matar.*
     —Papaíto, papaíto   dame un poquito de agua,
     que este pecho se me enciende   y el corazón se me abrasa.
     —Corran, corran mis vasallos   a darle agua a Ambarina
     en el vasito de plata   y el platico de cristal.
15   Al darle agua a Ambarina,   Ambarina se murió
     y los ángeles del cielo   la lloraban, la lloraban.

*La misma súplica se dirige a la madre, las hermanas, los animalitos que
   cruzan, etc.

República Dominicana

9.1

Pues señor, éste era un rey   que tenía tres hijitas;
la más chiquita y bonita   Delgadina se llamaba.
Cuando su madre iba a misa   su padre la enamoraba
y como ella no quería   en un cuarto la encerraba.
5   Al otro día siguiente   se asomó a una ventana
y alcanzó a ver a su hermana   sentada en silla de plata.
—Hermana, por ser mi hermana,   me darás un vaso de agua,
que el alma la tengo seca,   y la vida se me acaba.
—Quítate de esa ventana,   perra traidora y malvada,
10   que si mi padre te viera   la cabeza te cortara.
Delgadina se quitó   muy triste y acongojada,
y la trenza de su pelo   hasta el suelo le llegaba.
Al otro día siguiente   se asomó a otra ventana
y alcanzó a ver a su hermano   sentado en silla de plata.
15   —Hermano, por ser mi hermano,   me darás un vaso de agua,
que el alma la tengo seca,   y la vida se me acaba.
—Quítate de esa ventana,   perra traidora y malvada,
que si mi padre te viera   la cabeza te cortara.
Delgadina se quitó   muy triste y acongojada
20   y la trenza de su pelo   hasta el suelo le llegaba.
Al otro día siguiente   se asomó a otra ventana
y alcanzó a ver a su madre   sentada en silla de oro.
—Mi madre, por ser mi madre,   me darás un vaso de agua,
que el alma la tengo seca   y la vida se me acaba.
25   —Quítate de esa ventana,   perra traidora y malvada,
que si tu padre te viera   la cabeza te cortara.
Delgadina se quitó   muy triste y acongojada,
y la trenza de su pelo   hasta el suelo le llegaba.
Al otro día siguiente   se asomó a otra ventana
30   y alcanzó a ver a su padre   sentado en silla de oro.
—Mi padre, por ser mi padre,   me darás un vaso de agua,
que el alma la tengo seca   y la vida se me acaba.
—Corran, corran, caballeros,   a dar agua a Delgadina,
que el alma la tiene seca   y la vida se le acaba.
35   No le den en vaso de oro   ni tampoco en vaso de plata,
dénsela en el de cristal   para que refresque el agua.
Cuando los criados llegaron,   Delgadina estaba muerta
y encontraron un letrero   que a sus pies estaba escrito:
"Delgadina está con Dios   y su padre con los diablos."

Puerto Rico

10.1

Un padre tenía tres hijas, más bonitas que la plata,
y la más pequeña de ellas la llamaban doña Blanca.
Un día, comiendo en la mesa, su padre la enamoraba.
—¡Ay, padre, no puede ser, aunque me quiten el alma!
5 —Acudan mis caballeros a encerrar a doña Blanca
en el cuarto más oscuro que haya hecho en esta casa.
Al otro día, de mañana, se asomó por la ventana,
y vio a su hermana mayor jugando al juego de damas.
—Hermana, por ser mi hermana, échame tú un jarro de agua,
10 que llegando a este cadáver, a mi Dios le entrego el alma.
—Quita de aquí, perra Blanca, sinvergüenza y mal criada;
si mi padre lo supiera, la garganta te cortara.
Se quita de su ventana, muy triste y desconsolada,
con lágrimas de sus ojos toda la sala bañaba.
15 Al otro día, de mañana, se asomó por la ventana,
y vio a su otra hermana, jugando un juego de damas.
—Mi hermana, por ser mi hermana, me echarás un jarro de agua,
que llegando a este cadáver, a mi Dios le entrego el alma.
—Quítate de aquí, perra Blanca, sinvergüenza y mal criada;
20 si mi padre lo supiera, la garganta te volara.
Se quitó de su ventana, muy triste y desconsolada,
con lágrimas de sus ojos toda la sala bañaba.
Al otro día, de mañana, se asomó por la ventana,
y vio a su madre... jugando el juego de damas.
25 —Mi madre, por ser mi madre, me darás un jarro de agua,
que llegando a este cadáver a mi Dios le entrego el alma.
—Quita de aquí, perra Blanca, sinvergüenza y mal criada,
que ya van siete meses que me tienes mal casada.
Se quitó de su ventana, muy triste y desconsolada,
30 con lágrimas de sus ojos toda la sala bañaba.
Al otro día, de mañana, se asomó por la ventana,
y vio a su padre... jugando un juego de damas.
—Mi padre, por ser mi padre, me darás un jarro de agua,
que mañana a medio día seré yo su enamorada.
35 —Acudan, mis caballeros, traerle agua a doña Blanca.
No le traigan en jarro de oro, ni tampoco en el de plata;
tráiganle en jarro de vidrio, para que se refresque el alma.
Aquí quedó el papel, donde la niña pisaba.
En casa de doña Blanca los angelitos cantaban,
40 y en la casa de su padre los demonios verbeniaban.

10.2

Pues, señor, éste era un rey   que tenía tres niñitas
y la más chiquitita   Angelina se llamaba.
Cuando su madre iba a misa,   su padre la enamoraba
y como ella no lo quería   en un cuarto la encerraba,
5   en un cuarto bien oscuro   donde cantaban las ranas.
Y a los seis y nueve días,   Angelina en la ventana
ha alcanzado a ver su hermano   jugando juego de damas:
—Mi hermano, por ser mi hermano,   me has de dar un trago de
agua,
que del hambre y de la sed   voy a morir traspasada.
10   —Quítate de la ventana,   so cochina, so malvada,
que si tu padre te ve   te pasa de puñaladas.
A los poquititos días   Angelina en la ventana
ha alcanzado ver la madre,   peinando sus blancas canas.
—Mi madre, por ser mi madre,   me has de dar un trago de agua
15   que del hambre y de la sed   voy a morir traspasada.
—Corran, corran, mis criados,   el que primero llegara,
a mi querida Angelina   llévenle un vaso de agua.
No le lleven el de oro   ni le lleven el de plata,
llévenle el de cristal   para que refresque el alma.
20   Cuando a su cuarto llegaron,   Angelina muerta estaba.
Los angelitos del cielo   por los brazos la llevaban
y en el cuarto de su padre   siete demonios bailaban.

10.3

Pues, señor, éste era un rey   que tenía tres hijitas
y la más chiquitita   Angelina se llamaba.
Un día dijo a su padre   que ella estaba enamorada
y como él no lo quería   en un cuarto la encerrara.
5   Un día estaba Angelina   asomada a la ventana
y vio a sus dos hermanos   jugando juego de damas.
—Hermanos, por ser hermanos,   ¿me daréis un trago de agua?
que del hambre y de la sed   a mi Dios entrego el alma.
—Quítate de ahí, Angelina,   quítate de esa ventana,
10   que si mi padre te viera   te coserá a puñaladas.
Angelina se quitó   muy triste y desconsolada
con lágrimas en los ojos   el aposento bañaba.
Otro día se asomó   Angelina a la ventana
y vio a sus dos hermanas   bordando paños de plata.
15   —Hermanas, por ser hermanas,   ¿me daréis un trago de agua?
que del hambre y de la sed   a mi Dios entrego el alma.

—Quítate de ahí, Angelina,   quítate de esa ventana,
que si mi padre te viere   te coserá a puñaladas.
Otro día se asomó   Angelina a la ventana
20   y vio a su madre querida   charlando con otras damas.
—Mi madre, por ser mi madre,   ¿me darás un trago de agua?
que del hambre y de la sed   a mi Dios entrego el alma.
—Venid, corred, mis criados,   el que primero llegara,
a mi querida Angelina   llevadle un jarro de agua.
25   No le lleven el de oro,   ni le lleven el de plata,
llévenle el de cristal   para refresque su alma.
Cuando a ella se acercaron   Angelina muerta estaba,
y en la manita derecha   sostenía una palma.
En la torre de la iglesia   las campanas repicaban,
30   muchos ángeles benditos   a los cielos la llevaban
y en el cuarto de su padre   cuatro demonios bailaban.

Venezuela

11.1

Un rey tenía tres hijas   y a las tres las adoraba;
la más pequeñita y bella   Delgadina se llamaba.
Un día, puesta la mesa,   su padre la enamoraba:
—Oye bien, mi Delgadina,   ¿quieres ser mi esposa amada?
5   —No lo permita la ley   ni la Virgen soberana
que el padre que Dios me ha dado   quiera ser mi mal tirano.
—¡Acudan aquí, vasallos,   a encerrar a Delgadina
en el cuarto más oscuro   que mire pa la cocina!
—Hermana, por ser mi hermana,   dame una poquita de agua,
10   que tu hermana Delgadina   se muere de sed y de hambre.
—Hermana, por ser mi hermana   yo no te la puedo dar,
porque si me ve papá   me puede hasta matar.
—Mi madre, por ser mi madre,   dame una poquita de agua
que tu hija Delgadina   se muere de sed y de hambre.
15   —Mi hija, por ser mi hija,   yo no te la puedo dar,
porque si me ve tu padre,   me mandará fusilar.
—Mi padre, por ser mi padre,   dame una poquita de agua,
que mucha es la sed que tengo   y el hambre que me acompaña.
—¡Acudan aquí, vasallos,   a darle agua a Delgadina,
20   en el vaso más rameado   y del agua cristalina!
Cuando los vasallos fueron   a darle agua a Delgadina,
Delgadina se había muerto   en el cuarto 'e la cocina.
Delgadina fue al cielo   coronada de angelitos,
y su padre fue al infierno,   coronado de diablitos.

11.2

El rey tenía tres hijas   que ni el oro ni la plata,
la más pequeña de ellas   Delgadina se llamaba.
Un día que estaba el rey   muy descansado en su sala,
llamó, llamó a Delgadina: —Tú has de ser mi enamorada.
5   —No permita Dios del cielo,   ser de mi padre la amada.
—¡Corran, vasallos, aquí!   ¡Venid, venid, mis criadas!
y llévense a Delgadina   a la habitación más alta.
La comida que le den: el cogollo 'e la retama,
y el zumo de la verbena   cuando tenga sed de agua.
10   A los tres días Delgadina,   muy triste y acongojada:
—Mi madre, por ser mi madre,   por Dios, déme un poco de agua,
que ya me seco de sed   y a Dios le entrego mi alma.
—Tú recuerdas, Delgadina,   lo que te dije en la sala.
—Mi madre, por ser mi madre,   por Dios, deme un poco de agua,
15   que ya me seco de sed   y a Dios le entrego mi alma.
—Quita, quita Delgadina,   quita, quita descastada.
que por la hermosura tuya   tengo de estar mal casada.
—Hermano, por ser mi hermano,   por Dios, dame un poco de
                                                            agua,
que ya me seco de sed   y a Dios entrego mi alma.
20   —¡Corred aquí, mis vasallos,   corred aquí, mis criados,
venid, venid, mis soldados,   a Delgadina dad agua,
unos en fuentes de loza   otros en jarros de plata!
Cuando llegaron a ella,   vieron la cama rodeada
de ángeles y serafines,   la Virgen le amortajaba.
25   Los demonios de su padre   al infierno se llevaban.
Las campanas de Belén   ellas solas repicaban.

11.3

Estando Sildana un día   sentada en su mecedor
cantando danzas y polcas   para su concertador;
su padre no estaba lejos,   y más palabras le oía.
—¿Dónde estará mi Sildana?   ¿Sildanita, la hija mía?
5   En un tiempo fue mi hija,   hoy es mi estimado amor.
—Eso no, padre del alma,   la Virgen no lo permita,
que yo vaya a reposar   sobre su cama bendita.
—Cójanme esta Sildana,   métanmela en una sala,
de comer me la den carne,   pero de fiera salada
10   y de beber, si le dan,   el jugo de la retama.
—Mi madre, por ser mi madre,   dadme un poquito de agua,
que después que me la des,   yo seré tu humilde esclava.

—Yo no te la puedo dar, . . .
que si tu padre lo sabe   me matará a puñalás.
—¡Sal de aquí, perra maldita,   sal de aquí, muy desgraciada,
que por culpa 'e tu hermosura,   yo ahora estoy mal casada!
—Mi padre, por ser mi padre,   dadme una poquita de agua,
que después que me la des,   yo seré tu enamorada.
—¡Corran, corran mis criados,   a Sildanita dar agua,
pero no en jarro de cobre,   sino en jarros de oro y plata!
Cuando el vasallo corrió   a Sildanita dar agua,
ya moría de hambre y sed;   un ángel se la llevaba.
A su padre y a su madre   los demonios agarraban.

Colombia

12.1

El rey tenía tres hijas   más bonitas que la plata.
De las tres, la más chiquita   Delgadina se llamaba.
Un día estaba comiendo   y dijo al rey que la miraba:
—No me mires, padre mío,   porque estoy enamorada.
5   Pronto, pronto por sus criados   Delgadina fue encerrada
en una torre muy alta   donde nadie la miraba.
—Si pidiese de comer,   dadle la carne salada;
si pidiese de beber,   dadle el agua de retama.
A la semana siguiente,   Delgadina en la ventana.
10   Alcanzó a ver a su madre   tomándose un vaso de agua.
—Madrecita, si eres mía,   dadme un poquito de agua,
el corazón lo tengo seco   y a mi Dios le entrego el alma.
—Pronto, pronto por sus criados,   dadle el agua a Delgadina,
unos en jarros de oro,   y otros en jarros de plata.
15   Cuando subieron con la agua   Delgadina ya en la sala;
de la corona salía   una fuente de agua clara.
La Verónica a los pies   cosiéndole la mortaja,
su dedal era de oro,   y su aguja era de plata.
Los ángeles en el cielo   por su alma repicaban.
20   Los aceros en el infierno   por el mal padre doblaban.

12.2

Estaba la Sildanita   por un corredor arriba,
tocando su guitarrita,   ¡qué bien que la tocaría!
Su padre que la miraba   desde el balcón que tenía:
—El ser tuyo nada importa,   el ser tuyo lo sería.

5 —¿Y las penas que yo sienta,   por mí, quién las pagaría?
   —En Roma el santo Papa,   que él sí las perdonaría.
   —Y en el cielo hay un maestro,   que sí las castigaría.
   —Corran, parientes y esclavos,   enciérrenme a Sildana
   en un aposento oscuro,   que tenga siete ventanas.
10 Y me le dan de beber   de las aguas más saladas,
   y me le dan de comer   de las cosas más amargas.
   Luego pasaron tres días,   Sildanita en la ventana
   alcanzó a ver a su hermana   con hilo de oro bordando.
   —Mi hermana, por ser mi hermana,   dé por Dios un vaso de agua,
15 que me muero de hambre y sed   y a Dios pienso dar el alma.
   —Quita, quítate, Sildana,   no te puedo dar el agua,
   que si mi padre lo sabe,   quitarme la vida es nada.
   Se quedó la Sildanita   muy triste y desconsolada,
   al ver que su misma hermana   el agua se la negaba.
20 Luego pasaron tres días,   Sildanita en la ventana
   alcanzó a ver a su hermano   con la bola de oro jugando.
   —Mi hermano, por ser mi hermano,   dé por Dios un vaso de agua,
   que me muero de hambre y sed   y a Dios pienso dar el alma.
   —Quita, quítate, Sildana,   no te puedo dar el agua,
25 que si mi padre lo sabe,   quitarme la vida es nada.
   Se quedó la Sildanita   muy triste y desconsolada,
   al ver que su mismo hermano   el agua se la negaba.
   Luego pasaron tres días,   Sildanita en su ventana
   alcanzó a ver a su abuela,   peinando su blanca cana.
30 —Abuela, por ser mi abuela,   dé por Dios un vaso de agua,
   que me muero de hambre y sed   y a Dios quiero dar el alma.
   —Quita, quítate, Sildana,   no te puedo dar el agua,
   que si tu padre lo sabe,   quitarme la vida es nada.
   Se quedó la Sildanita   muy triste y desconsolada,
35 al ver que su misma abuela   el agua se la negaba.
   Luego pasaron tres días,   Sildanita en su ventana
   alcanzó a ver a su madre   tendiendo la blanca cama.
   —Mi madre, por ser mi madre,   dé por Dios un vaso de agua,
   que me muero de hambre y sed   y a Dios quiero dar el alma.
40 —Quita, quítate de allá, Sildana,   no te puedo dar el agua,
   que por tu mala vida   estoy viviendo malcasada.
   Se quedó la Sildanita   muy triste y desconsolada,
   al ver que su misma madre   el agua se la negaba.
   Luego pasaron tres días,   Sildanita en la ventana
45 alcanzó a ver a su padre,   paseándose por la sala.
   —Mi padre, por ser mi padre,   dé por Dios un vaso de agua,
   que me muero de hambre y sed   y a Dios quiero dar el alma.
   —¡Recuérdate, Sildanita   de lo que te dije en la sala!

Vestido de oro tuviera,   y el agua no le negaba.
50   —Corran, parientes y esclavos, traigan agua a Sildana,
y en un pocillo de oro   con tapa de porcelana.
Cuando el agua ya llegó,   Sildanita ya acababa.
Las campanas de Belén,   ellas mismas repicaban
del gusto y de la alegría,   que Sildana ya acababa.
55   San José le hizo el cajón,   la Virgen la amortajaba.
Los ángeles para el cielo   a Sildana la llevaban,
los diablos a los infiernos   a su padre lo arrastraban.

Chile

15.1

Tres hijas tenía un rey   más bonitas que la plata;
la menorcita de ellas,   Delgadina se llamaba.
Un día, estando en la mesa,   el rey dio una mirada:
—Ay, hijita de mi vida,   has de ser mi enamorada.
5   —No lo permita mi Dios   ni la Virgen consagrada,
de ser mujer de mi padre,   madrastra de mis hermanas.
—Alto, alto —dijo el rey—   a Delgadina, encerradla;
le quitan el pan y el agua   y delen carne salada.
Y para los nueve meses,   ya Delgadina encerrada,
10   se asoma a una ventana   y vio a su hermana que estaba:
—Ay, hermana de mi vida,   déme usted un vasito de agua,
tengo seco el corazón   y la vida se me acaba.
—Ay, hermana de mi vida,   yo no podré dar agua,
que si mi padre lo sabe,   yo seré encarcelada.
15   De ahí salió Delgadina   muy triste, que ya expiraba;
se asoma a otra ventana   y vio a su madre que estaba:
—Madrecita de mi vida,   déme usted un vaso de agua,
tengo seco el corazón   y la vida se me acaba.
—Ay, hijita de mi vida,   yo no te podré dar agua,
20   que si tu padre lo sabe,   yo seré la encarcelada.
De ahí salió Delgadina   muy triste, que ya expiraba.
Se asoma a otra ventana   y vio a su padre que estaba:
—Ay, padre de mi vida   déme usted un vasito de agua,
tengo seco el corazón   y la vida se me acaba.
25   —Alto, alto —dijo el rey—   a Delgadina, sacarla;
el que llegue con el agua,   una ciudad se le manda.
Cuando llegaron con la agua   ya Delgadina expiraba;
el agua llega a la puerta,   y Delgadina se acaba.
Las campanas de la iglesia,   solitas se repicaban
30   y las campanas del infierno,   unas con otras se daban.

Argentina

16.1

Un rey tenía tres hijas,   y las tres eran doradas;
de las tres, la menorcita,   Delgadina se llamaba.
Un día, estando en la mesa,   su rey padre la miraba.
—¿Qué me miras, padre mío,   qué me miras en la cara?
5 —Tú serás la prenda mía,   tú serás mi enamorada.
Serás madre de mis hijos,   madrastra de tus hermanas.
—No permita Dios del cielo   ni la Virgen soberana
que sea madre de tus hijos,   madrastra de mis hermanas.
—Corran, corran, caballeros,   préndanla a esa desalmada,
10 y la lleven al castillo   a la pieza más cerrada.
Si pidiera de comer   le dan la carne salada,
y si pide de beber   le dan agua envenenada.
Una tarde, Delgadina   se asomaba a la ventana,
y a su madre la veía   peinando sus blancas canas.
15 —¡Madrecita de mi vida,   alcánzame un trago de agua,
que la boca tengo seca   y partidas las entrañas!
—¡Quita, quita, Delgadina,   su madre le contestaba,
que si tu padre lo sabe   a las dos nos encerraba!
Al cabo de siete días,   Delgadina se asomaba,
20 y a sus hermanas veía,   que bordaban oro y plata.
—¡Hermanitas de mi vida,   por favor, un jarro de agua,
que el corazón tengo seco   y la vida se me acaba!
—¡Quita, quita, Delgadina,   quita, quita desgraciada!
Si tu padre lo supiera   la cabeza nos cortaba.
25 Delgadina se fue adentro   muy triste y desconsolada.
Con las lágrimas que vierte   toda la pieza regaba,
con el pelo, pobrecita,   su lindo rostro secaba
y con otras que corrían   su mucha sed apagaba.
Al cabo de siete días,   Delgadina se asomaba.
30 Vio jugar a sus hermanos   con lanzas y con espadas.
—Hermanos, si sois hermanos,   por favor, un jarro de agua,
que el corazón se me seca   y la vida se me acaba.
—Retírate, mala perra,   retírate, perra hermana,
si esta lanza te alcanzara   las sienes te traspasaba.
35 Cumplidos los siete días,   Delgadina se asomaba,
y lo vio a su rico padre   jugando al juego de damas.
—Padrecito de mi vida,   padrecito de mi alma,
hasta el alma tengo seca,   ¡por favor, un jarro de agua!
—Yo te lo doy, Delgadina,   si sirves de enamorada.
40 Serás reina de Castilla,   madrastra de tus hermanas.

 —Sí le serviré, mi padre, aunque sea de mala gana.
 —Corran, corran, caballeros, corran criados y criadas,
 unos con jarros de oro, otros con jarros de plata,
 lleven agua a Delgadina, que en la torre está encerrada.
45 Cuando llegan al umbral se pasaron con el agua:
 sobre la cama tendida, Delgadina ya expiraba.
 Aquí termina esta letra de este rey tan desgraciado,
 que por pretender a su hija por siempre fue condenado.

Uruguay

17.1

 Un rey tenía tres hijas más hermosas que la plata,
 y la más chica de todas Delgadina se llamaba.
 Un día estando en la mesa su padre la remiraba.
 —Qué me miras, padre mío. ...
5 —Qué quieres que mire, hija, que has de ser tú mi mandada.
 —No lo quiera el Dios del cielo ni la Virgen soberana.
 —Corran, corran los criados a encerrar a esta muchacha,
 en el cuarto más oscuro que en mis palacios los haya.
 Se pasaron siete meses, pasaron siete semanas,
10 Delgadina se asomó en lo alto de una ventana;
 desde allí vio a su hermanas que a los castillos jugaban.
 —Hermanas, si sois hermanas, por Dios una jarra de agua,
 que el corazón se me enciende, y la sed que tengo, abrasa.
 —Retírate Delgadina, retírate perra mala,
15 si el rey llega a saberlo la cabeza nos cortara.
 Ya se entra Delgadina muy triste y desesperada;
 y pasaron cuatro días y se asomó a la ventana;
 desde allí la vio el rey que con un marqués hablaba.
 —Padre, si sos mi padre, dame una jarra de agua
20 porque tengo mucha sed y la vida se me acaba.
 —Corran, corran mis criados a Delgadina a dar agua.
 Pero cuando arriba subieron Delgadina muerta estaba,
 y los ángeles del cielo con flores la acompañaban.

17.2

 Estando el rey en la mesa con sus tres hijas cenando,
 la hija mayor le dijo: —¿Qué me mira, padre mío?
 —Que dentro de cuatro días vas a ser mi enamorada.
 —No lo permita Dios mío, no permita Dios del alma,

5   yo ser mujer de mi padre,   madrastra de mis hermanas.
     Ya se ha levantado el rey,   agarrándola de un brazo.
     —Vete presa, Delgadina,   vete presa en una sala.
     Cuando pida de comer,   denle pasto con cebada,
     cuando pida de beber,   denle agua envenenada.
10   Ya se quedó Delgadina   muy triste y desconsolada;
     y al cabo de unos tres días   se asomó a una ventana
     y alcanzó a ver a sus hermanas   cosiendo en oro y plata.
     —Hermanas, si son hermanas,   son mis queridas hermanas,
     alcáncenme por favor,   súbanme una jarra de agua,
15   que de hambre y de sed me muero   y el alma Dios me la llama.
     —Salí de aquí, Delgadina,   maldita y desconjurada;
     ¿por qué no quisiste hacer   lo que padre rey mandaba?
     Si esta aguja fuera estoque,   con ella te traspasara.
     Ya se quedó Delgadina   muy triste y desconsolada;
20   y al cabo de otros tres días   se asomó a otra ventana,
     y alcanzó a ver a sus hermanos   jugando al juego de cañas.
     —Hermanos, si son hermanos,   son mis queridos hermanos,
     alcáncenme por favor,   súbanme una jarra de agua,
     que de hambre y de sed me muero   y el alma Dios me la llama.
25   —Salí de aquí, Delgadina,   maldita y desconjurada;
     ¿por qué no quisiste hacer   lo que padre rey mandaba?
     Si esta caña fuera estoque,   con ella te traspasara.
     Ya se quedó Delgadina   muy triste y desconsolada;
     y al cabo de otros tres días   se asomó a otra ventana
30   y alcanzó a ver a su madre   encerrada en una sala.
     —Mi madre, si usted es mi madre,   usté es mi querida madre,
     alcánceme por favor,   súbame una jarra de agua,
     que de hambre y de sed me muero   y el alma Dios me la llama.
     —¿Cómo quieres que te suba,   . . .
35   hija mía Delgadina,   nacida de mis entrañas,
     si tu padre aquí me tiene   encerrada en esta sala?
     Ya se quedó Delgadina   muy triste y desconsolada;
     y al cabo de otros tres días   se asomó a otra ventana,
     y alcanzó a ver a su padre   paseándose en una sala.
40   —Mi padre, si usté es mi padre,   usté es mi querido padre,
     alcánceme por favor,   súbame una jarra de agua,
     que de hambre y sed me muero   y el alma Dios me la llama.
     —Corran unos, corran otros,   los que traje de campaña,
     a mi hija Delgadina   súbanle una jarra de agua,
45   y al que la suba primero   lo hago rey de esta cabaña.
     Cuando fueron donde estaba Delgadina,   Delgadina muerta estaba.
     Los ángeles daban luz,   la Virgen la amortajaba;
     el cabello que tenía   toda la sala alfombraba,

      las lágrimas de sus ojos   toda la sala regaban.
50   Fueron a ver la cama de las hermanas,   llena de agujas estaba;
      fueron a ver la de los hermanos,   llena de cañas estaba;
      fueron a ver la de la madre,   llena de ángeles estaba;
      fueron a ver la del padre,   llena de malos estaba.

XIII. DON GATO (CGR 0144)

Romance infantil bastante difundido. Tenemos 92 versiones americanas de quince países.

Las principales variantes están en la inclusión o no de dos motivos: la consulta médica y el "testamento" o descripción de lo robado por el gato. El romance presenta dos tipos de finales: aquel en que muere realmente el gato y aquel en el que resucita; cada uno implica motivos ancilares. Algunas versiones incluyen el motivo "comodín" del entierro fuera de sagrado. Casi todas las versiones tienen un estribillo, aunque muchos recolectores no lo consignen.

Parece que el origen del romance está en la costumbre de hacer composiciones de tipo jocoso sobre los testamentos de los animales.

Bibliografía

Textos americanos: cf. 3, 7, 8, 12, 13, 13bis, 15, 18, 19, 20, 41, 43, 60, 68, 74, 81, 88, 93, 105, 109, 112, 116, 117, 118, 121, 127, 146, 150, 154, 164, 171.

Otros textos hispánicos: cf. *Córdova*, p. 273; *Díaz Delfín*, I, p. 242; *Díaz V.*, I, p. 177; *Echeverría*, p. 425; *García M.*, 128; *Gil*, I, p. 97, II, 169; *Leite*, 55; *Petersen*, II, p. 120; *Piñero-Atero*, p. 91; *Pires*, p. 140; *Puig*, p. 86; *Schindler*, 35; *Trapero 82*, p. 178.

Estudios: cf. E-41, E-42.

TEXTOS

Estados Unidos

1.1

Estaba señor don Gato   en silla de oro sentado,
usando media de seda   y zapatito picado.
Entró su compadre y dijo   si quería ser casado
con una gata morisca   que andaba por los tejados.
5   El gato, por verla pronto,   cayó del tejado abajo;
se ha quebrado dos costillas,   se ha desconcertado un brazo.
¡Ea, ea, que vengan pronto   médicos y cirujanos!
¡Y sobre todo que venga   el señor doctor Don Carlos!
El doctor Don Carlos dijo,   después de haberlo pulsado,
10   que maten una gallina   y que le den buenos caldos.
—Si acaso yo me muriere,   no me entierren en sagrado;
entiérrenme en campos verdes,   donde me pise el ganado,
pa que digan los pastores: "Aquí murió el desdichado;
no murió de muerte fina   ni de dolor de costado,
15   murió de un dolor de amores   que le dio desesperado."
Otro día por la mañana   amaneció muerto el gato.
Los ratones, de alegría,   se visten de colorado;
las gatas se ponen luto,   los gatos capotes largos,
y los gatitos chiquitos   hacen: ¡Miao! ¡Miao!

México

2.1

Estaba el gato sentado   en su sillita de palo
con sombrerito de paja   como valiente soldado.
Llególe carta de España   que si quería ser casado
con la gatita morisca   del ojito aceitunado.
5   Su papá dijo que sí,   su mamá dijo que no
y el gatito, de cuidado,   del tejado se cayó.
Médicos y cirujanos   vengan a curar al gato,
procuren que se confiese   de lo que se haya robado:
salchichón de la despensa   y la carne del tejado.

2.2

Estando el señor don Gato   en silla de oro sentado*
le trajeron la noticia   que había de ser casado.*
El gato, de la alegría,   se cayó tejado abajo,*
se rompió siete costillas   y la puntita del rabo.*
5 Lo llevaron a enterrar   por la plaza del mercado*
los gatos iban de luto   y los ratones bailando.*

Miau, miau, remiau, miau.

Guatemala

3.1

Estaba el señor don Gato   sentando en su silla de oro
y vio pasar a la gata   con un paso bien sonoro.
El gato, por darle un beso   se cayó desde el tejado,
diez costillas se rompió   y un brazo descanchinflado.
5 Ya murió el señor don Gato,   ya lo llevan a enterrar
entre cuatro zopilotes   y un ratón de sacristán.

Nicaragua

5.1

Estaba el señor don Gato   en silla de oro sentado,
calzaba media de seda   y zapatito picado.
Llegó su compadre y díjole   si quería ser casado
con una gata morisca   que andaba por el tejado.
5 El gato, por verla pronto,   cayó del tejado abajo.
¡Ay! se ha roto tres costillas   y se ha desconchavado un brazo.
—Venga, venga presto el médico,   sangrador y cirujano.
El señor don Carlos manda . . .
que maten una gallina y que le den buenos caldos.
10 Al otro día temprano   amaneció muerto el gato.
Los ratones, de alegría,   se visten de colorado,
las gatas se ponen luto,   los gatos capotes largos
y los gatitos chiquitos   hacen ¡miau, miau, miau!

Costa Rica

6.1

Estaba el señor don Gato   sentadito en su tejado,
calzando medias nuevas   y muñito colorado,
cuando recibe noticias   que debía ser casado
con una gata montesa,   sobrina del gato pardo;
5   don Gato, con alegría,   se cayó tejado abajo.
Se rompió siete costillas   y la puntita del rabo.
Ya llegan a visitarlo   doctores y cirujanos:
Unos dicen: —bueno, bueno,   y otros dicen: —malo, malo.
¡Que traigan al señor don cura   para que confiese el gato
10   y haga su testamento   con lo mucho que ha robado:
cuatro quesos, dos morcillos   y un chorizo colorado!
Los gatos se ponen de luto;   los gatos capotes largos.
Unos buenos funerales le hacen   al señor don Gato.
Los ratones de contra el luto   se visten de colorado
15   y celebran una fiesta   por el muerto de un villano.
Ya lo llevan a enterrar   por la calle del pescado
y del olor de los sardines   el gato ha resucitado.
Por eso dice la gente   que siete vidas tiene un gato.[18]

Panamá

7.1

Estaba el señor don Gato   sentadito en su tejado
con su mediecita 'e seda   y zapatitos bordados.
Pasó la señora gata   con los ojos relumbrosos
y el gato por darle un beso   se cayó del tejado al pozo.

Cuba

8.1

Estaba el señor don Gato   en silla de oro sentado,
calzando medias de seda   y zapatico calado,

---

[18] No sabemos si las varias incongruencias léxicas sean erratas de la publicación o mala transcripción del recolector.

cuando llega la noticia   que había de ser casado
con una gatica rubia,   hija de un gato dorado.
5   Don Gato, con alegría,   subió a bailar al tejado,
tropezó con la veleta   y rodando viene abajo;
se rompió cuatro costillas   y la puntita del rabo.
Ya llaman a los doctores,   sangrador y cirujano;
uno le toma el pulso,   otros le miran el rabo,
10 todos dicen a la vez: —Muy malo está el señor Gato.
A la mañana siguiente   ya van todos a enterrarlo.
Los ratones, de contento,   se visten de colorado.
Las gatas se ponen luto,   los gatos capotes pardos
y los gaticos pequeños   lloraban: miau, miau, miau, miau.
15 Ya lo llevan a enterrar   por la calle del pescado.
Al olor de las sardinas,   don Gato ha resucitado.
Los ratones corren, corren,   detrás de ellos corre el gato.

8.2

Estaba el señor don Gato   subidito en un tejado,
con sus botas amarillas   y los zapatos calzados.
En eso llegó una gata   con ojos muy relumbrones
y el gato por darle un beso   se cayó del tejado al pozo.
5   Y los ratones, de gusto,   se visten con encarnado
diciendo —Gracias a Dios   que murió este condenado
que nos hacía volar   con el rabito parado.

República Dominicana

9.1

Estaba el señor don Gato   en silla de oro sentado,
calzando medias de perlas   y un zapatillo picado.
Por allí pasó la gata   con los ojos relumbrando;
el gato, por darle un beso,   se fue de la silla abajo.
5   Se rompió media cabeza,   se ha desconcertado un brazo.
—¡Llamen, llamen los doctores,   médicos y cirujanos!
para que haga testamento   de lo que se hubiere hurtado:
cien varas de longaniza   y diez libras de tasajo.
Allá por la media noche   se muere el señor don Gato,
10 los ratones de contento   se visten de colorado.

9.2

Estaba el señor don Gato   sentadito en su tejado,
ha recibido una carta: que si quiere ser casado*
con una gatita parda,   hijita de un gato pardo.*
Se ha caído del tejado   . . .*
5 se ha roto siete costillas,   y el espinazo y el rabo.*
Ya lo llevan a enterrar   por la calle del mercado.
Al olor de las sardinas   don Gato ha resucitado,*
por eso dice la gente:*   —Cuatro vidas tiene un gato.

* *Maramamiau, maramamiau.*

Puerto Rico

10.1

Estaba el señor Gato*   sentadito en el tejado.*
Él recibió una carta   de si quería ser casado
con una gatita parda   sobrina de un gato pardo.
5 El gatito, de contento,   se cayera del tejado.
Se rompió siete costillas   y se quebró otras tantas.
Cuando el médico lo vio   le dijo bebiera caldo;
que si el caldo no bebía,   se le dieran cuatro palos.
El gato no quiso el caldo,   y le dieron cuatro palos.
10 Así se murió el gatito   que fue de prisa enterrado.
La gata guardóle luto   y los ratones bailaron.
En la tierra él se comió   lagartos que le animaron
y por eso siempre dicen: "Siete vidas tiene el gato."

* *Oh, oh, pum.*

Venezuela

11.1

Estaba el señor don Gato   en silla de oro sentado,
calzando medias de seda   y zapatitos picados.
Llegó su compadre y díjole   si quería ser casado
con una gata morisca   que andaba por el tejado.

5   El gato, por verla pronto,   cayó del tejado abajo.
   Se ha roto cuatro costillas,   se ha descoyuntado un brazo.
   —Venga, venga pronto el médico,   sangrador y cirujano,
   y sobre todo que venga   el señor doctor don Carlos.
   El doctor don Carlos dijo   después de haberlo pulsado:
10 —Que maten una gallina   y que le den buenos caldos.
   A la mañana siguiente   amaneció muerto el gato.
   Los ratones, de contento,   se visten de colorado.
   Las gatas se ponen luto,   los gatos, capote largo,
   y los gatitos chiquitos   dicen: miau, miau, miau.

Colombia

12.1

   Estando el señor don Gato   sentado en su silla de oro,
   le ha venido la noticia   que si quiere ser casado
   con la gatica morisca,   hija del gato rayado.
   Él, de pura la alegría,   se tiró tejado abajo,
5   se quebró siete costillas   y el hueso del espinazo.
   Se puso a hacer testamento   de lo que se había robado:
   cien varas de longaniza   y un quesito mal curado.
   —Suplico que si me muero   no me entierren en sagrado
   y me pongan en la frente   un letrero colorado
10 pa que digan las muchachas: "Aquí murió un desgraciado;
   no murió de calentura   ni de dolor de costado,
   sino del mal de amor,   que es el más desesperado."

12.2

   Estaba el señor don Gato   en silla de oro sentado,
   calzando media de seda   y zapatito dorado,
   cuando llegó la noticia,   que había de ser casado
   con una gatita parda,   hija de un gato colorado.
5   El gato, con alegría,   subía a bailar al tejado
   y se vino rodandito.
   Se partió siete costillas   y la puntita del rabo.
   Llamaron a los doctores,   médicos y cirujanos.
   Mataron siete gallinas   y le dieron de aquel caldo.
10 Y le llevaron a enterrar   al pobrecito don Gato
   y lo llevaron en hombros   cuatro gatos colorados.
   Sobre la cajita iban   siete ratones bailando,
   al ver que se había muerto   aquel enemigo malo.

12.3

Estando el señor don Gato   sentadito en su tejado,*
le mandaron una carta,   que si quería ser casado*
con una gatica blanca,   hija de un gatico negro.*
5   El gato por ver la gata   se ha caído del tejado.*
Se ha roto cuatro costillas,   el espinazo y el rabo.*
Ya lo llevan a enterrar   a la plaza del mercado.*
Al olor de la sardina   el gato ha resucitado.*

   * *Miau, miau, miau, miau.*

Perú

14.1

Estaba el señor don Gato   sentado en su tejado,
tejiendo la media media   y el zapatito picado.
Pasó la señora Gata   y le hizo una reverencia
y el Gato por darle un beso   se cayó del techo abajo.
5   Se rompió media cabeza,   se desconcertó un brazo.
Llamaron a los doctores,   médicos y cirujanos;
todos a una voz dijeron   que don Gato está muy malo:
—Matemos una gallina   y que tome el tibio caldo,
y que haga testamento   de todo lo que ha robado.
[Había robado]
10   ocho varas de longaniza,   ocho de tocino rancio,
y la olla de una vecina   que también la había robado.
A las doce de la noche   el señor don Gato murió
y la Gata se puso luto,   los gatos capotes largos,
y los ratones de contento   bailaban sobre el tejado
15   diciendo: —Gracias a Dios   que se murió este condenado.

Chile

15.1

Estaba el señor don Gato   sentadito en su tejado
y le llegaron las nuevas   que había de ser casado.
Llegó la señora Gata   con vestido muy planchado,
con mediecitas de seda   y zapatos rebajados.

5 El Gato, por darle un beso,   se cayó tejado abajo,
   se rompió media cabeza   y se descompuso un brazo.
   A deshora de la noche   está don Gato muy malo,
   queriendo hacer testamento   de lo mucho que ha robado:
   una vara 'e longaniza,   una cuarta 'e charqui asado.
10 Y los ratones, de gusto,   se visten de colorado,
   diciendo: —¡Gracias a Dios   que murió este condenado
   que nos hacía correr   con el rabito parado!

15.2

Estaba el señor don Gato   sentadito en el tejado;
ha recibido una carta,   que si quiere ser casado
con una gata montesa,   sobrina de un gato pardo,
y el gato, con alegría,   se ha caído del tejado;
5 se ha roto siete costillas,   el espinazo y el rabo,
y hoy vienen a visitarlo   médicos y cirujanos.
Unos dicen: —¡Vaya, vaya!,   otros dicen: —Malo, malo.
Ya lo llevan a enterrar   por las calles del pescado.

Argentina

16.1

Estaba el señor don Gato   sentado en silla de oro,
usando medias de seda   zapatillas de mil pecado,
chaquetilla de sargento   y muy bien abotonada,
sombrero de cuatro pelos,   parecía un escribano.
5 Le vino la risa al gato,   se cayó de silla abajo;
se quebró siete costillas   y la punta de la cola.
Hicieron llamar al médico,   juntamente al escribano;
hicieron el testamento   de todo lo que había robado:
siete libras de tocino,   y otras tantas de pescado,
10 un tarrito de manteca   para los días de fiesta,
y un tarrito de poroles   para los días de alboroto.

16.2

Está el señor don Gato   sentado en silla de oro.*
Le llega una noticia   que debe ser casado.*
El gato con la alegría   saltó al alto tejado.*
Cayó del tejado abajo,   rompió las siete costillas.*

5   Lo llevan a enterrar   en la plaza del mercado.*
    Los gatos irán de luto   y los ratones saltando.*

* *Raura muruña.*

Uruguay

17.1

Estaba el señor Gato   en silla de oro sentado;
la gata, por darle un beso,   de la silla lo ha volteado.
Le quebró siete costillas,   un hueso le ha dislocado.
—Ay, llamen al señor cura,   que yo me siento muy malo.
5   Confesaré mis pecados   de todo lo que he robado:
siete metros de chorizos   y un real de morcilla asada.
Los gatitos pongan luto,   la gata, de colorado.
Ay, llamen al señor cura,   que yo me siento muy malo.

17.2

Estando el señor don Gato,*   sentado sobre el tejado;**
por esperar a una gata,*   se ha caído del tejado.**
Se ha roto cuatro costillas,*   el espinazo y el rabo.**
Por la calle del pescado,*   ya lo llevan a enterrar,**
5   al olor de la sardina,*   el gato ha resucitado.**

  * *Ole, pum.*
 ** *Ole, pum, catapúm, catapúm.*

XIV. GERINELDO (CGR 0023)

Documentado en la tradición antigua y moderna, este romance no está muy difundido en América (25 versiones de ocho países), pero sí en el resto del mundo hispánico.

Muchas versiones de *Gerineldo* se continúan con el romance de *La condesita*, formando una sola historia con dos episodios (cada uno con su propia rima). Este romance doble sirvió de base a Menéndez Pidal para su teoría sobre la geografía folklórica. En América es muy escaso el romance doble.

Bibliografía

Textos americanos: cf. 149.

Otros textos hispánicos: cf. *Rom. tradicional*, ts. VI a VIII; *Ferré*, p. 229; *Primavera*, 161 y 161a.

Estudios: cf. E-8, E-53, E-63, E64.

Textos

Estados Unidos

1.1

—Gerineldo, Gerineldo,   mi camarero y guerrido,
quién te pescara tres horas,   tres horas en mi servicio.
—¿Tres horas dice, señora?   Pudiera Dios fueran cinco;
como soy vuestro criado   querrá usted burlar conmigo.
5   —Calla, calla, Gerineldo,   que de veras te lo digo.
—¿Pues para cuándo, señora,   ha de ser lo prometido?
—Para esta noche a las doce   cuando el rey esté dormido.
Todavía ni las doce han dado,   para la puerta se ha ido;
halló la puerta cerrada,   pegó un sollozo y suspiro.

10   La infanta que despertó   y de esta manera dijo:
      —¿Quién es este caballero   que a mis puertas ha venido?
      —Señora, soy Gerineldo,   que vengo a lo prometido.
      La infanta se levantó,   para la puerta se ha ido;
      ya lo agarra de la mano,   a la cama se han metido,
15   en medio de sus deleites   ya se han quedado dormidos.
      Después de la medianoche   pidió el rey sus vestidos,
      ya los fue a llevar un paje   que de Gerineldo es amigo.
      —¿Dónde está mi Gerineldo,   mi camarero y guerrido?
      —Señor, en la cama está   con calenturas y fríos.
20   Ya se viste de milicia   y pa el castillo se ha ido,
      halló la puerta entreabierta   y pa adentro se ha metido,
      los halla boca con boca,   como mujer y marido.
      Intentando de matarlos,   de esta manera dijo:
      —Si mato a mi Gerineldo,   yo lo he criado desde niño,
25   si mato a mi hija, la infanta,   ya mi reino está perdido;
      pondré la espada entre ambos   pa que sepan que he sentido.
      La infanta se ha despertado   y de esta manera dijo:
      —Levántate, Gerineldo,   mi camarero y guerrido,
      la espada del rey mi padre   entre los dos ha dormido.
30   Se levanta Gerineldo   y de esta manera dijo:
      —¡Quién no hubiera sido criado,   quién no hubiera nacido!
      —Calla, calla, Gerineldo,   mi camarero y guerrido,
      que yo le diré a mi padre   que te escojo por marido.
      Otro día por la mañana   el rey pidió sus vestidos.
35   se los llevó Gerineldo,   como otras veces había ido.
      —Gerineldo, Gerineldo,   mi camarero y guerrido,
      ¿dónde la noche has pasado,   dónde la noche has dormido?
      —Señor, jugando a las damas;   ni he ganado ni he perdido.
      —Qué grande disimular   por lo mucho que yo he visto.
40   Hinca la rodilla en tierra   y de esta manera ha dicho:
      —Señor, yo seré la carne,   vuestra merced el cuchillo;
      corte por donde usted quiera,   de mí no se haga dolido.
      —Levántate, Gerineldo,   mi camarero y guerrido,
      que dice mi hija, la infanta,   que te escoge por marido.

Cuba

8.1

—Gerineldo, Gerineldo,   paje mío más querido,
cuántas dàmas y doncellas   quisieran dormir contigo.

—Como soy vuestro criado,   señora, os burláis conmigo.
—No me burlo, Gerineldo,   yo de veras te lo digo.
5   —Calle, calle usted, señora,   el trato está prometido.
A las diez se acuesta el rey,   a las once está dormido,
a la una es la ocasión   cuando canta el gallo pío.
—¿Quién es ese retunante   que llama por el postigo?
—Gerineldo soy, señora,   que viene a lo prometido.
10   Lo ha cogido de la mano   y en su cuarto lo ha metido;
se acostaron par a par,   como mujer y marido.
. . .
—Alevanta, Gerineldo,   paje mío más querido,
que la espada de mi padre   entre los dos ha dormido.
Ya se ha formado una guerra   entre Francia y Portugal
15   y nombran a Gerineldo   por capitán general.

8.2

—Gerineldo, Gerineldo,   paje del rey más querido,
yo te quisiera tener   tres horas en mi castillo.
—Como soy vuestro criado,   señora, jugáis conmigo.
—Yo no juego, Gerineldo,   que de veras te lo digo.
5   —¿Y a qué hora, gran señora,   se cumple lo prometido?
—Entre las doce y la una,   cuando el rey esté dormido.
A las diez se acuesta el rey   y a las once está dormido,
y a las doce, Gerineldo,   yo te espero en mi castillo,
con zapatillas de raso   para que no seáis sentido.
10   Veinte vueltas dio al palacio   y otras tantas al castillo,
y a las doce de la noche   en su alcoba se ha metido.
—¿Quién ha sido el insolente,   quién ha sido el malnacido,
que a estas horas de la noche   en mi alcoba se ha metido?
Perdóname, Gerineldo,   no te había conocido.
15   Lo ha tomado de la mano   y en su cama lo ha metido;
se besaron, se abrazaron,   como mujer y marido,
y el rey, que ha dado una vuelta,   los ha encontrado dormidos;
no queriendo despertarlos,   puso el puñal por testigo.
Ya que la infanta despierta,   tres horas el sol nacido:
20   —Despiértate, Gerineldo,   levántate, amor mío,
que el puñal de mi padre   entre los dos ha dormido.
—¿Por dónde me iré ya ahora   para no ser conocido?
—Vete por esos jardines   cogiendo rosas y lirios.
Pero el rey, que lo ha sabido,   al encuentro le ha salido.
25   —¿Qué te pasa, Gerineldo,   que estás tan descolorido?
—La fragancia de una rosa   los colores me ha comido.
—Es mentira, Gerineldo,   tú con la infanta has dormido.

—Mátame, mi buen señor,　que lo tengo merecido.
—No te mato, Gerineldo,　que te crié desde niño,
30　pero mañana a estas horas　seréis mujer y marido.
—Tengo hecho juramento　a la Virgen de la Estrella
de no casarme con dama　que haya dormido con ella.
Se ha declarado una guerra　entre España y Portugal
y al pobre de Gerineldo　lo han desterrado allá.
35　Esto el rey lo ha hecho　en castigo de su juramento audaz.
—Si a los tres años no vengo,　niña, te puedes casar.
Han pasado los tres años,　no se le ha visto llegar;
se ha vestido de romera　y lo ha salido a buscar
y en el medio del camino　se ha encontrado una vacada.
40　—Vaquerito, vaquerito,　por la santa Trinidad,
que me niegues la mentira　y me digas la verdad,
¿de quién son tantas vaquitas　con tanto hierro y señal?
—Son del conde Gerineldo,　mañana se va a casar.
—Toma este doblón de a cuatro,　vaquerito, y ponme allá.
45　Ha pedido una limosna　y él se la ha salido a dar.
—El demonio eres, romera,　que me vienes a tentar.
—No soy demonio, Gerineldo,　soy tu esposa natural,
si eres noble cual hermoso　conmigo te casarás.
La tomó por una mano,　la condujo hasta el altar
50　y le hizo juramento　de no olvidarla jamás.
La otra novia preparada,　del susto se desmayó,
y a los tres días temprano　con un duque se casó.

República Dominicana

9.1

—Gerineldo, Gerineldo,　Gerineldito querido,
quién te pillara esta noche　tres horas antes del día.
—Como soy vuestro criado,　señora, burláis conmigo.
—No es de burla, Gerineldo,　que de veras te lo digo.
5　—Pues dígame, gran señora,　a qué hora es lo prometido.
—A las diez se acuesta el rey,　a las once está dormido,
y a las doce, Gerineldo,　rondarás por mi castillo.
—¿Quién ronda por mi palacio,　quién ronda por mi castillo?
—Gerineldo soy, señora,　que vengo a lo prometido.
10　Lo ha cogido por la mano　y entre el cuarto lo ha metido,
y fue tan grande el placer　que ambos quedaron dormidos.
El rey que ya está despierto,　el rey que ya está vestido,

pregunta por Gerineldo,   su criado más querido.
El rey, que estaba en sospecha,   al cuarto de la infanta ha ido,
15   su espada puso por medio   para que sirva de testigo.
—Levántate, Gerineldo,   Gerineldito querido,
que la espada de mi padre   con nosotros ha dormido.
—¿Cómo haré, gran señora,   para no ser conocido?
—Vete para el jardín de casa   a cortar rosas y lirios.
20   El rey, que estaba en acecho,   al encuentro le ha salido:
—¿De dónde vienes, Gerineldo,   pálido y descolorido?
—Vengo del jardín de casa   de coger rosas y lirios
y de una rosa muy fragante   los colores me he comido.
—Mientes, mientes, Gerineldo,   que en palacio has dormido:
25   te encontré con la princesa   como mujer y marido
y mi espada he colocado   que sirviera de testigo.
—Pues máteme, gran sultán,   que yo he sido el atrevido.
—No te mato, Gerineldo,   te he criado desde niño.
—Una promesa ofrecí   a la Virgen de la Estrella,
30   que lo que ha de ser su niña   no me he de casar con ella.
El rey que se está enfadando,   el rey que ya se enfadó,
tres puñaladas le ha metido   que a sus pies mortal cayó.
Ya lo cogen en los brazos,   ya lo llevan al palacio,
ya le cosen las heridas   con agujas de bordar.
35   Bajando las escaleras   se oyen gritos muy atroces:
—¡Adiós, Gerineldo, adiós!   De Dios te vas a gozar,
al completo de los seis días   allá te voy a buscar.
Al completo de los tres días   está la niña mortal
y al completo de los seis   ya la llevan a enterrar.
40   Gerineldo es una ermita   y la princesa un altar,
donde mancos y tullidos   allí se van a curar.[19]

Puerto Rico

10.1

—Genineldo, Genineldo,   paje del rey más querido,
dichosa sería la hembra   que se acorteje contigo.
—Porque soy criado suyo,   cómo bromea conmigo.
—No bromeo, Genineldo,   escucha lo que te digo:

[19] A partir del verso 31 hay una recreación con motivos pertenecientes a otros romances, en especial al de *El conde Olinos*.

5   cuando sea la media noche   echa andar tú pa el castillo,
pues ya mi padre y mi madre   estarán adormecidos.
Apenas dieron las doce,   ya llamaba en el portigo,
mas su majestad, la reina,   aún no se había dormido:
—Alevántate, mi rey,   alevántate conmigo,
10   o nos llevan la infantina   o nos quitan el castillo.
Levantóse el señor rey   muy simplemente vestido,
su espá llevaba en la mano   pa registrar su castillo;
después de mucho andar   sus pasos ha dirigido
pa el cuarto de la hija   que toavía no había veido.
15   Allí los halló pegados   como mujer y marido;
alevantó sus ojos pa arriba   y dijo: —Pues vive Cristo,
si yo mato la infantina   mi reinado está perdido
y si mato a Genineldo,   yo lo he criao desde niño.
Dejó su espada entre ambos: Ella será mi testigo.
20   L'otro día de mañana   Genineldo está aburrido.
—¿Tú qué tienes, Genineldo,   que te hallo descolorido?
—Perdió un cofre la infantina,   mas yo culpa no he tenido.
—De ese cofre, Genineldo,   mi espá debe ser testigo;
pues te casarás con ella   o le hallarás marido.
25   —Lo haría, señor, mas no tengo   ni pa comprarla un vestido.
—Cómprarlo de tela 'e saco,   que ella se lo ha merecido.

10.2

—Gerineldo, Gerineldo,   mi camarero pulido,
si te hablara en esta noche   tres horas a mi albedrío.
—Como soy vuestro criado,   señora, os burláis conmigo.
—No me burlo, Gerineldo,   que de veras te lo digo;
5   entre las doce y la una   mis padres se habrán dormido,
te esperaré en la ventana   para hablar sola contigo.
Entre las doce y la media   Gerineldo se ha vestido,
con zapatitos de seda   para no ser conocido.
Dio tres vueltas al palacio   y otras tres le dio al castillo
10   para llegar a la reja   de la infanta, con suspiros.
—No te asustes, gran señora,   —No me asusto, dueño mío,
que si mi padre lo sabe   diré en verdad lo que ha sido.
Gerineldo se sonríe   y afirma lo prometido.
Se empezaron a dar quejas   como mujer y marido.
15   El rey, que oyera murmullos,   a los dos había visto
y les tiró la su espada   como una señal de aviso.
Fue Gerineldo a su rey,   muy triste y descolorido.
—¿Dónde estabas, Gerineldo,   mi pajecito pulido?

—En el jardín de la infanta   a buscar su rosa-lirio,
20 máteme vuestra merced   si delito he cometido.
—No te mato, Gerineldo,   desde niño te he querido;
te casarás con la infanta   y serás un buen marido.
A los cuatro meses justo   Gerineldo a guerra es ido
y la infanta, por seguirlo,   en peregrinación ha ido.[20]

Colombia

12.1

Una tarde Gerineldo   limpiando el traje de seda,
pasó la infanta y le dijo: —Gerineldo, yo quisiera. . .
—¿De de veras me lo dice?   qué no se burle de mí.
—Que de veras te lo digo,   yo no me burlo de ti.
5 A las diez se acuesta el rey   y a las once está dormido,
eran las doce cabales   cuando Gerineldo fu'ido.
—¿Cuál es ese caballero   que a mis puertas ha venido?
—Es el señor Gerineldo,   que viene a lo prometido.
—Entre, señor Gerineldo,   y serás bien recibido,
10 dormirá en cama de rosa   donde hombre no ha dormido.
Eran las once cabales   cuando el rey 'taba vestido,
cogió su espada en la mano   y se fue para el castillo;
los topó boca con boca   como mujer y marido.
—Si yo mato a Gerineldo,   desde chico lo he querido;
15 pondré mi espada por medio   pa que sirva de testigo.
Se levantó la princesa   muy blanca y descolorida:
—Levántate, Gerineldo,   qué sueño que hemos tenido,
que la espada de mi padre   por el medio ha amanecido.
Se levanta Gerineldo   muy blanco y descolorido.
20 —Cogí una rosa en la mano   de lo más alto 'el castillo.
—Mientes, mientes, Gerineldo,   que con la infanta has dormido.
—Y si dormí con la infanta   ¿qué delito he cometido?
—El delito que cometes   yo te lo voy a decir:
que ella habrá de ser su esposa   y usted será su marido.
25 —El dinero que yo tengo   no me alcanza pa el vestido,
ay, se lo daré de encima,   que eso es lo que ha merecido.

---

[20] Se concentra en estos dos últimos versos el tema de *La condesita*, que, como se dijo, puede continuar el romance de *Gerineldo*. En otras versiones (como la 17.1) solamente
se enuncia la partida de Gerineldo, pero no se hace mención de la búsqueda de ella.

Chile

15.1

—Guerineldo, Guerineldo, Guerineldito pulido,
quién te tuviera una noche y otras tres al lado mío.
—Usted me tendrá, señora, si cumple lo prometido.
A eso de la medianoche Guerineldo se ha vestido
5 con botincitos de punto pa que no fuera sentido;
a la puerta de la infanta va a cobrar lo prometido;
la puerta estaba cerrada y la infanta se la ha abrido.
—Entra, entra, Guerineldo, cumpliré lo prometido,
dormiremos esta noche como mujer y marido.
10 El rey lo ha echado de menos y pregunta si ha salido;
unos dicen que se fue, pero otros que no ha venido.
A la puerta de la infanta llega el rey muy afligido:
—¿De quién es este sombrero? —De mi hermano muy querido.
—¿Y de quién son estas armas? —De Guerineldo pulido.
15 —Si yo mato a la princesa, ella es mi bien más querido,
y si mato a Guerineldo queda mi nombre perdido.
Cásate con él, infanta, por lo bien que te ha servido,
cásate con él, infanta, que mejor no has merecido.

Argentina

16.1

—Gerineldo, Gerineldo, paje del rey más querido,
quién te tuviera esta noche en mi jardín florecido.
Válgame Dios, Gerineldo, qué cuerpo tienes tan lindo.
—Como soy vuestro criado, señora, burláis conmigo.
5 —No me burlo, Gerineldo, que de veras te lo digo.
—¿Y, cuándo, señora mía, cumpliréis lo prometido?
—Entre las doce y la una que el rey estará dormido.
Medianoche ya es pasada, Gerineldo no ha venido.
—Malhaya, Gerineldo, quien amor puso contigo.
10 —Ábreme, la mía señora, ábreme, cuerpo garrido.
—¿Quién a mi estancia se atreve, quién llama a mi postigo?
—No os burléis, señora, que soy vuestro dulce amigo.
Tomáralo de la mano y en el lecho lo ha metido.
Entre juegos y deleites la noche se les ha ido
15 y allá hacia el amanecer los dos duermen vencidos.
Despertado había el rey de un sueño despavorido:

—O me roban a la infanta,   o traicionan mi castillo.
Aprisa llama a su paje   pidiéndole los vestidos:
—Gerineldo, Gerineldo,   el paje más querido.
20 Tres veces lo ha llamado,   ninguna ha respondido.
Puso la espada en el cinto,   adonde la infanta ha ido,
vio a su hija, vio a su paje,   como mujer y marido.

Uruguay

17.1

Cuando Gerenildo iba   a dar agua a sus caballos.
Mientras sus caballos beben   Gerenildo echó a cantar
y lo oyera la infantina   y lo bajara a escuchar:
—Si fueras rico en haciendas   como eres galán pulido,
5   dichosa de aquella dama   que se casara contigo.
—No se burle, la infantina,   no se burle usted conmigo,
soy criado pa servir   y usted se burla conmigo.
—No me burlo, Gerenildo,   que de veras te lo digo,
y si no lo quieres creer   ven a rondar mi castillo.
10 A eso de la media noche   la infanta oyó un golpecito.
—¿Quién es el audaz galán   que me ronda mi castillo?
Con permiso de mi padre   estoy pa tirarle un tiro.
—Es Gerenildo, señora,   que viene a lo prometido.
—Entra, entra, Gerenildo,   no te había conocido.
15 ¿Qué armas traes, Gerenildo,   que a mí me han estremecido?
—Armas no traigo ninguna   más que con las que he nacido.
El rey ha tenido un sueño   que de veras le ha salido:
—O me duerme con la infanta   o me ronda mi castillo.
Se calzó zapato bajo   para no meter ruido
20 y puso la espada en medio   pa que sirva de testigo.
Hallólos cara con cara   como mujer y marido,
hallólos brazo con brazo   como la madre y su hijo.
Se declararon las guerras   en Francia y en Aragón
y nombran a Gerenildo   de capitán general.

XV. LA HERMANA CAUTIVA (CGR 0169)

Romance muy difundido y que presenta varias peculiaridades: versiones hexasílabas (procedentes de una balada europea de gran antigüedad) de dos tipos: una (la más escasa) que relata el rapto y cautiverio de la niña y otra que comienza con el encuentro en la fuente. Existe también una refundición octosilábica del segundo tipo; ésta ha sufrido modernamente algunas recreaciones de tipo vulgar (mención de Melilla, proposiciones del moro, etc.) Hay otras modificaciones en ambos tipos de versiones: a veces se elimina la sorpresa final haciendo que el reconocimiento de los hermanos tenga lugar al comienzo; también se da el caso de que el público esté enterado del parentesco, pero no los protagonistas. Además de todas estas variantes (y de otras menos significativas) el tema de la hermana cautiva se ha infiltrado en *El caballero burlado*, en su versión cruzada con *La infantina*, y constituye el final de dicho romance, cambiando así su tema. Las razones de unión de estos romances son, aparentemente, una comunidad de motivos: encuentro en el campo de un caballero con una niña y viaje de regreso a la ciudad; sin embargo, habría que considerar también que el encuentro insólito, en un lugar insólito, ha propiciado un final insólito como lo es el encuentro de dos hermanos. De las 13 versiones americanas, ocho de ellas pertenecen a esta modalidad que comprende los tres romances mencionados. En general, se suelen considerar versiones de *El caballero burlado*, pero, puesto que el final impone el tema, se han considerado aquí como pertenecientes al romance que tratamos.

Bibliografía

Textos americanos: cf. 12, 14, 15, 18, 41, 115, 116, 121, 155.

Otros textos hispánicos: cf. *Alonso*, pp. 62, 65 y 157; *Alvar 66*, 51; *Alvar 71*, 188; *Armistead-Silverman 77*, p. 78; *Armistead-Silverman 79*, p. 57; *Bé-*

nichou, p. 239; *Catalán*, 30, 134-138, 268, 269, 358; *Córdova*, p. 194 y p. 362; *Cossío-Maza*, 189; *Díaz-Delfín*, II, p. 105; *Díaz V.*, p. 69; *García M.*, 78; *Gil*, *I*, 46, *II*, 47; *Menéndez Pelayo*, 16; *Milá*, p. 134; *Petersen*, p. 237; *Piñero-Altero*, p. 81; *Puig*, pp. 106 y 117; *Schindler*, 3; *Trapero 82*, p. 91; *Trapero 87*, 20, 26 y 151.

Estudios: cf. E-8, E-32.

TEXTOS

Cuba

8.1

Al salir de Casablanca,   cerca de una morería,
había una mora lavando   en una fuente cristalina.
—¿Qué haces ahí, mora linda?   ¿Qué haces ahí, mora bella?
Deja beber mi caballo   en esa agua cristalina.
5   —No soy mora, caballero,   que soy cristiana cautiva,
me cautivaron los moros   desde niña chiquitica,
me cautivaron los moros   día de pascua florida.
—Si quieres venir a España   monta en mi caballería.
—¿Y mi honra, caballero,   dónde yo la dejaría?
10   Y estos pañales que lavo,   ¿dónde yo los dejaría?
—Los de seda y los de holanda   sobre mi caballo irían
y aquellos que son más malos   sobre el río abajo irían.
¿Y mi honra, caballero,   y la gente qué diría?
—Yo te juro por mi espada   y por la claridad del día
15   de no tocarte ni hablarte   hasta llegar a monte Oliva.
Al llegar a aquellos montes   la mora llorar se veía.
—¿Por qué lloras, mora linda?   ¿por qué lloras, mora bella?
—Lloro porque en estos montes   mi padre a cazar salía
y también mis hermanitos   con toda su comitiva.
20   —¡Oh cielos! ¿Qué es lo que oigo,   Virgen Sagrada María?
Pensando traer mujer   traigo una hermanita mía.
Ábreme las puertas, madre,   ventanas y celosías,
que aquí te traigo una prenda   por quien lloras noche y día.
La madre la abrazaba   y le decía:
25   —Hijita mía,   ¿dónde has estado metida?
—En un castillo de moros   y de esclava me tenían,
lavándole los pañales   a una morita que había.

8.2

Señores voy a contarles   la historia de una niñita
que cautivaron los moros   a los ricos de Melilla.
—Siendo yo muy pequeñita,   apenas tenía cinco años,
de los brazos de mi madre   los moros me arrebataron.
5   —Quítate de ahí mora bella,   quítate de ahí mora linda,
deja beber mi caballo   de esa fuente cristalina.
—No soy mora caballero,   que soy cristiana cautiva.
Me cautivaron los moros   a los ricos de Melilla.
—Ven, móntate en mi caballo,   y huid de la morería.
10   Y al pasar por la frontera   la morita se reía.
—¿De qué te ríes mora bella,   de qué te ríes mora linda?
—No me río del caballo   ni del galán que lo guía,
me río de verme en España   que también es tierra mía.
—¿Cómo se llaman tus padres?   —Mi padre se llama Elía
15   y un hermanito que tengo   se llama José María.
—¡Válgame Dios de los cielos   y la sagrada María,
creí robarme una mora   y robo una hermana mía!
Ábreme la puerta padre,   ventanas y celosías;
aquí les traigo el tesoro   por quien lloran noche y día.
20   Mis padres la recibieron   con muchísima alegría,
y luego le preguntaron   que qué hacía en la morería.
—Padre mí, los moritos   a mí mucho me querían,
y decían que yo era   la reina de la Morería.

Puerto Rico

10.1

No juegues, buen cazador,   no juegues con esa espada,
que va para siete años   que estoy en esta montaña,
donde cantan las culebras   todas las horas del día.
Una canta la mañana,   otra canta al medio día
5   y otra cantaba a la tarde   después que el sol se ponía.
—¿En qué quiere ir la niña,   en qué quiere ir la dama?
¿Si quiere ir en la silla   o quiere ir en la falda?
—Ni quiero ir en la silla   ni quiero ir en la falda;
que quiero ir en las ancas,   que es más honra suya y mía.
10   A los pasos que él dudaba,   la niña se sonreía.
—¿De qué se ríe la niña,   de qué se ríe la dama?
¿Si se ríe del caballo   o se ríe de la silla?
—Ni me río del caballo,   ni me río de la silla;

que me río del caballero,   por su poca bizarría.
15 —Volvamos atrás, la niña,   volvamos atrás, la dama,
que en el puente que almorzamos   una espuela se ha quedado.
—No vuelvas atrás, caballero,   no vuelvas atrás, por mi vida,
que si la espuela es de plata,   de oro te la volvería.
Ya vemos las casas blancas   donde mis padres vivían.
20 Mi padre se llama Juan;   mi madre, Doña María.
—Por las señas que me ha dado,   es usted hermana mía.

Venezuela

11.1

Salió un triste cazador   por donde siempre salía;
los perros se le cansaban   y el jurón no le seguía;
así los cogió la noche   en una oscura montiña,
donde no cantaba gallo   y ni aun gallina se oía;
5   donde cantaba león bravo   y la leona respondía;
donde cantan tres culebras,   todas tres en compañía:
una que canta en la noche   y otra en el mediodía,
la otra cantaba en la tarde,   cuando ya el sol se metía.
Se subió a un madero roble   pa ver cuando amanecía,
10 en el cogollo más alto   'taba una niña dormía,
peinándose el pelo rubio,   que peine de oro tenía;
entre su pelo y el peine   comparaciones no había.
Le puso pieza a las armas   y le cogió puntería.
—No me mates, caballero,   no mates lo que Dios cría;
15 antes me recogerás,   que una niña soy perdía
que yerbas come del monte   y bebe las aguas frías.
Si buen caballero eres,   llévame en tu compañía.
—¿Adónde quiere ir la dama,   adónde quiere ir la niña?
Si quieres en la anca ir   o quieres ir en la silla.
20 —En la anca no quiero yo,   en la silla es que querría.
A poco de haber andado,   la niña se sonreía.
—¿De qué se sonríe la dama,   de qué se sonríe la niña?
—No me río del caballo   ni tampoco de la silla,
pero sí del caballero   y de su gran cobardía.
25 —En el puente en que almorzamos,   mis espuelas quedarían.
—¡Adelante, caballero!   adelante es que querría,
si de plata sus espuelas,   de oro se volverían.
Ya estoy viendo los parrales   donde mis padres vivían.
—¿Cómo se llaman sus padres,   dispense la grosería?
30 —Mi padre era el rey de Araña   y mi madre Fantasía.

   —Por las señas que me das,   eres una hermana mía
que se le perdió a mi padre   cuando andaba en cacería.

Colombia

12.1

   Pasé un día por una morería.   . . .
Había una morerita lavando.   . . .
   —Apártate, mora linda,   apártate, mora bella,
deja que mi caballo beba   las aguas cristalinas.
5 ¿Te vas conmigo, morita?   . . .
   —Y los pañuelos que lavo,   ¿quién los cuidaría?
   —Los de seda y holán   en mi caballo irán,
y los que no costaron nada   la corriente llevará.
Ya iban muy lejos,   la morerita reía.
10 —¿De qué te ríes, mora linda   de qué te ríes, mora bella?
   —No me río del caballo,   ni del que lo guía,
me río de que ésta   es la patria mía.
Más adelante,   la morita lloraba.
   —¿Por qué lloras, mora linda,   por qué lloras, mora bella?
15 —Yo lloro, porque mi padre   a cazar venía,
con mi hermano Morabel   y toda su compañía.
   —Abre, madre, la puerta,   . . .
que aquí te traigo esta rosa,   que llorabas noche y día.

12.2

   Salió un triste cazador   a una montaña montía
donde no cantaban gallos,   gallinas nunca se oían,
donde cantaba un león bravo   y la leona respondía,
donde cantaban tres culebras,   todas tres en compañía:
5 una canta a la mañana,   otra canta al mediodía,
otra a las seis de la tarde,   cuando el sol ya se metía.
Debajo de un árbol grande   a una niña sonreía,
que entre la mano y el pelo   un peine de oro tenía.
Hincó la rodilla en tierra   y le puso puntería.
10 —No me mates, cazador,   del monte no soy nacida.
Siete años tengo, señor,   de estar por aquí perdida,
que andaba buscando flores   para un santo que tenía,
una hermana que tengo   contigo la casaría.
   —Con ella no quiero yo   sino contigo querría.
15 Dime quiénes son tus padres   que éstos me complacerían.

—Mi padre es el rey de Araña   y mi madre Fantasía.
—Por las señas que me das   debes ser la hermana mía.
¿Dónde quieres que te lleve   en el anca o en la silla?
—En el anca no quiero yo,   en la silla es que querría
20 porque no diga la gente   que del monte fui nacida.

Argentina

16.1

Una tarde de torneo   salí por la morería
y vi lavar a una mora   al pie de una fuentecilla.
—Quítate de ahí, mora bella,   quítate de ahí, mora linda,
que va a beber mi caballo   de esa agua cristalina.
5 —Caballero, no soy mora,   que soy cristiana cautiva,
me cautivaron los moros   de pequeña y chiquitita.
—Veníte mora a mi casa   verás mi caballeriza.
—Los pañuelos que yo lavo   ¿adónde los tendería?
—Los de seda y los mejores   para mi caballería,
10 y los que a ti no te sirvan   a las cortes de Sevilla.
Al pasar por unos montes   suspiraba la morita.
—¿Por qué suspiras morita?   —¿Por qué no he de suspirar
si aquí yo todos los días   con mi hermanito venía
y luego mi buena madre   nos venía a buscar?
15 —¡Válgame el Dios del cielo   válgame la madre mía!
quise traerme mujer   y traigo una hermana mía.
Abran a madre cristiana,   cerrojos y cerrojía,
que la traigo a usté una prenda   que lloraba noche y día.

Uruguay

17.1

Al pasar por tierra blanca,   en casa de la morería,
vi que lavaba una mora   al pie de una serranía.
—Apartate mora bella,   y apartate mora linda,
deja que beba mi caballo   en esta agua cristalina.
5 —No soy mora, caballero,   que soy cristiana cautiva;
me cautivaron los moros   desde muy pequeñita.
—Si quieres volver a España   en mi caballo iría.
—Y mi honra, caballero,   ¿quién me la recobraría?
—Yo te juro, mora bella,   yo te juro, mora linda,

10   que yo no te he de tocar,   hasta que no fueras mía.
Al pasar por tierra blanca   en casa de la morería,
—¿Por qué lloras mora bella?   ¿Por qué lloras mora linda?
—Lloro porque en esos montes   mi padre a cazar venía,
con mi hermanito Alejandro   que traía en su compañía.
15   —¡Lo que oigo, Virgen Santa!   ¡Lo que oigo, Virgen María,
creé ideé llevar a una mora   y llevo a una hermana mía!
Abra puertas usted madre,   ventanas y celosía,
que yo le traigo a la prenda   que lloraba noche y día.
Mis padres me recibieron   con muchísima alegría
20   y después me preguntaron   con los moritos qué hacía.
—Padre, yo les cuidaba   los patos y las gallinas;
a mí me estarán buscando   por aquella serranía.
Hay que escribirle a los moros   una carta, padre mío,
la dirección bien la sé: casas de la morería.

XVI. LAS HIJAS DE MERINO

Romance infantil muy cantado pero poco recogido. La historia parece estar acortada y suele acabar con los juramentos del novio. Para darle un final más contundente, la tradición le ha anexado a menudo la copla, también infantil, del peral y la tórtola. Se han recogido 11 versiones americanas en cinco países.

Bibliografía

Textos americanos: cf. 3, 8, 28, 42, 46, 53, 115, 118, 164.

Otros textos hispánicos: cf. *Díaz V.*, p. 171; *Piñero-Atero*, p. 114; *Schindler*, p. 106; *Trapero 82*, p. 297.

TEXTOS

Cuba

8.1

—Mamá, ¿quiere usted que vaya   un ratico a la alameda
con las hijas de Merino   que llevan ricas meriendas?
A la hora del paseo   se perdió la más pequeña;
su padre la anda buscando   calle arriba y calle abajo.
5   Dónde la vino a encontrar,   en una casa vacía
hablando con su galán;   y el galán que le decía:
—Conmigo te has de casar   aunque tu padre no quiera.
Mi abuela tiene un peral   que echa unas peras muy buenas.
En su última ramita   una tortolita había,
10   que echa sangre por las alas   y por el pico decía:
"El demonio a las mujeres   que de los hombres se fían."
A los hombres puñetazos   y a las mujeres besitos.
Los hombres son los diablitos,   las mujeres angelitos.

Puerto Rico

10.1

—Mamá, ¿tú me dejas ir   un ratito a la alameda
con las hijas de Merino   que llevan ricas meriendas?
Al tiempo de merendar   se perdió la más pequeña;
su padre la fue a buscar   calle arriba, calle abajo,
5 por la puerta de San Juan.   La llegaron a encontrar
en un portalito oscuro   hablando con su galán.
Le decía: —Prenda mía,   contigo me he de casar
aunque me cueste la vida.

Venezuela

11.1

El cintillo de mi pelo   se lo di a una cocinera
por medio pocillo de agua   y una brasa de candela.
Al tiempo de merendar   se nos perdió la más bella;
la buscamos calle arriba   y calle abajo sin verla.
5 La vinimos a encontrar   en el quicio de una puerta
con un niño de quince años   diciéndole: —Prenda mía,
contigo me he de casar   aunque me cueste la vida.
Cuando te cases con otro   y te vistan de azahar,
a mí me estarán poniendo   corona de amortajar;
10 cuando a ti te estén llorando   tus amigas al casar,
a mí me estarán llevando   mis amigos a enterrar.[21]

Chile

15.1

Ayer tarde fui a pasear   con las hijas de Medina;
al tiempo de la merienda   se perdió la mejor niña.
Salió la madre a buscarla   como una loca perdida,
calle arriba, calle abajo,   calle abajo, calle arriba.
5 Al cabo la vino a hallar   entre dos palmas metida
con un niño de quince años   diciéndole: —Vida mía,
que nos hemos de casar   aunque nos cueste la vida.

---

[21] Los cuatro últimos versos son un cruce con la conocida canción *La mortaja*.

Argentina

16.1

En mi casa hay un peral   cubierto de perlas finas,
en el gajo más cargado   se sienta una golondrina,
por el pico echaba sangre   con las alas se batía.
Se perdió la mejor niña   al punto de mediodía.
5 Salió la madre a buscarla   como una loca perdida;
y fue la halló en un palmar   que en las palmas se mecía,
y a un niño de quince años   estas palabras decía:
—Nos casaremos los dos,   nos casemos, vida mía,
aunque perdamos los padres,   aunque perdamos la vida.
10 La vida no te la ofrezco   porque esa prenda no es mía
y puede ser que mañana   venga el dueño y me la pida.

XVII. HILITOS DE ORO (CGR 0224)

Romance infantil muy difundido en el mundo hispánico, sobre todo en América: 196 versiones de dieciséis países, es decir que es el romance más conocido. Su comienzo varía notablemente, prefiriéndose en España el de "De Francia vengo, señora" y en América "Hilitos, hilitos de oro", ambos con toda clase de variantes. La historia es muy semejante y suele concluir bien con la elección del caballero, bien con las recomendaciones de la madre o las disposiciones de él. Algunas versiones americanas prolongan el romance con recomendaciones graciosas, hechas en pareados, o incluyen versos jocosos en el motivo de la elección.

Existe un romance titulado *El caballero sediento*, de factura no tradicional, que algunos autores consideran basado en *Hilitos de oro*. Por su estilo culto no lo hemos incluido, aunque se han recogido varias versiones americanas.

Bibliografía

Textos americanos: cf. 2, 3, 5, 7, 8, 13bis, 14, 15, 17, 18, 19, 20, 21, 24, 26, 40, 42, 43, 45, 46, 49, 51, 53, 55, 56, 64, 67, 68, 71, 76, 81, 85, 88, 93, 105, 109, 112, 116, 118, 121, 125, 126, 127, 132, 135, 146, 150, 153, 154, 158, 164, 167, 171.

Otros textos hispánicos: cf. *Alvar* 66, 133; *Catalán*, 374; *Córdova*, pp. 29, 36 y 105; *Cossío-Maza*, 300; *Costa*, 258; *Echeverría*, 125; *García M.*, 130; *Gil*, I, 18, II, 166; *Leite*, p. 242; *Puig*, p. 130.

Estudios: cf. E-10, E-54.

Textos

Estados Unidos

1.1

—Hilitos, hilitos de oro   que se me vienen quebrando.
Que dice el rey y la reina   qué tantos hijos tendrá.
—Que tenga los que tuviera,   que nada le importa al rey.
—Ya me voy muy descontento   a darle la cuenta al rey.
5 Vuelvan, vuelvan caballeros   no sean tan discordel.
De las hijas que yo tengo   escoja la más mujer.
—No escojo por bonita   ni tampoco por mujer,
yo escojo una florecita   acabada de nacer.

1.2

—Ángel de oro,   vista de un marcel;
ha venido un indio   enviado por Satel.
Ésta no la quiero   por fea y pelona;
ésta me la llevo   por linda y hermosa.
5 Parece una rosa,   parece un clavel
acabado de nacer   al amanecer.

México

2.1

—Hilitos, hilitos de oro   que se me vienen quebrando,
que manda decir el rey   que cuántos hijos tenéis.
—Que tenga los que tuviere   que nada le importa al rey.
—Ya me voy desconsolado   a darle la queja al rey.
5 —Vuelva, vuelva, caballero,   no sea tan descortés,
de las tres hijas que tengo   escoja la más mujer.
—No la escojo por bonita   ni tampoco por mujer,
escojo esta amapolita   acabada de nacer.

2.2

—Hebritas, hebritas de oro   que se me vienen quebrando,
que dice mi señor amo   que cuántas hijas tenéis.
—Si las tengo o no las tengo   no las tengo para dar,
que el pan que como yo   mis hijas lo comerán.

5   —Ya me voy muy enojado   por las puertas del palacio
       que las hijas del rey   no me las quisieron dar.
       —Vuelva, vuelva, caballero,   no sea tan descortés,
       que las hijas que yo tengo   escoja la más mujer.
       —Ésta me llevo   por linda y hermosa
10   que parece una rosa   acabada de cortar.
       —No me la siente en el suelo,   siéntemela en un cojín,
       que las hijas que yo tengo   son hijas de un gachupín.

                              2.3

       —Ángel de oro,   arenita de un marqués
       que de Francia he venido   por un niño portugués,
       que me ha dicho una señora   que lindas hijas tenéis.
       —Que las tenga o no las tenga   o las deje de tener.
5   —Ésta me la llevo   por linda y hermosa,
       parece una rosa   acabada de nacer.
       Ésta no la quiero   por fea y pelona,
       parece una mona   acabada de nacer.

                              2.4

       —De Francia vengo, señora,   de por hilo portugués,
       y en el camino me han dicho   las hijas que tiene usted.
       —Que las tenga o no las tenga,   yo las sabré mantener
       con un pan que Dios me ha dado   y otro que yo ganaré.
5   —A Francia vuelvo, señores,   a los palacios del rey,
       que las hijas del rey moro   no me las dejaron ver.
       —Vuelva, vuelva, caballero,   no sea tan descortés,
       de las tres hijas que tengo   tome la que guste usted.
       —Ésta tomo por esposa,   ésta tomo por mujer;
10   me ha parecido una rosa,   me ha parecido un clavel.
       —Por Dios pido, caballero,   que me la cuide usted bien.
       —Ella será bien tratada   como la hija de un rey,
       en silla de oro sentada   y en la de marfil también,
       y del pan que el rey comiere   ella comerá también;
15   del vino que el rey bebiere   ella beberá también.

Guatemala

3.1

—Hilito, hilito de oro, ...
que quebrantos se me van,   y que quebrantos se me vienen,
manda a decir al rey moro,   que cuántas hijas tiene.
—Que las tenga o no las tenga   nada tiene que ver el rey,
5   que el pan que yo coma,   comerán ellas,
del vino que yo beba,   beberán ellas.
—Ya me voy muy enojado   para el palacio del rey.
—Vuelva, vuelva, caballero,   no sea tan descortés,
que de las niñas que tengo   escoja la que le guste.
10   —Ésta huele a violeta   para que recoja mi chancleta.
Ésta huele a jazmín   para que zurza mi calcetín.

3.2

—Ángel del oro,   arenita de un marqués,
de Francia venida   con la niña Venturel.
Me dijo una señora   que lindas las tenés.
—Las tenga o no las tenga   pues no te las llevarés.
5   —Tan contento que me vine,   tan triste que me voy.
—Regresa, caballero,   y escoge la que querás.
—A ésta me llevo   por linda y hermosa,
que parece una rosa   acabada de nacer.

El Salvador

4.1

—Hilo, hilo, hilo verde,   que hilando, lo hilé,
que en el camino me han dicho,   qué lindas niñas tenés.
—Si las tengo, no las tengo,   pero no son para dar,
que del vino que yo tomara,   todas ellas tomarán.
5   —Yo me voy muy enojado   a los palacios del rey,
a decirle a mi señor,   lo que tú me respondés.
—Vuelva, vuelva, caballero,   no sea tan descortés,
que de las niñas que tengo,   la mejor es para usted.
—Ésta escojo por bonita,   por bonita y por mujer,
10   que parece una rosa   acabada de nacer.

4.2

—De Francia vengo, señores,   de reinado portugués,
que en el camino me han dicho   que lindas hijas tenéis.
—Si las tengo, no las tengo,   no las tengo para dar,
del vino que yo tomo,   todas ellas tomarán,
5   del pan que yo como,   todas ellas comerán.
—Tan alegre que venía,   tan triste que me voy
a decirle a mi señor   lo que tú me respondés.
—Vuelva, vuelva, caballero,   no sea tan descortés,
que de tres hijas que tengo,   escogé la que querés.
10   —Ésta huele a gemela,   ésta a lirio, a clavel,
ésta escojo por bonita,   por bonita, y por mujer,
que parece una rosa   acabada de nacer.
—No me la siente en el suelo,   que no es hija de Consuelo,
siéntala en una silla de oro,   que es hija de Isidoro.
15   —Bien sentada la tendré   bordando pañuelos al rey,
azotitos con correa,   ...
mojaditos en vinagre,   para que le sienten bien.

Nicaragua

5.1

—Hebritas, hebritas de oro,   ...
que quebrantadas se me van,   que quebrantadas se me vienen,
que me ha dicho una señora   que muy lindas hijas tienes.
—Que las tenga o no las tenga,   qué cuentas tiene con eso,
5   que del pan que yo comiere,   comerán ellas también,
y del vino que yo bebiere,   beberán ellas también.
—Ya me voy muy enojado   al palacio de mi rey.
—Vuelva, vuelva, caballero,   no sea tan descortés,
que de las hijas que tengo   escoja la que quisiere.
10   —Ésta huele a jazmín   para que me zurza el calcetín.
Esta huele a reseda   para que me lave mi camisa'e seda.
Ésta huele a mosqueta   para que me ponga la chancleta.

Costa Rica

6.1

—Hilitos, hilitos de oro,   que se me vienen quebrando,

que manda decir el rey   que cuántas hijas tenéis.
—Que tenga las que tuviera,   que nada le importa al rey.
—Ya me voy desesperado   a darle la nueva al rey.
5   —¡Vuelva, vuelva, caballero!   ¡No sea tan descortés!
De las tres hijas que tengo   escoja la más mujer.
—No la quiero por bonita,   ni la quiero por mujer,
lo que quiero es una rosa   acabada de nacer.
Hilitos, hilitos de oro,   que se me vienen quebrando,
10   que manda decir el rey   que cuántas hijas tenéis.

6.2

—Hilo, hilo, hilo verde,   que hilando lo hilé,
que en el camino me han dicho: lindas hijas tiene el rey.
—Téngalas o no las tenga   yo las sabré mantener,
que del pan que yo comiera,   comerán ellas también.
5   —Yo me voy muy enojado   de los palacios del rey,
que las hijas del rey moro   no me las dan por mujer.
—Vuelva, vuelva, caballero,   no sea usted tan descortés,
que de las hijas que tengo   la mejor será de usted.
—Ésta cojo por mi esposa   y por mi mujer también,
10   que parece una rosita   acabada de nacer.
—Lo que a usted le encargo   que me la cuide muy bien,
sentadita en silla de oro   bordando paños del rey.
—Eso sí que yo no hago   de pegarle a mi mujer
que parece una rosita   acabada de nacer.

Panamá

7.1

—Sortijita de oro traigo   que quebrándoseme viene,
qué linda señora,   las hijas que tiene.
—Si las tengo o no las tengo,   las sabré mantener,
que del pan que yo comiere,   comerán ellas también.
5   —Yo me voy muy enojado   al palacio del rey
a decirle al rey mi padre   lo que vos me respondéis.
—Ven acá, pastor honrado,   tan honrado y tan cortés,
de las tres hijas que tengo   la mejor te daré.
—Ésta cojo y ésta cojo   por esposa y por mujer,
10   que parece una rosita   acabadita de nacer.
—Lo que te encargo, señor,   que me la trate muy bien,
sentadita en silla de oro   dándole besos al rey.

7.2

—De Francia vengo, señores,   muy buen mozo portugués,
a pedirle a usted señora,   que una esposa a mí me dé.
—Yo lo siento, caballero,   yo las quiero también,
que del pan que yo comiera,   ellas también comerán,
5 y del agua que bebiera,   ellas también beberán.
—Yo me voy muy enojado   a los palacios del rey
a decirle a mi señor   lo que vos me respondés.
—Vuelva, vuelva, caballero,   no sea tan descortés;
de las tres hijas que tengo   escoged la que queréis.
10 —Ésta escojo y ésta escojo   por bonita y por mujer,
que parece una rosita   acabadita de nacer.
—Téngala bien guardada.   —Bien guardada la tendré,
sentadita en silla de oro   bordando cordón al rey
y azotito con correa   cuando fuere menester,
15 mojaditos en vinagre   para que lo sienta bien.

Cuba

8.1

Hilito, hilito de oro,   yo jugando al ajedrez,
díjele a una gran señora   qué lindas hijas tenéis.
—Téngalas o no las tenga   yo las sabré mantener,
que del agua que bebiere,   beberán ellas también,
5 que del pan que yo comiere,   comerán ellas también.
—Yo me voy muy enojado   a los palacios del rey,
pues las hijas del rey moro   no me dejan escoger.
—Vuelva, vuelva, caballero,   no sea usted tan descortés,
que de las hijas del rey moro   una puede usted escoger.
10 —Escojo a la más pequeña   por su mirada de diosa,
porque parece una rosa   acabada de nacer.

8.2

—Hilito, hilito de oro,   yo hebrando una hebrera,
me dijo una gran señora   que lindas hijas tenéis.
—Téngalas o no las tenga,   yo las sabré mantener,
con el pan que yo comiere,   comerán ellas también.
5 —Yo me voy muy enojado   para el palacio del rey,
pues las hijas del rey moro   no me las dan por mujer.

—Vuelva, vuelva, caballero,   caballero tan cortés,
de las tres hijas que tengo   escoja la que queréis.
—Escojo ésta por esposa,   por esposa y por mujer,
10 que me parece una rosa,   que me parece un clavel.

República Dominicana

9.1

—Hilito, hilito de oro,   yo jugando al ajedrez,
por el camino me han dicho   lindas hijas tiene el rey.
—Si las tengo o no las tengo,   no las tengo para dar,
que del pan que yo comiere,   también ellas comerán,
5 que del vino que bebiere,   también ellas beberán.
—Yo me voy muy enojado   a los palacios del rey,
que las hijas del rey moro   no me las dan por mujer.
—Vuelva, vuelva, caballero,   no sea usted tan descortés
que de las hijas que tengo   la mejor será de usted.
10 —Ésta escojo por esposa   y también por mi mujer,
que me parece una rosa   acabada de nacer.
—Lo que le encargo y le digo   es que me la trate bien,
sentadita en silla de oro   bordándole paños al rey.

9.2

—De Francia vengo, señores,   un pulido portugués,
en el camino me ha dicho   que lindas hijas tenéis.
—Si las tengo o no las tengo,   no las tengo para dar,
que del pan que yo comiere,   comerán ellas también.
5 y del agua que bebiere,   también ellas beberán.
—Yo me voy muy enojado   a los palacios del rey
a decirle a mi señor   lo que vos me respondéis.
—Vuelva, vuelva, caballero,   no sea usted tan descortés,
que de tres hijas que tengo   la mejor será de usted.
10 —Ésta escojo por bonita,   por hermosa y por mujer,
que me parece una rosa   acabada de nacer.
—Téngala usted bien guardada.   —Bien guardada la tendré,
sentadita en silla de oro   bordándole paños al rey.
Azotitos con correa   cuando sea menester,
15 mojaditos en vinagre   para que le sienten bien.

Puerto Rico

10.1

Hilo, hilo, hilo verde,   que hilándolo lo hilé;
en el camino me han dicho   lindas hijas tiene usted.
—Téngalas o no las tenga,   yo las sabré mantener,
que del pan que yo comiere,   comerán ellas también.
5   —Muy enojado me voy   a los palacios del rey,
que las hijas del rey moro   no me las dan por mujer.
—Vuelva, vuelva, caballero,   no sea usted tan descortés,
que de tres hijas que tengo   la mejor será pa usted.
—Ésta escojo por esposa,   por bonita y por mujer,
10   que parece una rosita   acabada de nacer.
—Lo que le pido, señor,   que me la trate muy bien,
sentadita en silla de oro   bordando paños pa el rey,
con la correa en la mano   por si fuere menester.

10.2

—De Francia vengo, señores,   soy soldado portugués
y en el camino me han dicho   lindas hijas tiene usted.
—Téngalas o no las tenga,   yo las sabré mantener
y del pan que yo comiere   comerán ellas también.
5   —Yo me voy muy enojado   a los palacios del rey,
que las hijas de un rey moro   no me las dan por mujer.
—Vuelva, vuelva, caballero,   no sea usted tan descortés,
que de tres hijas que tengo   la mejor será para usted.
—Ésta escojo por esposa;   ésta escojo por mujer,
10   que parece una rosita   acabada de nacer.
—Lo que le encargo, señor,   que me la trate muy bien,
sentadita en silla de oro   bordando paños para el rey
y la correa en la mano   por si fuere menester.

Venezuela

11.1

Hilito, hilito de oro,   yo jugando al ajedrez,
me encontré a una gran señora: —¡Qué lindas hijas tenéis!
—Téngalas o no las tenga,   yo las sabré mantener,
que del pan que yo comiere,   comerán ellas también;
5   del calzado que yo calce,   calzarán ellas también.

—Ya me voy muy enojado	a los palacios del rey,
que las hijas del rey moro	no me las dejaron ver.
—Vuelva, vuelva, caballero,	no sea usted tan descortés,
de las hijas que yo tengo,	escoged la que queréis.
10	—Ésta escojo y ésta llevo,	por estimada mujer,
que parece un clavelito,	acabado de nacer.
—Lo que le encargo, señor,	que me la trate muy bien,
sentada en su silla de oro	bordándole el paño al rey
y su platito en la mano	a la hora de comer.

11.2

—Hilito, hilito de oro,	que jugando la del rey,
por el camino me han dicho	que lindas hijas tenéis.
—Si las tengo o no las tengo,	usted no tiene que ver,
zapatico que yo calce,	calzarán ellas también,
5	y el vinito que yo tome,	tomarán ellas también.
—Yo me voy muy disgustado	para el palacio del rey
a decírselo a la reina	y al hijo del rey también.
—Venga, venga, caballero,	no sea usted tan descortés;
de tantas hijas que tengo	bien podrá usted escoger.
10	—Cojo ésta y ésta escojo	por esposa y por mujer,
que parece un clavelito	acabado de nacer;
me la llevo al palacio	a bordar el paño al rey.

11.3

—Señora, de Francia vengo	con un librito cortés,
que ha llegado a mis oídos	que lindas hijas tenéis.
—Téngalas o no las tenga,	yo las sabré mantener,
comida que yo comiere,	comerán ellas también,
5	calzado que yo me ponga	se pondrán ellas también,
vestido que yo vistiera,	vestirán ellas también.
—Ya me voy enojado	de los palacios del rey,
pues estas hijas que tienes	no me las das por mujer.
—Vuelva, vuelva, caballero,	no sea usted tan descortés,
10	pues de estas hijas que tengo	escoged la que queréis.
—Ésta escojo y ésta estimo	por esposa y por mujer,
que me ha parecido rosa	acabada de nacer.

Colombia

12.1

Filito, filito de oro,   yo jugando al ajedrez,
le dije a una gran señora: —Qué bellas hijas tenés.
—Téngalas o no las tenga,   yo las sabré mantener,
la comida que yo coma,   ellas comerán también,
5 el agua que yo bebiere,   ellas habían de beber,
los zapatos que yo calce,   calzarán ellas también.
—Yo me voy muy enojado   a los palacios del rey
a ver si la reina mora   me las deja escoger.
—Ven acá, escudero mío,   escudero tan cortés,
10 de las hijas que yo tengo   escogé la que querés.
—Me escojo ésta por bonita,   por legítima mujer,
que parece un grano de oro   acabado de nacer.
La sentaré en silla de oro,   bordará telas al rey.
Por la mañana una perla   y por la tarde un pastel.

12.2

Granito, granito de oro,   yo jugando al ajedrez,
le dije una gran señora: —Qué lindas hijas tenés.
—Téngalas o no las tenga,   o dejálas de tener;
agüita que yo bebiere,   beberán ellas también,
5 zapatos que yo calzare,   calzarán ellas también,
vestido que yo vistiera,   vestirán ellas también.
—Yo me voy muy enojado   a los palacios del rey
a decir al rey Moreno   y a su señora también.
—Venga, venga, caballero,   tan feliz y tan cortés,
10 de las hijas que yo tengo   escoge la que querés.
—Yo me llevo ésta   por bonita y legítima mujer,
que parece un grano de oro,   acabado de nacer.
Su madre es una rosa,   su padre es un clavel
y ella parece una azucenita,   acabada de nacer.

Perú

14.1

—Hilo de oro, hilo de plata,   que jugando al ajedrez,
me decía una mujer   que lindas hijas tenéis.

—Que las tenga o no las tenga,   qué le importa a su merced;
con el pan que Dios me ha dado   todos comen, yo también.
5   —Pues me voy muy descontento   hacia el palacio del rey,
a avisárselo a la reina   y al hijo del rey también.
—Venga, venga, caballero,   no sea tan descortés,
que las hijas que yo tengo,   la mejor se la daré.
—Ésta escojo por bonita,   por bonita y por mujer,
10   que su madre es una rosa   y su padre es un clavel.

14.2

—A la cinta, cinta de oro,   a la cinta de laurel,
por ciertas calles me han dicho   que lindas hijas tenéis.
—Las tenga o no las tenga   ...
no las tengo para dar,   y yo las sabré mantener
5   con un pan que Dios me ha dado   y un vaso de agua también.
—Yo me voy muy enojado   al palacio del virrey
a contárselo a la reina   y al hijo del rey también.
—Vuelva, vuelva, pastorcillo,   no sea tan descortés,
pues de las hijas que tengo   escoged la que queréis.
10   —Yo escojo por esposa,   por hermosa a esta mujer,
que parece una rosa   acabada de nacer.

14.3

—De Francia vengo, señores,   de un pulido portugués
y en el camino me han dicho   que lindas hijas tenéis.
—Si las tengo o no las tengo,   no las tengo para dar,
que del pan que yo comiere   ellas también comerán
5   y del agua que bebiere   ellas también beberán.
—Yo me voy muy enojado   al palacio de mi rey,
a decirle a mi señora   lo que vos me contestáis.
—Vuelva, vuelva, caballero,   no sea tan descortés,
que de tres hijas que tengo   escoged la que queréis.
10   —Yo escojo a esta niña   por bonita y por mujer,
que parece una rosa   acaba de nacer.

Chile

15.1

—Vamos jugando al hilo de oro   y al hilo de plata también,
que me ha dicho una señora   que lindas hijas tenéis.

—Yo las tengo, yo las tengo   y las sabré mantener
con un pan que Dios me ha dado   y un vaso de agua también.
5   —Yo me voy muy enojado   a los palacios del rey,
a decírselo a la reina   y al hijo del rey también.
—Vuelve, vuelve, pastorcillo,   no seáis tan descortés,
la mejor hija que tengo,   la mejor te la daré.
—Ésta escojo por esposa,   por hermosa y por mujer,
10   que su madre es una rosa   y su padre es un clavel,
ha acabado de nacer   en los palacios del rey.

15.2

—De Francia vengo, señora,   y en el camino encontré
a un caballero, y me dijo   que lindas hijas tenéis.
—Que las tenga o no las tenga,   yo las sabré mantener,
con un pan que Dios me ha dado   y un jarro de agua también.
5   —Yo me voy muy enojado   a los palacios del rey,
a contárselo a la reina   y al hijo del rey también.
—Vuelve, vuelve, pastorcito,   no seas tan descortés,
la mejor hija que tengo,   la mejor te la daré.
Téngala usté bien guardada.   —Bien guardada la tendré,
10   sentadita en una silla   trabajando para el rey.
Azotitos con correa,   azotitos le daré,
mojadita con vinagre   para que los sienta bien.

Argentina

16.1

—Hilo de oro, hilo de plata,   vino el ángel san Gabriel
y me dijo una mujer   que lindas hijas tenéis.
—Si las tengo o no las tengo,   yo las sabré mantener;
con el pan que Dios me da,   todas comen y yo también.
5   —Ya me voy muy enojado   para el palacio del rey,
a avisárselo a la reina,   y al hijo del rey también.
—Vuelve, vuelve, pastorcillo,   no seas tan descortés,
de las tres hijas que tengo,   la mejor te la daré.
—Ésta llevo y ésta traigo,   por esposa y gran mujer,
10   que su madre es una rosa   y su padre es un clavel.

16.2

—De Francia vengo, señoras,   traigo un hijo portugués

y me han dicho en el camino   que lindas hijas tenéis.
—Que las tenga o no las tenga   yo las sabré mantener,
con el pan que Dios me ha dado   y otro que yo ganaré.
5 —A Francia vuelvo, señoras,   a los palacios del rey
que las hijas del rey moro   no me las dejaron ver.
—Vuelva, vuelva, caballero,   no sea tan descortés,
de las tres hijas que tengo   tome la que le guste a usted.
—Ésta tomo por esposa,   por esposa y por mujer;
10 me ha parecido una rosa,   me ha parecido un clavel.
—Lo que tengo que rogarle   es que me la cuide bien.
—Bien tratadita estará   y bien comidita también,
sentada en sillas de plata   bordando encajes del rey.
Azotitos de correas   cuando sea menester
15 y una perita en la boca   a las horas de comer.

Uruguay

17.1

—A la cinta, cinta de oro,   a la cinta de un marqués,
que me han dicho, mi señora,   que bellas hijas tenéis.
—Si las tengo o no las tengo,   yo las sabré mantener;
con el pan que Dios me ha dado   ellas comen, yo también.
5 —Pues me voy muy enojado   a los palacios del rey
a contárselo a la reina   y al hijo del rey también.
—Vuelve, vuelve, pastorcito,   no seas tan descortés;
de las tres hijas que tengo   la mejor yo te daré.
—Llevo ésta por hermosa,   por esposa y por mujer,
10 que parece una rosa   acabada de nacer.

XVIII. ISABEL (RICO FRANCO) (CGR 0133)

Versión moderna e infantil del viejo romance de *Rico Franco*, que al parecer tiene su origen en canciones europeas y que, según Menéndez Pidal, penetró a España a través de Cataluña.

Muy deformado, muchas veces pierde la parte de la venganza, y su comienzo es poco claro. De difusión regular, salvo en América, donde sólo se han encontrado ocho versiones en dos países.

Bibliografía

Textos americanos: cf. 3, 8, 18, 30, 42, 45, 135.

Otros textos hispánicos: cf. *Alonso*, p. 34; *Alvar 66, 87*; *Armistead-Silverman 79*, pp. 61 y 133; *Bénichou*, p. 160; *Díaz-Delfín*, I, p. 197, II, p. 124; *Echevarría*, 115; *Ferré*, p. 195; *García M.*, 155; *Gil*, I, pp. 90 y 96; *Leite*, p. 43; *Petersen*, II 264; *Primavera*, 119.

Estudios: cf. E-8, E-52.

TEXTOS

Cuba

8.1

En el monte hay un palacio   que le dicen de Oruzbel
y allí vive una muchacha   que la llaman Isabel.
Un día estando jugando   lindo juego de alfiler,
viene un duque y se la lleva   a la pobre de Isabel.
5   —¿Por qué lloras, hija mía,   por qué lloras, Isabel?
Si lloras por padre y madre,   en la guerra los maté,
si lloras por tus hermanos,   prisioneros han de ser.
    —Yo no lloro por mis padres   ni por mis hermanos tres,
yo no lloro por nada de eso   ni por ningún interés,

10   lloro por el puñal de oro.   —Si me dices para qué
    . . .
      Apenas se lo hubo dado   con el puñal le mató.

                              8.2

      En Madrid hay un palacio   que le llaman de Oropel
      y allí vive una muchacha   que la llaman la Isabel.
      Un día estaba jugando   al juego del ajedrez,
      viene un hombre y se la lleva   la corona de Isabel.
5   —¿Por qué lloras, hija mía,   por qué lloras, Isabel?
      Si lloras por padre y madre,   no los volverás a ver,
      si lloras por tus hermanos   prisioneros han de ser.
      —No lloro por nada de eso   ni por nada de interés,
      lloro por un puñal de oro.   —Si me dices para qué.
10   —Para partir esta pera,   que vengo muerta de sed.

Puerto Rico

                             10.1

      En Madrid hay un palacio   todo lleno de oropel,
      allí vive una señora   que la llaman Isabel.
      Estaba jugando un día   al juego del alfiler
      y se presentó un buen mozo,   un buen mozo aragonés
5   que prendado de su gracia   quiso llevarla con él.
      A la mitad del camino   así le dijo a Isabel:
      —¿Por qué lloras, mi señora,   por qué lloras, Isabel?
      Si es que lloras por tus padres,   no los volverás a ver,
      si lloras por tus hermanos,   ellos muertos han de ser.
10   —No lloro padre ni madre   ni por cosas de interés,
      lloro mi puñal de oro   para matarte por cruel.

XIX. LA MALA YERBA (CGR 0138)

El motivo de la mala yerba o de la fuente contaminante se ha infiltrado en un romance conocido en la tradición antigua como *La infanta parida*. Difundido en la Península y algo menos en la tradición sefardí, es escasísimo en América: cuatro versiones de dos países.

No tiene variantes de importancia, salvo en las versiones sefardíes en que tiene un final feliz (boda con el amante), emanado a no dudar del romance antiguo. En casi todas las versiones hispánicas, salvo las mencionadas, la muchacha es muerta cruelmente por su padre en castigo a su pecado.

Bibliografía

Textos americanos: cf. 18, 56, 164.

Otros textos hispánicos: cf. *Alvar 66*, 109; *Alvar 71*, 165; *Armistead-Silverman 77*, p. 151; *Bénichou*, p. 202; *Catalán*, 11, 81-83, 238-40, 395; *Córdova*, p. 42; *Cossío-Maza*, 32; *Costa*, 190; *Echevarría*, 75; *Leite*, p. 323; *Menéndez Pelayo*, 39; *Petersen*, I p. 82; *Trapero 82*, p. 224; *Trapero 87*, 73; *Primavera*, 160.

Estudios: cf. E-8.

TEXTOS

10.1

Puerto Rico

En la calle de la villa   está una fuente de agua clara,
la dama que toma de ella   siempre se ve conturbada.
Ella, cenando en la mesa,   de colores se mudaba.
Su padre le preguntaba: —¿Qué tendrá mi hija del alma?

[176]

5   ¿Será de dolor de muelas   o del amor conturbada?
—No tengo dolor de muelas   ni estoy del amor turbada,
que es este ropaje de seda   que me tiene sofocada.
—Corra, niña, a su palacio   donde una de las criadas,
que le quiten el de seda   y le pongan el de lana.
10   Al subir a su palacio,   el chiquitín que lloraba;
y pasaba don García,   por ser querido de su casa.
—Coja esta criaturita   pa el capitán de La Habana;
si encontrare a mi padre,   por Dios no le diga nada,
que éstas son almendras verdes   pa el capitán de La Habana.
15   En unas vueltas y otras,   con el rey él se encontraba.
—¿Qué lleva mi don García   en la vuelta de su capa?
—Éstas son almendras verdes   para Ausilia que está mala.
—Véndame media docena.   —No, señor, que son contadas.
En unas vueltas y otras,   el chiquitín que lloraba.
20   Cogieron a don García,   lo matan a puñaladas,
van donde su hija Ausilia,   la misma desgracia paga.
—Esto se lo hago yo a mi hija   pa escarmiento de otra dama,
que la que quiere ser buena,   no le faltan marimañas.

Chile

15.1

Hay una yerba en el campo   que llaman de la borraja,
las mujeres que la pisan   se sienten embarazadas;
una niña la pisó   porque iba descuidada
y a los nueve meses justos   los dolores le llegaban.
5   —¿Tú qué tienes, hija mía?,   su padre le preguntaba.
—Tengo un dolor de barriga   y además vómitos y arcadas.
—Que vengan siete doctores   de los mejores que haya.
El más chiquitito dijo: —La niña está embarazada
y parirá antes de un'hora.   Antes de un'hora contada
10   el pobre niño lloraba.   —Denle la salud del alma,
dijo el padre, y a la niña   la hizo tirá a puñaladas.

XX. LA MALCASADA (CGR 0221)

Romancillo hexasílabo ya conocido en la tradición antigua: Salinas consigna cuatro versos cortos y en 1566 un romance religioso incluye el primer verso a lo divino; también aparece en una comedia manuscrita de Alonso de la Cerda; aquí aparece en forma paralelística, lo que lleva a pensar que el romancillo es uno de los muchos emanados de una balada europea de forma semejante y que, como otros textos del mismo origen, ha perdido su estructura original para conformarse a la monorrimia romancesca; sin embargo, no hay, como en otros casos, versiones refundidas en octosílabos.

Suele pertenecer a la tradición infantil moderna. Tiene pequeñas variantes sin relevancia y diferentes finales (disputa, golpes, intervención de la policía, y hasta negativa de abrir la puerta al marido infiel).

Se han recogido 16 versiones en siete países americanos.

Bibliografía

Textos americanos: cf. 3, 12, 17, 25, 30, 42, 45, 46, 68, 143, 154, 164.

Otros textos hispánicos: cf. *Alvar 66*, 73; *Alvar 71*, 206; *Armistead-Silverman 77*, p. 117; *Bénichou*, p. 129; *Catalán*, 160, 281, 370; *Córdova*, p. 150; *Cossío-Maza*, 298; *Díaz-Delfín*, I, p. 207, II, p. 125; *Echevarría*, 160; *García M.*, 165; *Gil*, I, p. 95, II, p. 178; *Marazuela*, p. 197; *Piñero-Atero*, p. 65; *Puig*, p. 76; *Schindler*, 29; *Trapero 82*, p. 205.

Estudios: cf. E-8, E-52.

Textos

México

2.1

Me casó mi madre   con un zaraguato
que yo no quería   ni conocía
y todas las noches   el pícaro se salía
con sarape al hombro   y espada ceñida.
5   Le seguí los pasos   a ver adónde iba
y yo vi que entraba   a casa de su amiga.
A la medianoche   le veo venir
con sarape al hombro   y espada terciada.
—Ábreme la puerta,   Laura de mi vida,
10 que vengo cansado   de buscar la vida.
—Hombre de los diablos   ...
donde pasaste la noche   anda a pasar el día.
—Mujer de los demonios   ...
¿Quién te dijo tanto?   —Yo que lo sabía.

Cuba

8.1

Me casó mi madre   tan chiquita y niña
con un maragato   que yo no quería.*
A la media noche   el pícaro se iba,
me dejaba sola,   solita y sin compañía.*
...
5   Póngome a escuchar   a ver lo que oía;
con tiernas palabras   así le decía:*
—A ti te daré   sayas y mantillas,
pero a mi mujer   palos por las costillas.*
Ábreme la puerta,   esposa querida,
10 que vengo cansado   de buscar la vida.*
—Tú vienes cansado   de casa de tu amiga,
donde pasas la noche,   pasarás el día.*
—Pepa del demonio,   ¿quién te lo diría?
—Pepe de los diablos,   yo que lo sabía.*

* Al run, run del alma, al run, run.

8.2

Chiquita y bonita   me casó mi madre*
con un muchachito   que yo no quería.*
A la media noche   el muy picarón se iba.*
Me dejaba sola   por una querida.*
5   Le seguí los pasos   a ver dónde iba*
y le vi entrar   en casa de su amiga.*
Yo le oí decir: —A ti te compraría*
mantones de seda,   flores y maravillas*
y a la otra mujer,   palos por las costillas.*
10   Me fui para mi casa   triste y angustiada.*
Me puse a barrer,   barrer no podía;*
me asomé al balcón   a ver si venía;*
ya lo veo venir   por la calle arriba.*
—Ábreme, María,   . . .
que vengo cansado   de buscarme la vida.*
15   —Tú vendrás cansado   de hablar con tu amiga.*
—María del diablo,   ¿quién te lo diría?*
—Juan de los demonios,   yo que lo sabía.*
Me tiró una silla,   le tiré un sillón,*
vino la justicia
20   lo llevaron preso*   a la Inquisición.
—Ya tú ves, María,
que me llevan preso*   a la Inquisición.

* *Ay, ay, ay.*

República Dominicana

9.1

Chiquita y bonita   me casó mi madre
con un vagabundo   que yo no quería.*
A la media noche   lo vi que salía
de capa y sombrero   y chalina prendida.*
5   Le seguí los pasos   a ver dónde iba
y lo vi que entraba   donde su querida.*
—Amorcito lindo,   pan con mantequilla
y a la otra sinvergüenza   palos por las costillas.*
—Ábreme la puerta,   alma de mi vida,

10   que vengo cansado   de buscar la vida.*
      —Vaya a pasar la noche   donde pasó el día.*
      —Juana de los diablos,   ¿quién te lo diría?
      —Hombre de los demonios,   yo que te veía.*

      * Ay, dun, dun, ay, dun, dun.

9.2

      Mi madre me casó   chiquita y bonita*
      con un hombrecito   que a mí no me gustaba.*
      Me puse a tejer,   tejer yo no podía,*
      me puse a bordar,   bordar yo no podía.*
5   Así lo veo que va   a la calle arriba.*
      Le seguí los pasos   a ver dónde se metía,*
      ya lo veo que entra   donde la querida.*
      Me puse a escuchar   a ver lo que le decía:*
      —Yo a ti te compraré   sábanas y más manteles*
10   y a la otra mujer   palos y mala vida.*
      Me fui a mi casa   triste y afligida.*
      Así lo veo que viene   de donde su querida.*
      —Ábreme la puerta,   queridita mía,
      que vengo cansado   de buscar la vida.*
15   —Sé de dónde vienes,   maldito del diablo.*
      —Ábreme la puerta,   condená del demonio.*
      —Yo no te la abro,   maldito del diablo.*
      Le ajusté un trancazo   que la dejé tendida.*
      Y ahí viene la justicia   con su Inquisición*
20   y ahora a mí me llevan   como si fuera un ladrón*
      por esa Lolita,   boca de serón.*

      * Ay, ay, ay.

Puerto Rico

10.1

      Me casó mi madre   chiquita y bonita*
      con un pastorcito   que yo no quería.*
      A la media noche   el picarón se huía,*
      yo le vide ir   a casa de su querida.*

5   Oí que le dijo: —Ábreme, Alma mía,*
    que vengo a comprarte   faldas y mantellinas,*
    a la otra mujer,   palos y mala vida.*
    Me fui a mi casa   triste y descolorida.*
    Me puse a rezar,   rezar no podía.*
10 A la media noche   oí que venía,*
    me tocó a la puerta   diciendo: —Alma mía,*
    ábreme la puerta
    que vengo cansado   de buscar la vida.*
    Yo le contesté: —No digas mentiras,*
15 váyase a dormir   a casa de su querida.*
    Yo le vi doblar   por las cuatro esquinas.*

    * Ay, ay, ay.

                        10.2

    Me casó mi madre   chiquita y bonita*
    con un muchachito   que yo no quería.*
    A la media noche   el pícaro se iba.*
    Le seguí los pasos   a ver dónde iba,*
5   ya lo veo subir   a casa de su amiga,*
    ya le oigo decir: —Ábreme, María,*
    que aquí te traigo   trajes y mantillas,*
    a la otra mujer   palos y mala vida.*
    Me volví a mi casa,   triste y afligida;*
10 me puse a rezar,   rezar no podía;*
    me puse a coser,   coser no podía;*
    me asomé al balcón   a ver si venía,*
    ya lo veo venir   por la calle arriba;*
    ya le oigo decir: —Ábreme, querida,*
15 que vengo cansado   de buscar la vida.*
    —Tú vienes cansado   de ver a tu amiga.*
    —Mujer de los diablos,   ¿quién te lo decía?*
    —Hombre del demonio,   yo que lo sabía.*
    Me dio un puñetazo   que quedé tendida.*

    * Ay, ay, ay.

Chile

15.1

Me casó mi madre   chiquita y bonita
con un muchachito   que yo no quería.
A la media noche   el pícaro s'iba,
le seguí los pasos   por ver dónde iba
5   y le vi dentrar   donde su querida.
Me puse a escuchar   por ver qué decía
y le oí decir: —Ay, prenda querida,
yo te he de comprar   joyas y mantillas
y a la otra mujer   palo y mala vida.
10   Me volví a mi casa   triste y afligida;
me puse a rezar, rezar no podía;
me puse a coser,   coser no podía;
me asomé al balcón   a ver si venía
y le vi subir   por la calle arriba,
15   con capa terciada   y espada ceñida.
—Ábreme, mujer,   ábreme, María,
que vengo cansado   de buscar la vida.
—Ya sé de 'onde vienes,   de ver tu querida.
Me largó un puñete,   me dejó tendida.

Argentina

16.1

Me casó mi madre   chiquita y bonita*
con un hombre feo   que yo no quería.*
A la media noche   el pícaro se iba;*
le seguí los pasos   a ver dónde iba*
5   y lo vi dentrar   lo de su querida*
y le oí decir:
—Para ti pañuelos,   mantas y mantillas*
y a la otra mujer   palos y mala vida.*
Me volví a mi casa   triste y abatida.*

* *Ay, ay, ay.*

Uruguay

17.1

Mamita me casó*   chiquitita y bonita**
con un muchachito*   que yo no lo quería.**
Y a la media noche*   el pícaro se iba;**
le seguí sus pasos*   para ver dónde iba**
5   y lo vi entrar*   en casa de su querida.**
Cuando regresó*   yo ya no lo quería,**
y él me contestó:*   —Perdóname, María.**

* *Pumba.*
* *Ay, ay, ay.*

XXI. MAMBRÚ (CGR 0178)

Romancillo infantil heptasilábico, de origen francés, que al parecer penetró en España en el siglo XVIII y se difundió rápidamente por la Península y por América.

Tiene infinidad de pequeñas variantes y existen dos tipos de versiones en cuanto a la estructura narrativa: la común, que comienza la historia con la ausencia de Mambrú y otra, minoritaria, que relata con mayor o menor detalle sucesos anteriores (nacimiento, bautizo, ascenso a general, etc.). Salvo en raros casos, el romance se canta con estribillo, que varía notablemente (aunque *¡Qué dolor, qué dolor, qué pena!* y *Dorremi, dorrefa* sean los más comunes) y que tiene a veces factura graciosa ("Por allí viene un paje, *¡Mire usted, mire usted qué traje!* "), debido al ámbito en que se canta.

Es muy conocido en América: 84 versiones de dieciséis países.

Bibliografía

Textos americanos: cf. 3, 8, 13, 13bis, 15, 17, 18, 21, 23, 24, 25, 37, 42, 43, 45, 46, 49, 52, 55, 60, 68, 71, 76, 79, 93, 94, 95, 99, 101, 109, 112, 135, 141, 143, 150, 154, 156, 162, 164, 168, 171.

Otros textos hispánicos: cf. *Alvar 71*, p. 71, 217; *Catalán*, 380; *Córdova*, pp. 83 y 86; *Cossío-Maza*, 119; *García M.*, 129; *Gil*, II, p. 93; *Milá*, p. 126; *Petersen*, II, p. 218; *Puig*, p. 98; *Trapero 82*, p. 180.

Estudios: cf. E-115.

TEXTOS

Estados Unidos

1.1

Atención, señores míos,   Membruno se va a casar
con una niña hermosa   nacida en Portugal.
En la noche del baile   *con el dóminos teque del fraile*
en la noche del baile   fue entrando un oficial.
5   En la mano le pone   *con el dóminos teque dispone*
en la mano le pone   una cédula real.
Membruno se va a la guerra   no sé cuándo vendrá,
si vendrá pa la Pascua   o pa la Navidad.
Me subí a una alta torre   *con el dóminos teque le corre*
10   me subí a una alta torre   a ver si venía ya.
Ya vi venir un paje   *con el dóminos teque salvaje*
ya vi venir un paje   ¿Qué noticias traerá?
—Las noticias que traigo   *con el dóminos teque me caigo*
las noticias que traigo: Membruno es muerto ya.
15   Los padres mandan jota   *con el dóminos teque pelota*
los padres mandan jota   cantándole van ya.
Los padres musicudos   *con el dóminos teque trompudos*
los padres musicudos   ya lo van a enterrar.
Aquí se acabó la historia   *con el dóminos teque zanoria*
20   aquí se acabó la historia   Membruno descansa ya.

México

2.1

Mambrú se fue a la guerra,*   quizá cuando vendrá.**
Vendrá para la Pascua*   o para Trinidad.**
La Trinidad se pasa,*   Mambrú no vuelve más.**
Mambrú se ha muerto en guerra,*   lo llevan a enterrar.**
5   Arriba de su tumba*   un pajarito va**
cantando el pío, pío,*   cantando el pío, pa.**

* *Chirivín, chirivín, chin, chin.*
** *Ajajá, ajajá.*

2.2

Mambrú se fue a la guerra,*   no sé cuándo vendrá.**
Allá viene el cartero,*   ¿Qué noticias traerá?**
—La noticia que traigo:*   Mambrú ha muerto ya.**
La caja era de oro,*   la tapa de cristal.**
5   Arriba de la tapa*   tres pajaritos van**
cantando el pío, pío,   cantando el pío, pa.**

* *Mire usted, mire usted* + la última palabra del verso anterior.
** *Do, re, mi, fa, sol, la.*

2.3

Un niño nació en Francia   *mire usted, mire usted qué elegancia*
un niño nació en Francia   muy bello y sin igual.
Por no tener padrinos   *mire usted, mire usted qué mezquinos*
por no tener padrinos   Mambrú se va a llamar.
5   Mambrú se fue a la guerra   *mire usted, mire usted qué tontera*
Mambrú se fue a la guerra,   no sé cuándo vendrá.
Sube, niño, a la torre   *mire usted, mire usted cómo corre*
sube, niño, a la torre   a ver si viene ya.
—Ahí viene un pajarito   *mire usted, mire usted qué bonito*
10   ahí viene un pajarito,   ¿qué noticias traerá?
—Las noticias que traigo   *mire usted, mire usted que me caigo*
—Las noticias que traigo   que Mambrú es muerto ya.
Que quiso, que no quiso   *mire usted, mire usted qué chorizo*
que quiso, que no quiso,   lo llevan a enterrar.
15   en caja terciopelo   *mire usted, mire usted qué consuelo*
en caja terciopelo   lo llevan a enterrar.
Arriba de la caja   *mire usted, mire usted qué mortaja*
arriba de la caja   dos pajaritos van;
Un pajarillo canta   *mire usted, mire usted qué garganta*
20   un pajarillo canta   el pío, pío, pa.

Guatemala

3.1

Mambrú se fue a la guerra,*   muy pronto volverá.**
Será para Año Nuevo   o para Nochebuena,
será para la Pascua   o para Trinidad.**
Se pasó el Año Nuevo,   también la Nochebuena,

5   se terminó la Pascua,   también la Trinidad.**
    Su novia que lo aguarda   muy impaciente espera.
    En alta torre hermosa   se sube a divisar.**
    Un día en que lo espera,   un soldado ha llegado
    con traje negro y luto,   señal de funeral.**
10 —Mambrú murió en la guerra,*   dan ganas de llorar.**
    Un lindo relicario   Mambrú puso en mi mano
    para que te lo pongas   cerquita al corazón.**²²

     * *Qué dolor, qué dolor, qué pena.*
** *Lalarín, lalarín.*

Nicaragua

5.1

Mambrú se fue a la guerra   *mirundún, mirusté, qué tontera*
Mambrú se fue a la guerra,   no sé cuándo vendrá,
si vendrá por la Pascua   *mirundún, mirusté, qué tarasca*
si vendrá por la Pascua   o por la Navidad.
5   Allá diviso un paje   *mirundún, mirusté, qué salvaje*
allá diviso un paje,   ¿qué noticias traerá?
—Las noticias que traigo   *mirundún, mirusté que me caigo*
las noticias que traigo: Mambrú es muerto ya.
En un palacio tendido   *mirundún, mirusté, qué descuido*
10 en un palacio tendido   allí velando está;
toditos los sacerdotes   *mirundún, mirusté, qué virotes*
toditos los sacerdotes   allí rezando están;
toditos los dragones   *mirundún, mirusté, qué bufones*
toditos los dragones   en sus potrancas van;
15 el maestro musicudo   *mirundún, mirusté, qué trompudo*
el maestro musicudo   allí tocando está;
el maestro del violón   *mirundún, mirusté, qué tripón*
el maestro del violón   también tocando está.

5.2

En Francia nació un niño*   muy bello y sin igual,**
por falta de madrina*   Mambrú se va a llamar.**
Mambrú se fue a la guerra,*   no sé si volverá.**
María subió a la torre*   a ver si viene ya;**

²² Reelaboración parcial algo torpe y poco tradicional.

5   por allá viene un paje*   ¿qué noticias traerá?**
    —Las noticias que traigo*   dan ganas de llorar:**
    Es que Mambrú se ha muerto*   y nunca volverá.**
    En caja de terciopelo*   lo llevan a enterrar,**
    encima de su tumba*   un pajarito está**
10 cantando el pío, pío,*   el pío, pío, pa.**

     * *Qué dolor, qué dolor, qué pena.*
    ** *Do, re, mi, fa, sol, la.*

5.3

En Francia nació un niño*   muy bello y sin igual,**
por falta de madrina*   Mambrús se llamará.**
A la edad de catorce años,*   presidente y general.**
Mambrús se fue a la guerra,*   no sé si volverá.**
5 Allá vienen las noticias*   que Mambrús es muerto ya,**
   en caja de terciopelo*   lo llevan a enterrar.**

  * *Do, re, mi.*
 ** *Do, re, mi, fa, sol, la.*

Costa Rica

6.1

Mambrú se fue a la guerra y no sé cuándo vendrá,
vendrá para la Pascua o para la Trinidad.
Allá veo un soldado, ¿qué noticias tendrá?
—La noticia que traigo ya se la voy a dar:
5 Mambrú se ha muerto en guerra, Mambrú no vuelve más.
   Mambrú se ha muerto en guerra, ¡qué dolor, qué dolor, qué pena!
   Mambrú se ha muerto en guerra, Mambrú no vuelve más.

6.2

Mambrú se fue a la guerra, qué dolor, qué dolor, qué pena,
Mambrú se fue a la guerra y nunca regresó,
ay, ay, ay, qué dolor, y nunca regresó.

Panamá

7.1

Mauricio fue a la guerra,*   ¡ay, cuándo volverá!**
Allá viene un paje,*   ¿qué noticias traerá?**
Las noticias que trae:*   Mauricio murió allá.**

  * *Qué dolor, qué dolor, qué pena.*
** *Do, re, mi, do, re, fa.*

7.2

En Francia nació un niño*   de padre natural,**
por no tener padrinos*   murió sin bautizar.**
La caja era de vidrio*   y la tapa de cristal,**
donde lo enterraron*   los pajaritos van.**

  * *Qué dolor, qué dolor, qué pena.*
** *Do, re, mi, do, re, fa.*

Cuba

8.1

Mambrú se fue a la guerra*   y no sé cuándo vendrá,**
vendrá para la Pascua*   o para Navidad.**
La Navidad se pasa,*   y Mambrú no ha vuelto más.**
Por ahí viene un paje*
5   las noticias que trae*   os han de hacer llorar:**
Que ya Mambrú se ha muerto*   y lo llevan a enterrar.**
La caja era de oro*   y la tapa de cristal;**
encima de la tapa*   un pajarito va**
cantando el pío, pío,*   cantando el pío, pa.**

  * *Qué dolor, qué dolor, qué pena.*
** *Que do, re, mi, que do, re, fa.*

8.2

En Francia nació un niño*   de padre natural,**
por no tener padrino*   Mambrú se ha de llamar.**

Mambrú se fue a la guerra*   y no sé cuándo vendrá,**
si vendrá por las Pascuas*   o por la Navidad.**
5   Por allí viene un paje,*   ¿qué noticias traerá?**
—La noticia que traigo*   las va a hacer llorar:**
Que ya Mambrú se ha muerto,*   lo llevan a enterrar;**
la caja es de terciopelo,*   la tapa de cristal;**
encima de la tapa*   una corona va,**
10   encima de la corona*   un pajarito va**
cantado el pío, pío,*   y el pío, pío, pa.**

   * *Qué dolor, qué dolor, qué pena.*
   ** *Que do, re, mi, que do, re, fa.*

8.3

En Francia nació un niño*   de padre natural,**
por no tener padrino*   Mambrú se ha de llamar.**
A los dieciocho años*   Capitán General.**
¡Mambrú se fue a la guerra,*   no sé cuándo vendrá,**
5   si vendrá por la Pascua*   o por la Trinidad!**
Asómate a la torre*   a ver si viene ya.**
—Lo que viene es un coche*   ¿qué noticias traerá?**
Las noticias que traiga*   nos van a hacer llorar:**
que ya Mambrú se ha muerto,*   lo llevan a enterrar**
10   en caja de terciopelo*   con tapa de cristal.**
Encima de la caja*   un ramillete va**
y encima del ramillete*   un pajarito va**
cantando el pío, pío,*   el pío, pío, pa.**

   * *Qué dolor, qué dolor, qué pena.*
   ** *Que do, re, mi, que do, re, fa.*

República Dominicana

9.1

Mambrú se fue a la guerra*   y no sé cuándo vendrá,**
vendrá para las Pascuas,*   las Pascuas o Navidad.**
Ahí vienen tres soldados,*   ¿qué noticias traerán?**
—La noticia que traemos:*   Mambrú se ha muerto ya.**
5   La caja era de pino*   y la tapa de cristal,**
encima de la tapa*   un ramillete va,**

encima del ramillete*   un pajarillo va**
cantando el pío, pío,*   el pío, pío, pa.**

* *Qué dolor, qué dolor, qué pena.*
** *Que do, re, mi, que do, re, fa.*

9.2

En Francia nació un niño*   de padre natural**
por no tener padrino*   Mambrú se ha de llamar.**
Mambrú se fue a la guerra,*   no sé cuándo vendrá,**
vendrá para la Pascua*   o por la Trinidad.**
5   La Trinidad se pasa,*   Mambrú no ha vuelto ya.**
—Asómate a la torre*   a ver si viene ya.*
—Lo que viene es un paje,*   ¿qué noticias traerá?**
—La noticia que traigo*   las van a hacer llorar:**
es que Mambrú ha muerto*   y lo llevan a enterrar.**
10   La caja era de pino,*   la tapa de cristal;**
encima de la tapa*   una corona va,**
encima de la corona   un ramillete va,**
encima del ramillete*   un pajarillo va**
cantando el pío, pío,*   el pío, pío, pa.**

* *Qué dolor, qué dolor, qué pena.*
** *Do, re, mi, do, re fa.*

Puerto Rico

10.1

Mambrú se fue a la guerra*,   no sé cuándo vendrá,**
si vendrá para Pascuas*   o para Navidad.**
Allá viene un barquito,*   ¿qué noticias traerá?**
Las noticias que trae*   dan ganas de llorar,**
5   es que Mambrú se ha muerto*   y lo llevan a enterrar.**
La caja era de oro*   con tapa de cristal;**
encima de la tapa*   un pajarito va**
cantando el pío, pío,*   el pío, pío, pa.**

* *Qué dolor, qué dolor, qué pena.*
** *Do, re, mi, do, re, fa.*

10.2

Mambrú se fue a la guerra*   y no sé cuándo vendrá,
si vendrá pa la Pascua   o pa la Navidad.**
Ya veo venir un barco*   ¿qué noticias traerá?
Las noticias que traigo   dan ganas de llorar.**
5 Allá viene un paje,*   todo de luto está,**
las noticias que trae   que Mambrú se ha muerto ya.**
Es que Mambrú se ha muerto*   y lo llevan a enterrar.**
Entre cuatro oficiales   lo llevan a enterrar;
el uno lleva el sable   y el cuerpo los demás.
10 La caja era de oro,   la tapa de cristal,
encima de la tapa   una corona va
y encima de la corona   un pajarito está
cantando el pío, pío,   el pío, pío, pa.

* *Qué dolor, qué dolor, qué pena.*
** *Do, re, mi, do, re, fa.*

Venezuela

11.1

Mambrú se fue a la guerra,*   no sé cuándo vendrá,**
vendrá para la Pascua   o pa la Navidad.**
Allá viene un barquito,*   ¿qué noticias traerá?**
Las noticias que trae:*   Mambrú ha muerto ya.**
5 La urna era de plata,*   la tapa de cristal;**
encima de su tumba*   un pajarito está.**

* *Qué dolor, qué dolor, qué pena.*
** *Que do, re, mi, que do, re, fa.*

Colombia

12.1

Mambrú se fue a la guerra,*   no sé cuándo vendrá,
si vendrá por la Pascua   o por la Trinidad.
La Trinidad se pasa,   Mambrú no viene ya.
Allá viene un paje,   ¿qué noticias traerá?

5   Las noticias que trae   son para hacer llorar:
Que Mambrú ya se ha muerto,   lo llevan a enterrar
en caja de terciopelo   y tapa de cristal.
Encima de la tapa   un pajarito va
cantando el pío, pío,   cantando el pío, pa.

Mirondón, mirondón, mirondela.

12.2

En Francia nace un niño*   de padre militar,**
por no tener padrinos   Mambrú se ha de llamar.
A los dieciocho años   se fue de militar.
Mambrú se fue a la guerra,   no sé cuándo vendrá.
5   Se suben a la torre   a ver si viene ya.
Allá viene el correo,   ¿qué noticias traerá?
Las noticias que trae   dan ganas de llorar:
Que ya Mambrú se ha muerto,   lo llevan a enterrar.
La caja era de oro,   la tapa de cristal,
10   encima de la tapa   una corona va,
encima de la corona   una tarjeta va,
encima de la tarjeta   un pajarito va,
el pájaro va cantando   el pío, pío, pa.

Qué horror, qué horror, qué pena.
**Do, re, mi, do, re, fa.*

Ecuador

13.1

Se ve venir un paje,   ¿qué noticia nos traerá?
La noticia que nos trae: Mambrú se ha muerto ya;
le llevan a enterrar   en caja de cristal
y encima de la caja   una tarjeta va,
5   encima de la tarjeta   una corona va,
encima de la corona   un ramillete va,
encima del ramillete   un pajarito va
cantando pío, pío,   pío, pío, pío, pa.[23]

---

[23] Texto incompleto, pero que se ha incluido por ser el único ecuatoriano.

Perú

14.1

Mambrú se fue a la guerra   *qué dolor, qué dolor, qué pena*
Mambrú se fue a la guerra,   no sé cuándo vendrá,*
si vendrá por la Pascua   *qué dolor, qué dolor, que pasa*
si vendrá por la Pascua   o por la Navidad.*
5 La Navidad se pasa   *qué dolor, qué dolor, que pasa*
La Navidad se pasa,   Mambrú no viene ya.*
Me he subido a la torre   *qué dolor, qué dolor, que corre*
me he subido a la torre   por ver si aún vendrá.*
Allí viene su paje,   *qué dolor, qué dolor, qué traje*
10 allí viene su paje,   ¿qué noticias traerá?*
—Las noticias que traigo   *qué dolor, qué dolor, me caigo*
las noticias que traigo   dan ganas de llorar:*
Que Mambrú se ha muerto   *qué dolor, qué dolor, qué tuerto*
que Mambrú se ha muerto,   lo llevan a enterrar*
15 en caja de terciopelo   *qué dolor, qué dolor, qué duelo*
en caja de terciopelo   con tapa de cristal.*
Encima de su tumba   *qué dolor, qué dolor, que zumba*
encima de su tumba   dos pajaritos van*
cantando el pío, pío,   *qué dolor, qué dolor, qué frío*
20 cantando el pío, pío,   cantando el pío, pa.*

Do, re, mi, do, re fa.

14.2

Mambrú se fue a la guerra,*   no sé cuándo vendrá,
si vendrá para la Pascua*   o por la Trinidad.
La Trinidad se pasa,*   Mambrú no vuelve más.
Su hija que lo espera,*   muy impaciente está,
5 a una torre muy alta*   se sube a bien estar.
Un día que lo espera,*   su paje vio llegar
con banda negra y plumas,*   señal de funeral.
—Las noticias que traigo*   dan ganas de llorar,
porque Mambrú se ha muerto*   y lo llevan a enterrar.

Mirondón, mirondón, mirondela.

14.3

Mambrú se fue a la guerra,* no sé cuándo vendrá,**
si vendrá por la Pascua* o por la Trinidad.**
La Trinidad se pasa,* Mambrú no vuelve más.**
Mambrú murió en la guerra,* lo llevan a enterrar**
5 con cuatro oficiales* cien soldaditos van.**
Arriba de la tumba* un pajarito va**
cantando el pío, pío,* cantando el pío, pa.**

  * *Chiribín, chiribín, chin, chin.*
** *Ah, ah, ah, ah, ah, ah.*

Chile

15.1

Mambrú se fue a la guerra, no sé cuándo vendrá,
si será para Pascua o por la Trinidad.
La Trinidad se pasa, Mambrú no vuelve más;
la reina que lo espera muy impaciente está,
5 a la torre más alta se sube a divisar
y mientras que miraba, un paje vio llegar.
—Las noticias que traigo dan ganas de llorar:
Mambrú murió en la guerra y lo llevan a enterrar
en una caja de oro con tapa de cristal.
10 Encima de la tumba los pajaritos van
cantando el pío, pío cantando el pío, pa.

15.2

Un niño nació en Francia muy bello y sin igual,
por no tener padrinos Mambrú se va a llamar.
Mambrú creció muy luego, casarse quiere ya,
con una hermosa niña nacida en Portugal.
5 Diez duques y marqueses lo van a acompañar.
En la noche del baile lo llama un oficial,
en la mano le pone un mensaje real;
Mambrú, que lo ha leído, se tuvo que embarcar.
Llevaba en la casaca la rosa de un rosal,

10 recuerdo de su esposa   que tuvo que dejar.
Mambrú se fue a la guerra,   no sé cuándo vendrá,
será para la Pascua   o pa la Trinidad.
—La Pascua ya se ha ido,   también la Trinidad,
sube, niño, a la torre   por ver si viene ya.
15 —Ahí viene un palomito,   ¿qué nuevas traerá?
—Las nuevas que yo traigo   dan ganas de llorar:
Mambrú murió en la guerra,   lo traen a enterrar
en una barca blanca   que viene por el mar.
Aquí acabó la historia,   Mambrú descansa ya
20 en caja 'e terciopelo   con tapa de cristal.

Argentina

16.1

Mambrú se fue a la guerra,*   no sé cuándo vendrá,**
si vendrá por la Pascua*   o por la Trinidad.**
La Trinidad se pasa,*   Mambrú no vuelve más.**
Mambrú se ha muerto en guerra,*   lo llevan a enterrar**
5 con tres, cuatro oficiales*   y un cura y sacristán.**
Arriba de la tumba*   un pajarito va**
cantando el pío, pío,*   y el pío, pío, pa.**

Chiribín, chiribín, chin, chin.
**Ajajá, ajajá.*

Uruguay

17.1

Mambrú se fue a la guerra,*   no sé cuándo vendrá,**
vendrá para la Pascua   o para la Trinidad.
La Trinidad se pasa   y Mambrú no viene más.
Me subo a la alta torre   a ver si viene ya,
5 veo pasar un coche,   todo de luto va,
en un cajón de vidrio   la tapa de cristal.
Encima de la tapa   un pajarito va
cantando el pío, pío,   cantando el pío, pa.

Qué dolor, qué dolor, qué pena.
**Do, re, mi, fa.*

XXII. EL MARINERO (CGR 0180)

Muy difundido en la tradición oral moderna. Muchas veces constituye la segunda parte del romance de *Santa Catalina*, aunque no tenga ninguna relación con éste, si no es el clima religioso y la coincidencia de rima. Suele pertenecer a la tradición infantil, aunque no exclusivamente. En ocasiones se desarrolla la enumeración final de las pertenencias del marinero. Hay variantes curiosas, pero escasas, como la salvación celestial del marinero o su casamiento con santa Catalina. Varias versiones americanas tienen un cruce con el romance religioso *El barco milagroso*, con el que comienzan el texto. Hay desde luego pequeñas variantes sin importancia a lo largo de todo el texto. Se han hallado hasta ahora 67 versiones en nueve países americanos.

Bibliografía

Textos americanos: cf. 15, 18, 23, 24, 26, 43, 46, 52, 53, 54, 68, 76, 87, 103, 116, 118, 120, 121, 127, 132, 140, 155, 165.

Otros textos hispánicos: cf. *Alonso*, pp. 131 y 205; *Armistead-Silverman 77*, p. 168; *Catalán*, 40, 161; *Córdova*, pp. 29, 124, 149; *Cossío-Maza*, 398 y 294; *Costa*, 218; *Díaz-Delfín*, p. 142; *García M.*, 83; *Gil*, I, 2, II, 74; *Leite*, p. 175; *Marazuela*, p. 327; *Menéndez Pelayo*, 57 y 30; *Petersen*, II, p. 94; *Trapero 87*, 212.

Estudios: cf. E-61.

TEXTOS

Costa Rica

6.1

Entre san Pedro y san Pablo   hicieron un barco nuevo,
el barco era de oro,   su casco de acero.
Una noche muy oscura,   cayó un marinero al agua,
se le presenta el demonio,   diciéndole estas palabras:
5   —¿Qué me darás, marinero,   por que te saque del agua?
—Yo te daré mi navío   cargado de oro y de plata.
—Yo no quiero tu navío,   ni tu oro, ni tu plata,
yo quiero que cuando mueras   a mí me entregues el alma.
—El alma la entrego a Dios,   el cuerpo al agua salada
10   y mi mujer y mis hijos   a la Virgen soberana.

República Dominicana

9.1

Saliendo de Cartagena   marinero cayó al agua.
—¿Qué me das, marinerito,   si te saco de estas aguas?
—Yo te doy mi barquichuelo   cargadito de oro y plata,
a mi mujer por esposa   y a mis hijas por esclavas.
5   —No quiero tu barquichuelo,   ni tu oro ni tu plata,
ni a tu mujer por esposa,   ni a tus hijas por esclavas,
sólo que cuando te mueras   a mí me entregues el alma.
—El alma se la doy a Dios,   mi cuerpo a la mar salada,
mi sombrerito a las olas   que lo lleven y lo traigan.

Puerto Rico

10.1

Viniendo de Cartagena   cayó un marinero al agua.
El diablo, como es tan pillo,   buscaba perder un alma.
—¿Qué me das, marinerito,   si te saco de esas aguas?
—Te daré mis tres navíos   cargaditos de oro y plata,
5   a mi mujer por esposa,   a mis hijas por criadas,
a mi caballo que corre   y a mi perrito que ladra.
—No quiero tus tres navíos   cargaditos de oro y plata,
ni a tu mujer por esposa,   ni a tus hijas por criadas,
ni a tu caballo que corre,   ni a tu perrito que ladra,

10 sólo quiero, cuando mueras,   que a mí me entregues el alma.
—El alma la entrego a Dios   y el cuerpo a la mar salada,
el sombrerito a las olas   que lo lleven y lo traigan,
que por qué tú no me tientas   tengo yo la cruz de plata.

Venezuela

11.1

El venticuatro 'e septiembre   cayó un marinero al agua
y el diablo, como sutil,   le replicó en la otra banda:
—¿Qué me pagas, marinero,   si te saco yo del agua?
—Te daré mis tres navíos,   mi oro y toda mi plata,
5 mis hijos para servirte   y mi mujer por mulata.
—No quiero tus tres navíos,   ni tu oro ni tu plata,
ni tus hijos pa servirme,   ni tu mujer por mulata,
sólo que cuando te mueras   a mí me entregues el alma.
—Una sola alma que tengo   a Dios se la tengo dada,
10 el corazón pa María,   mi cuerpo a la mar salada.

11.2

Saliendo de Cartagena   cayó un marinero al agua;
contestan de la otra banda:
—¿Qué me das, tú, marinero,   si yo te saco del agua?
—Yo te daré mi oro y plata   a mi mujer por esposa,
5 y a mis hijos por esclavos.
—Lo que quiero es, cuando mueras,   a mí me entregues el alma.
—¡Reniego de ti, demonio,   y de tus malas palabras!
Mi alma se la entrego a Dios   y a la Virgen soberana
y los restos que me quedan   los doy a la mar salada.
10 Y diciendo estas razones,   salió el marino del agua.

Colombia

12.1

Anoche a la medianoche   cayó un marinero al agua
echando verbos al aire   diciendo: —¡Jesús me valga!
El demonio le asaltó   diciéndole estas palabras:
—Marinero, ¿qué me das   como te saque del agua?

5   —Te daré mis tres navíos,   si quieres en oro y plata.
       —No te pido tus riquezas,   sino que me des el alma.
       —Vete, perro engañador,   enemigo de las almas.
       Mi alma será para Dios,   que le ha costado tan cara,
       mi corazón pa María,   que es nuestra madre abogada,
10 mi cuerpo para los peces   que están debajo del agua.

12.2

Entre san Juan y san Pedro   hicieron un arca nueva,
el arca era de oro,   su arquilla era de acero.
Una noche muy oscura   cayó un marinero al agua;
se le presentó el demonio   diciéndole estas palabras:
5   —¿Qué me darás, marinero,   si yo te saco del agua?
       —Yo te daré mi navío   cargado de oro y de plata.
       —¿Yo pa qué quiero navíos,   ni tu oro ni tu plata?
       Lo que quiero es, cuando mueras,   a mí me entregues el alma.
       —El alma la entrego a Dios   y el cuerpo al agua salada
10 y mi mujer y mis hijos   a la Virgen soberana.
       De san Juan iba san Pedro,   de san Pedro iba san Juan,
       de capitán general   iba Jesús Nazareno.

Argentina

16.1

Al salir de Barcelona,   marinero cayó al agua;
Lucifer, que nunca duerme,   contestó de la otra banda:
   —¿Qué me das tú marinero,   si yo te saco del agua?
   —Yo te doy mis tres navíos   cargados con oro y plata.
5   —Yo no quiero tus navíos,   ni tu oro ni tu plata,
       yo quiero que cuando mueras   a mí me entregues el alma.
       —Yo el alma la entrego a Dios   y el cuerpo al agua salada
       y el corazón que me queda   a la Virgen soberana.

16.2

Cuando salen los navíos   cargaditos de españoles
y al tiempo de echar la vela   cayó un marinero al agua.
Se le presentó el demonio   diciéndole estas palabras:
   —¿Qué me das, marinerito,   si te saco de estas aguas?
5   —Yo te doy mis tres navíos   cargados con oro y plata,
       a mi mujer por esposa   y a mis hijas por esclavas.

—No quiero tus tres navíos   cargados con oro y plata,
ni tu mujer por esposa,   ni tus hijas por esclavas,
yo quiero que cuando mueras   me entregues a mí tu alma.
10   —Anda, demonio, a los infiernos,   que eres de mala calaña,
que mi alma es para Dios,   que la tiene bien ganada,
mi cuerpo para los peces   que andan debajo del agua,
mis huesos al campanario   que repiquen las campanas.

16.3

Entre san Pedro y san Juan   hicieron un barco nuevo,
el barco era de oro,   los remos eran de acero,
san Pedro era piloto,   san Juan era marinero
y el capitán general   era Jesús Nazareno.
5   En una noche oscurita   cayó un marinero al agua,
Lucifer, que nunca duerme,   contestó de la otra banda
diciéndole estas palabras:
—Marinero, ¿qué me das   si yo te saco del agua?
—Te doy todos mis navíos   cargados con oro y plata.
10   —Yo no quiero tus navíos,   ni tu oro ni tu plata,
yo quiero que cuando mueras   a mí me entregues el alma.
—Yo el alma la entrego a Dios   y el cuerpo al agua salada
y los restos que me quedan   a los pescados del agua.

Uruguay

17.1

—¿Qué me das, marinero,   si te saco del agua salada?
—Yo te doy todo mi oro   y mi mujer por esclava.
—Yo no quiero tu oro   ni tu mujer por esclava,
quiero que cuando te mueras   a mí me entregues el alma.
5   —El alma no se la entregaré a nadie,   el alma se la entregaré a Dios.

XXIII. LA MONJITA (CGR 0225)

Del romancero infantil y de mediana difusión. Adquiere a menudo un final hexasilábico seguramente procedente de una de las muchas canciones antiguas de tema semejante. Es el único romance con visos de protesta contra una práctica religiosa.

Tenemos 26 versiones americanas recogidas en nueve países, pero hay que anotar que dichas versiones suelen estar bastante maltratadas. Incluimos la reelaboración peruana (14.1) que ha convertido un romance de clima aterrador en uno alegre y confortante, aunque, claro, la historia se haya perdido.

Bibliografía

Textos americanos: cf. 3, 12, 13bis, 14, 15, 17, 24, 30, 41, 46, 55, 70, 80, 95, 112, 135, 150, 164.

Otros textos hispánicos: cf. *Díaz-Delfín*, I, p. 214, II, p. 126; *Gil*, II, p. 94; *Marazuela*, p. 349; *Schindler*, p. 106.

Estudios: cf. E-76.

Textos

México

2.1

Yo me quería casar   con un chiquito barbero
y mis padres me querían   monjita del monasterio.
Al revolver una esquina   había un convento abierto,
me cogieron de la mano   y me metieron adentro.
5 Lo que más sentía yo   era mi mata de pelo.

[203]

Cuba

8.1

Yo me quería casar   con un mocito barbero
y mis padres me querían   monjita del monasterio.
Una tarde de verano   me sacaron de paseo
y al revolver una esquina   había un convento abierto.
5   Salieron todas las monjas,   todas vestidas de negro,
me cogieron de la mano   y me metieron adentro.
Me empezaron a quitar   los adornos de mi cuerpo:
pulseritas de mis manos,   anillitos de mis dedos,
pendientes de mis orejas,   gargantilla de mi cuello,
10   mantilla de tafetán   y jubón de terciopelo.
¡Lo que más sentía yo   era mi mata de pelo!

República Dominicana

9.1

Una tarde de verano   me sacaron de paseo;
al doblar por una esquina   cuatro monjitas salieron,
me cogieron por la mano,   me llevaron al convento,
me sentaron en una silla   y empezaron corta pelo,
5   corta pelo, corta pelo.
¡Anillito de mis dedos,   mi blusón de terciopelo!
y lo que yo más sentía,   que me cortaran el pelo.

Puerto Rico

10.1

Yo me quería casar   con un mocito barbero
y mis padres me querían   monjita del monasterio.
Una tarde de verano   me sacaron a paseo
y al doblar por una esquina   estaba un convento abierto;
5   salieron cuatro monjitas,   todas vestidas de negro,
me cogieron de la mano   y me metieron adentro.
Me quitaron los adornos   que yo llevaba en el cuerpo:
pulseritas de mis brazos,   anillitos de mis dedos,
pendientes de mis orejas,   collarito de mi cuello.
10   ¡Lo que más pena me daba   era mi mata de pelo!

Colombia

12.1

Una tarde de verano   me sacaron a paseo,
al pasar por una esquina   estaba el convento abierto;
salieron todas las monjas,   vestidas todas de negro,
me cogieron de la mano   y me llevaron adentro.
5 Me sentaron en una silla   y me cortaron el pelo,
me empezaron a quitar   los adornos de mi cuerpo:
pendientes de mis orejas,   anillito de mis dedos,
pulserita de mi brazo   y jubón de terciopelo.
¡Lo que más sentía yo   era mi mata de pelo!

Perú

14.1

Una tarde de verano   me llevaron de paseo,
a la vuelta de una esquina
salieron cuatro niñitas   todas vestidas de blanco.
Me tomaron de la mano   y me dieron chocolate.
5 Bate que bate chocolate,   muele que muele el tomate.

Chile

15.1

Yo me quería casar   con un niñito muy bueno
y mis padres me querían   monjita de un monasterio.
Una tarde de verano   me llevaron a paseo
y al pasar por una calle   me encontré con un convento.
5 Salieron siete monjitas,   todas vestidas de negro,
me agarraron de una mano   y me metieron adentro.
Tomaron unas tijeras   y me cortaron el pelo,
me quitaron los anillos,   anillitos de mis dedos,
me quitaron los zapatos,   me quitaron el pañuelo.
10 Salió la abadesa,   cantando salió
y me puso el velo   de la Concepción.
Tú tienes la culpa,   boquita 'e piñón.
—¿Yo? —Sí —No, no,
la culpa la tiene   tu hermana mayor.

15.2

Yo me quería casar   con un mocito barbero;
mi padre no lo quería,   me encerraron en un convento.
¡Aritos de mis orejas,   anillitos de mis dedos!
¡Lo que más sentía yo   era mi mata de pelo!

Argentina

16.1

Una tarde de verano   me sacaron a paseo,
al revolver una esquina   había un convento abierto.
Salieron todas las monjas,   todas vestidas de negro,
me agarraron de la mano   y me metieron adentro.
5   Me sientan en una silla   y allí me cortan el pelo;
¡pendientes de mis orejas,   anillitos de mis dedos!
¡Lo que más sentía yo   era mi mata de pelo!
Vinieron mis padres   con mucha alegría,
me echaron el manto   de santa María.

16.2

Yo me quería casar   con un mocito barbero
y mi padre me quería   monjita del monasterio.
Una tarde de verano   me sacaron a paseo,
al dar la vuelta a una esquina   encontré un convento abierto.
5   De allí salieron monjitas   vestidas de negro y blanco,
con una vela en la mano,   que parecían diablitos.
Me tomaron de la mano,   me metieron para dentro,
me cortaron los cabellos,   ¡cabellitos de mi vida,
cabellitos de mi amor!
10   Me quitaron los anillos,   ¡anillitos de mi vida,
anillitos de mi amor!
Me quitaron los zapatos,   me quitaron mis pañuelos
y me pusieron el velo,   velo de la Concepción.
Y me apartaron por siempre   de mi mocito barbero.

Uruguay

17.1

Yo me quería marchar   a vivir en otro pueblo
y mis padres me querían   monjita del monasterio.
Una tarde de verano   me sacaron a paseo,
al dar la vuelta a una esquina   había un convento abierto.
5   Salieron cinco monjitas   todas vestidas de blanco,
me tomaron de la mano   y me llevaron adentro.
Me quitaron mi sombrero,   sombrero de seda negro,
me sacaron mi jubón,   mi jubón de terciopelo,
me quitaron mis vestidos,   vestidos de encaje y seda,
10   me pusieron una saya,   saya de muy burda tela,
me sacaron mis botitas,   botitas de piel y seda,
me pusieron las sandalias,   sandalias de duro cuero,
me sentaron en una silla   y me cortaron el pelo,
me sacaron mis pendientes,   pendientes de mis orejas,
15   me sacaron mi anillito,   anillito de mi dedo.
Vinieron mis padres   con mucho rigor,
me pusieron el manto   de la Concepción.

XXIV. LA MUERTE DE ELENA (CGR 0173)

Romance con dos tipos de versiones en lo que respecta al metro: hexasílabas, emanadas posiblemente de una balada europea, y octosílabas, procedentes de una refundición hecha en la época del gran auge del romancero. Se ha relacionado con la leyenda de santa Irene, pero su filiación no es muy convincente. Aunque se le considera un romance de tipo religioso, lo cristiano está bastante diluido y la historia narrada es la de un rapto y sus consecuencias (muerte de ella, castigo para él). Algunas versiones incluso tienen al final una nota cómica y así lo religioso desaparece completamente.

Bastante difundido en España y Portugal, es escasísimo en América. Tenemos tan sólo siete versiones uruguayas y una cubana.

Bibliografía

Textos americanos: cf. 3, 12, 88, 100.

Otros textos hispánicos: cf. *Alonso*, pp. 123 y 206; *Alvar 71*, 223; *Catalán*, 42, 168, 285, 376; *Córdova*, pp. 135 y 217; *Cossío-Maza*, 391; *Costa*, 348; *Díaz-Delfín*, I, p. 262; *García M.*, 167; *Gil*, I, p. 26, II, 180; *Leite*, p. 8; *Petersen*, II, p. 98; *Piñeiro-Atero*, p. 90; *Pires*, p. 102; *Puig*, p. 103; *Chindler*, 27; *Trapero 82*, p. 136; *Trapero 87*, 219.

TEXTOS

Cuba

8.1

Había tres niñas   bordando una bufanda
con aguja de oro   y dedal de plata.
Pasó un caballero   pidiendo posada.
—Entre, caballero,   y tome su posada.

5 En el comedor   pusieron la mesa
   con cuchara de oro   cuchillo y tenedor.
   Arriba en el cuarto   hicieron la cama
   con funda de seda   y sábana bordada.
   A la medianoche   él se levantó,
10 de las tres hermanas   a Elena se llevó.
   La montó a caballo   y se la llevó.
   . . .
   Ahí sacó su espada   y la degolló,
   . . .   y allí la enterró.
   A los siete años   por allí pasó
   y con su caballo   la tierra pisó.
   —Perdóname, Elena,   por lo que te hice.
   —Ya estás perdonado,   pero no me pises.

Uruguay

17.1

   Estando Elena   bordando corbatas
   con agujas de oro   y dedal de plata,
   pasó un caballero   pidiendo posada.
   —Si mi padre quiere,   la doy de buena gana.
5 Le tendió la mesa   en medio de la sala
   con mantel de hilo   y cubiertos de plata.
   Le tendió la cama   en medio de la sala
   con sábanas de hilo   y frazadas de lana.
   A la medianoche   el joven se levantó,
10 de las tres hermanas   a Elena eligió.
   La montó a caballo   y se la llevó.
   Al pie de una sierra,   allí la bajó.
   —Dime, hermosa niña,   ¿cómo te llamas?
   —En mi casa, Elena,   y aquí desgraciada.
15 Sacó el puñal de oro   y allí la mató,
   hizo un agujerito   y allí la enterró.
   A los pocos días   pasó por allí,
   vio un pastorcito   cuidando allí.
   —Dime, hermoso niño,   ¿qué haces ahí?
20 —Estoy cuidando a Elena   que ha muerto por ti.

17.2

   Estando una niña   bordando corbatas

con agujas de oro   y dedal de plata,
pasó un caballero   pidiendo posada.
—Si mi padre quiere   le doy buena gana.
5   Extendió una cama   en medio la sala,
sábanas de seda   y colchas de holanda.
A la medianoche   él se levantó,
de las tres hermanas   a Elena eligió,
la montó a caballo   con él la llevó.
10   Al subir la sierra   allí la bajó,
sacó puñal de oro   y allí la mató,
hizo un ujerillo   y allí la enterró.
A los trece años   pasó por allí:
—Pastorcillo bello   ¿qué haces ahí?
15   —Cuidando la Elena   que ha muerto por ti.

XXV. LA MUERTE DE PRIM (CGR 0154)

Romancillo heptasílabo muy escaso en la tradición hispánica y, casi siempre, del acervo infantil. El acontecimiento es del siglo XIX y muy posiblemente el romance fue difundido en pliego de cordel. Tenemos solamente seis versiones americanas de dos países.

Bibliografía

Textos americanos: cf. 3, 8, 42, 75, 135.

Otros textos hispánicos: cf. *Marazuela*, p. 203; *Petersen*, II, p. 133.

TEXTOS

México

2.1

En la calle del Turco   lo mataron a Prim,
sentadito en su coche   de una manera vil.
Cuatro tiros le dieron   en mitad del corazón,
cuatro tiros le dieron   a tiro de cañón.
5   Al pasar por las Cortes   le dijeron a Prim:
—Vaya usted con cuidado   que le quieren herir.
—Si me quieren herir,   que me dejen pasar
para entregar mi espada   a otro general.
—¿Quién será ese tirano,   quién será ese bribón
10   que ha matado a mi padre,   quién será ese traidor?

Cuba

8.1

Al pasar el palacio   le dijeron a Prim:
—Ande usted con cuidado   que lo quieren herir.
—Si me quieren herir,   que me vengan a hablar
para darle la espada   a otro general.
5   Por la calle del Turco   ya mataron a Prim,
sentadito en su coche   con la guardia civil.
Cuatro tiros le dieron   a boca de cañón.
—¿Quién sería el rebelde,   quién sería el traidor,
quién sería el rebelde   que a mi padre mató?
10   Aunque soy chiquitico   y me falta la edad,
la muerte de mi padre   yo la he de vengar.
¡Cómo lloraba el niño,   cómo lloraba ya,
cómo lloraba el niño   la muerte de su papá!

8.2

Al salir de su casa   le dijeron al príncipe
que tuviera cuidado,   que lo iban a herir.
—Si me quieren herir,   que me dejen hablar
para entregarle la espada   al señor general.
5   Sentadito en su coche   con la guardia civil
le tiraron un tiro   por la boca del fusil.
—¡Quién sería el infame,   quién sería el traidor,
quién sería el cobarde   que a mi padre mató!
Como soy chiquitico   y no tengo la edad
10   pero la muerte de mi padre   yo la habré de vengar.

XXVI. LA MUERTE DEL PRÍNCIPE DON JUAN
(CGR 0006)

Romance fechable en el siglo XV. Se refiere a la muerte del hijo de los Reyes Católicos en 1497. No fue impreso, al parecer, hasta este siglo, pero conserva detalles históricos en muchas de sus versiones (nombre del médico real, preocupación del moribundo por el destino de su mujer y por el hijo por nacer, etc.). No muy difundido en el mundo hispánico, ha adquirido en algunas regiones variantes notables.

En América sólo se ha hallado en la República Dominicana, referido a la muerte de un niño anónimo y con el motivo del entierro fuera de sagrado. Lo único que conserva el romance original es la consulta y el pronóstico médico. Aunque por sus características el texto americano es una composición nueva hecha a base de motivos romanescos, hemos querido incluirla como un ejemplo de la renovación completa de un tema.

Bibliografía

Textos americanos: cf. 68, 112.

Otros textos hispánicos: cf. *Alonso*, pp. 90 y 172; *Alvar 66*, 16; *Alvar 71*, 159; *Bénichou*, p. 47; *Catalán*, 241, 396; *Cossío-Maza*, 18; *Leite*, p. 20; *Petersen*, I, p. 11, II, p. 178.

Estudios: cf. E-6, E-7, E-45.

TEXTOS

República Dominicana

9.1

El niño está malito   malito está en su cama,
cuatro médicos lo asisten   de los mejores de España.
Unos dicen que se muere,   otros dicen que no es nada,
los más entendidos dicen   que la comunión alcanza.
5   —Madre mía, si me muero   no me entierren en sagrado,
entiérrenme en campo libre   donde transite el ganado.
En mi cabecera pongan   cuatro ladrillos dorados
y un letrero que diga: "Aquí ha muerto un desgraciado;
no ha muerto de calentura   ni de dolor de costado,
10   ha muerto de mal de amores,   de un dolor desesperado."

XXVII. LA MUJER GUERRERA
(¿CÓMO NO CANTÁIS LA BELLA?) (CGR 0098)

Tenemos testimonios que indican que este romance era conocido en los Siglos de Oro; aparece en un auto sacramental y Tirso alude a él en *El burlador de Sevilla*; también se ha conservado en la tradición sefardí entre los textos que parecen ser anteriores al éxodo. Es muy escaso en la tradición española (tres versiones aragonesas) y de América sólo tenemos seis versiones venezolanas. Sin embargo, hay un romance religioso, *La virgen se está peinando*, que conserva el motivo inicial de la mujer que no canta; este romance está bastante difundido en España y América. Nos hallamos, pues, ante un romance en proceso de extinción en su lugar de origen, y de conservación parcial en las zonas periféricas, pero con un motivo que pervive vigorosamente en otro romance como testimonio de su difusión pasada.

Bibliografía

Textos americanos: cf. 121, 123, 140.

Otros textos hispánicos: cf. *Archivo Menéndez Pidal; Bénichou*, p. 169.

Estudios: cf. E-8.

TEXTOS

Venezuela

11.1

—Señora la bordadora   que bordas en seda negra,
bórdeme este corazón,   pasito, que no me duela.
Dime, ¿cómo es que no cantas   bellísima costurera?
—Cómo quieres que yo cante   si mi marido está en guerra.

5   Se lo llevaron los moros   preso para sus tierras.
    Tengo de mandarle carta   al capitán de la guerra
    que me suelten mi marido   y lo manden pa su tierra.
    Pero si no valen cartas,   yo cogeré la bandera
    para que los moros digan: —¡Vaya una mujer guerrera!

11.2

    Estaba doña Saturna   sentada en una arboleda
    pintando unos pajarillos   de los que andan por ahí y vuelan.
    En esto llegó un galán   enamorándose de ella.
    Le dijo: —¿Cómo no cantas,   bellísima costurera?
5   —Cómo querés que yo cante   si mi marido anda en guerra.
    Se lo llevaron los moros   para pelear en la tierra.
    Les he mandado una carta   que suelten a mi marido
    y lo manden pa su tierra.   Si no sueltan a mi marido
    y lo mandan pa mi tierra,   yo les formaré una guerra:
10   Cuatrocientos por el agua   y otros tantos por la tierra,
    y responderán los moros;   —¡Qué ah mujer pa más guerrera!

XXVIII. EL CONDE OLINOS (CGR 0049)

Uno de los romances más bellos por su clima mágico y su conmovedora historia. Bastante difundido en la tradición oral moderna, su antigüedad parece probable (la versión de *El conde Arnaldos* publicada en el *Cancionero de Londres* tiene unos versos de este romance). Hay dos tipos de versiones: aquellas que finalizan con la muerte de los amantes, o con su entierro, y las que contienen el motivo de las transformaciones. En el primer caso, el tema del romance es el de la muerte por amor a causa de la intransigencia o maldad paterna, con numerosos ejemplos en la literatura. En el segundo caso, se trata del triunfo del amor sobre la muerte. Hay que anotar que lo maravilloso mágico de las transformaciones ha sido remplazado en muchas versiones por lo maravilloso cristiano; sin embargo, el poder del canto se ha mantenido, por lo general, sin influencia religiosa. Hay innumerables variantes en los motivos secundarios de ambos tipos de versiones, que rara vez desentonan del resto del texto y mantienen su clima poético.

Este romance ha sido usado en las escuelas, ya en la versión publicada por Menéndez Pidal, ya en la de Menéndez Pelayo, ya en la de Torner, por lo que muchos textos presentan fuertes influencias de dichas versiones.

De América tenemos 52 versiones de siete países y muchas de éstas son de origen libresco, aunque suelen presentar variantes.

Bibliografía

Textos americanos: cf. 1, 3, 14, 15, 18, 21, 45, 46, 51, 53, 54, 68, 73, 81, 103, 109, 113, 116, 121, 122, 127, 135, 140, 165.

Otros textos hispánicos: cf. *Alonso*, pp. 16 y 197; *Alvar 66*, p. 51; *Alvar 71*, p. 166; *Armistead-Silverman 77*, p. 97; *Bénichou*, p. 123; *Catalán*, 84 338; *Córdova*, p. 272; *Cossío-Maza*, 35; *Costa*, 51; *Díaz-Delfín*, I. p. 44, II, p. 92; *Díaz V.*, p. 97; *Echevarría*, 72 y 87; *García M.*, 75 y 168; *Gil*, I, 102, II, 8; *Ledesma*, p. 159; *Leite*, p. 280; *Marazuela*, 180; *Menéndez Pelayo*,

23; *Petersen*, p. 68; *Piñero-Atero*, p. 52; *Pires*, p. 84; *Puig*, p. 107; *Schindler*, 4; *Trapero 87*, p. 208.

Estudios: cf. E-8, E-15, E-20, E-32, E-36, E-37, E-62, E-108.

Textos

Guatemala

3.1

Madrugaba el conde Olivos   la mañana de san Juan
a darle agua a su caballo   por las orillas del mar.
—Bebe, caballito, bebe,   Dios te me libre de mal,
de los vientos de la tierra   y de las furias del mar.
5   Una reina lo escuchaba   desde un trono de cristal:
—Mira, hijita, cómo canta   la sirena de la mar.
—No es la sirenita, madre,   la que entona ese cantar,
ésos son los mis amores   que me vienen a buscar.
—Si esos son amores tuyos   la muerte les mando dar.
10   La princesa muere triste   y él no deja de llorar.
De ella ha nacido un naranjo,   de él un verde limonar,
las puntas de aquellas ramas   se vuelven a entrelazar.
La reina que lo ha sabido   los ha mandado cortar.
Ella, nube por el cielo,   él en río transformar.
15   Llegan los vientos de junio   y la lluvia va a empezar,
juntas, el agua y el río   se acompañan en la mar.

3.2

Se levantó el conde Niño   la mañana de san Juan
a darle agua a su caballo   a la orilla del Pululá
y sentándose en la piedra:
—Mientras mi caballo bebe   aquí me pongo a cantar.
5   La reina que oía cantar   a su hija fue a llamar:
—Vení, mi chula, a oír   Pululá.
—Ésas no son las sirenas   ni tampoco su cantar,
aquél es el conde Niño   que me ha venido a buscar.
—Pues si ese es el conde Niño   lo mandaremos matar.
10   —Si matan al conde Niño,   yo viva no he de quedar,
juntos nos han de enterrar
uno en el pie de la iglesia   el otro al pie del altar.

Cuba

8.1

Un conde Niño se levanta   a las orillas del mar,
mientras el caballo bebía   él se ponía a cantar
y las aves que pasaban   se ponían a escuchar.
La reina llama a su hija   y le dice: —Ven acá,
5   oye qué bonito canta   la sirenita del mar.
—Madre, ésa no es la sirena   la que usted oye cantar,
es la voz de un conde Niño   con quien me voy a casar.
—Si tú te casas con él   yo lo mandaré a matar.
A la mañana siguiente   lo mandaron a matar;
10   él acabó de morir   y ella acabó de expirar.
Ella se volvió paloma   y él se volvió gavilán
y se celebraron las bodas   la mañana de san Juan.

8.2

Una mañana en san Juan   se despierta el niño conde
a dar agua a su caballo   a la orillita del mar.
Mientras su caballo bebe   él se ponía a cantar
y las aves iban pasando   y se ponían a escuchar.
5   La madre llama a la hija: —Hija, levántate ya
para que oigas las sirenas,   las sirenitas del mar.
—Madre, ésa no es la sirena   lo que yo voy a escuchar,
es la voz del niño conde   con quien me voy a casar.
—Si tú te casas con él   yo lo mandaré a matar.
10   Y a las cinco de la tarde   ya lo van a asesinar.
Ella se volvió paloma   y él se volvió un palomar
y fueron a hacer su nido   a la orillita del mar.
Ella se volvió una iglesia   y él se volvió sacristán
y a las misas les llamaban   una mañana en san Juan.

República Dominicana

9.1

Se levanta conde Niño   la mañana de san Juan
a darle agua a su caballo   por las orillas del mar.
Y la reina que lo oía   a su hija fue a llamar:
—Levántate, hija mía,   oye las sirenas del mar.

5   —No, madre, no es la sirena,   no es la sirena del mar,
ése será el conde Niño   con quien yo me he de casar.
—Si tú te casas con él   yo lo mandaré a matar.
Y a la mañana siguiente   ella lo mandó a matar.
Ella se volvió paloma,   él se volvió gavilán,
10   donde formaron su nido   en las orillas del mar.
Ella se volvió una iglesia,   él se volvió un bello altar
donde se celebra misa   la mañana de san Juan.

Puerto Rico

10.1

Paseaba el conde Olivos   a las orillas del mar;
mientras su caballo bebe   él cantaba este cantar:
—Bebe, bebe, mi caballo,   Dios te me libre de mal,
Dios te libre de tormentas   y de las furias del mar.
5   La reina, que lo escuchaba,   a su hija fue a llamar:
—Oye, hija, cómo canta   la sirena de la mar.
—No es la sirenita, madre,   la que dice ese cantar,
ése es el conde Olivos   que por mí penando está.
—Pues si es el conde Olivos   yo lo mandaré a matar:
10   Vengan pronto, mis soldados,   al conde Olivos matad.
Él murió a la madrugada,   ella a los gallos cantar.
A los dos los enterraron   en medio de un platanal.
Nacieron dos arbolitos   en aquel mismo lugar.
Ni en la vida ni en la muerte   los pudieron separar.

10.2

Madrugaba el conde Olinos   la mañana de san Juan
por dar agua a su caballo   a las orillas del mar.
Mientras su caballo bebe   él se ponía a cantar:
—Bebe, mi caballo, bebe,   Dios te me libre del mal,
5   Dios te libre en todo tiempo   de las furias de este mar.
Las aves que iban volando   se ponían a escuchar
porque les gustaba mucho   oír tan dulce cantar.
—Oye, hija, cómo canta   la sirena de la mar.
—No es la sirenita, madre,   la que tiene ese cantar,
10   es la voz del conde Olinos   que por mí penando está.
—Si es la voz del conde Olinos   yo lo mandaré a matar,
pues para casar contigo   a él le falta sangre real.
—No lo mate, madre mía,   que a mí la muerte me da.

Venezuela

11.1

Se levantó el conde Lirio   [una mañana en san Juan]
a darle agua a un caballo   a las orillas del Jordán.
—Alevanta, niña, escucha   las sirenas en el mar.
—Ésas no son las sirenas,   mucho menos su cantar,
5   ése será el conde Lirio   que a mí me vendrá a buscar.
—Si ése fuera el conde Lirio   lo mandaría a matar.
—De matar al conde Lirio,   yo viva no he de quedar.
Juntos los mandó matar,   juntos los mandó a enterrar,
uno en el altar mayor,   otro en el verde olivar.
10   Nació una bella paloma,   nació un bello gavilán;
alzó el vuelo la paloma,   alzó el vuelo el gavilán,
y se fueron a encontrar   a la orilla del Jordán.

11.2

Bajan toos los pajarillos   juntos en una mañana
a esperar que el unicornio   meta su cuerno en el agua.
Apenas la luz señala   que ya el veneno se fue,
dicen todos a una vez: —Jesús, qué animal tan bueno
me le ha dado la virtud   Dios en la punta de un cuerno.

Ha bajado el conde Olivo   la mañana de san Juan
a dar agua a su caballo   a las orillas del mar.
—Mientras mi caballo bebe   siéntome un poco a cantar.
Aves que iban por el aire   se han preparado a escuchar.
5   Una madre y una hijita   que vivían junto al mar,
dice la madre a la hija   con cariño y con piedad:
—Levántate, hija querida,   levántate, hija, a escuchar
las sirenitas del mar   y su modo de cantar.
Y le contestó la hija   con cariño y con piedad:
10   —Aquéllas no son sirenas   ni su modo de cantar,
aquél es el conde Olivo   que a mí me viene a buscar.
Y le contestó la madre,   que se pudo molestar:
—Si el conde Olivo viniese   lo mandaremos a matar.
Y le contestó la hija   con cariño y con piedad:
15   —Si matan al conde Olivo   yo viva no he de quedar;
a él lo entierran en la iglesia,   a mí debajo del altar;
de mí saldrá una paloma,   de él un bello gavilán.

11.3

Se levanta el Condolirio   una mañana 'e san Juan
a darle agua a su caballo   a las orillas del mar.
Responde la sirena   que está en la orilla del mar:
—Se parece al Condolirio   en el modo de cantar.
5   Responde la sirenita   que está en la orilla del mar:
—Pues ése es el Condolirio   que a mí me viene a llevar.
Y le responde su madre: —Si a vos te viene a llevar
yo lo mandaré matar.   Responde la sirenita:
—Si al Condolirio lo matan   yo viva no he de quedar.

Colombia

12.1

Levántese el niño Lirio   en la mañanita de san Juan
a darle agua a sus caballos   en las orillas del mar.
Le dice la madre a la hija: —Levántate al aclarar
y así oirás cantar   a la sirenita del mar.
5   —Ésa no es la sirenita   ni tampoco su cantar,
es el niño Lirio   con quien me voy a casar.
—Oh, hija, si así lo haces   lo mandaremos matar.
—Ay, madre, ¿por qué lo matan?   Yo me muero de pesar.
Cogió el destierro y se fueron,   los mandaron alcanzar
10   y en la mitad de la plaza   los han mandado a matar.
De él salió un verde pino,   de ella salió un azahar.
La reina le causa envidia,   los ha mandado cortar
y en la mitad de la plaza   los ha mandado quemar.
De ella salió una paloma   y de él salió un palomar;
15   volaron por mar arriba   hasta llegar Puente Real
y volaron por mar abajo   hasta llegar a Vadorreal.

12.2

Levantate, Colderillo,   la mañana de un san Juan
dale agua a tu caballo   a las orillas del mar.
Toda el agua que bebió,   toda se le fue en cantar,
marineros y caminantes   se pusieron a escuchar.
5   Le dijo la reina a su hija: —Levantate, no durmás,
vení qué bonito canta   la sirena en el mar.
—Ésa no es sirena madre,   me desmera en el cantar,
ése es el Colderillo   que con él me he de casar.

—No te casarás, no, hija,   yo lo debo de matar.
10   —Que si usted lo mata, madre,   yo viva no he de quedar.
Y la madre, recelosa,   ella lo mandó a matar:
—Maten uno y maten dos,   que mueran en santa paz.
Del uno se hace una iglesia,   del otro un famoso altar.
De la cabeza del conde   nació un verde naranjal.
15   —Tú te vuelves naranjito   y yo un verde naranjal,
nos iremos a hacer fiesta   en las orillas del mar.

Argentina

16.1

Se levanta el conde Nuño   la mañana de san Juan
a dar agua a su caballo   en la ribera del mar.
Mientras el caballo bebe   Nuño se pone a cantar;
la reina lo está escuchando   dentro su palacio real:
5   —Despierta, dice a su hija,   si acaso durmiendo estás,
oirás lo bien que canta   una sirena en el mar.
—Parece que no es sirena   en el modo de cantar,
sino que es el conde Nuño   que me viene a demandar.
—No te dé cuidado, hija,   que lo mandaré matar.
10   —No lo mandes matar, madre,   que con él me enterrarás.
Mas la reina, de envidiosa,   al punto lo hizo matar.
Le alzan en andas de oro,   a ella en andas de cristal
y los fueron abajando   al contrapié de un altar.
Dos arbolitos nacieron   en una llana amistad,
15   de los gajos que se alcanzan   besos y abrazos se dan.
Y la reina, de envidiosa,   luego los mandó cortar.
Ella se volvió paloma,   él se volvió gavilán.

16.2

Ya salía el condecillo   la mañana de san Juan
a dar agua a su caballo   a las orillas del mar.
Luego que el freno le saca   ya se ponía a cantar;
la reina le está escuchando   en su palacio real:
5   —Levantad, hija, le dice,   levantad, oír cantar,
oír lo lindo que canta   la sirena de la mar.
—Mi madre, no es la sirena   en el modo de cantar,
mi madre, es el condecillo   que me anda por cautivar.
—Calle, calle, le dice,   lo he de mandar a matar.
10   Al otro día de mañana   ya lo fueron a enterrar.

A ella en andas de plata   y a él en andas de cristal
y los entierran en la puerta   más allá, junto al mar.
De ella sale un rico naranjo   y de él un olivar;
de los gajos que se alcanzan   besos y abrazos se dan.

XXIX. EL PRISIONERO (CGR 0078)

Este romance está documentado en la tradición antigua; es bastante escaso en la moderna y presenta a menudo cruces con canciones de mayo o con canciones carceleras.

En la tradición americana existen hasta ahora cuatro versiones de tres países, todas ellas librescas, aunque con pequeñas variantes respecto al texto antiguo.

Bibliografía

Textos americanos: cf. 88, 121, 165.

Otros textos hispánicos: cf. *Alonso*, p. 31; *Alvar 66*, 145; *Alvar 71*, 179; *Catalán*, 337; *Cossío-Maza*, 308; *Costa*, 20; *Echevarría*, p. 408; *García M.*, 339; *Gil*, I, p. 76, II, p. 180; *Leite*, p. 276; *Primavera*, 114, 114a.

Estudios: cf. E-3, E-52, E-64.

TEXTOS

Venezuela

11.1

Marzo, por el mes de marzo,   cuando hace la calor,
cuando canta la calandria   y responde el ruiseñor,
cuando los enamorados   van a servir al amor,
sino yo, triste, ocultado,   que vivo en esta prisión
5 en que no sé si es de día   ni cuándo las noches son.

Argentina

16.1

Era por mayo, por mayo,   cuando hace la calor,
cuando los trigos engañan   y están los campos en flor,
cuando canta el jilguerillo   y contesta el ruiseñor,
cuando los enamorados   van a sentir el amor.
5   Pobre yo, triste, cuitado,   que muero en esta prisión,
que no sé cuándo es de día   ni cuándo el sol se pon,
si no por un jilguerillo   que me cantaba al albor;
la mató un caballero,   déle Dios su galardón,
que yo vivo en la prisión
10   que no sé cuándo es el día;   ni cuándo las noches son.

Uruguay

17.1

Por el mes allá de mayo,   cuando hace la calor,
cuando canta la calandria   y responde el ruiseñor
y todos los enamorados   van a servir al amor
y yo triste y muy cuitado   viviendo en esta prisión;
5   yo no sé cuándo es de día   y cuándo las noches son,
sino por una avecilla   que me cantaba al albor,
me la mató un ballestero,   déle Dios mal galardón.
Cabellos de mi cabeza   me llegan al corvejón,
los cabellos de mi barba   por manteles tengo yo,
10   las uñas de estas mis manos   por cuchillo tajador.
Esto lo hacía mi rey,   haciéndolo como señor,
hacíalo el caballero,   como si fuera traidor.
Pero si alguno me viese,   algún pájaro hablador,
si llegara a ser calandria,   algún tordo o ruiseñor,
15   criado fuese entre damas   y avezado con razón,
me llevase una embajada   a mi esposa Leonor,
que me envíe una empanada,   no sean truchas ni salmón,
que sea de una buena lima   y de un pico tajador,
la lima para los hierros   y el pico para el torreón.
20   Escuchándolo había el rey,   y quitóle la prisión.

XXX. LAS SEÑAS DEL ESPOSO (CGR 0160)

Romance documentado tardíamente en la tradición antigua (1605) y sumamente difundido en la tradición moderna (en América, 279 versiones de quince países). Su origen parece ser una amalgama entre un tema que aparece en *La chanson des Saisnes* (siglo XII) y una canción del siglo XV(?), *Gentils gallans de France*... De la primera obra se tomó el motivo del amante (marido) disfrazado que prueba el amor de la mujer, así como la revelación final de su verdadera personalidad; de la segunda, la preocupación de la esposa por su marido ausente, la señas que de él da y la noticia de su muerte.

El comienzo del romance tiene bastantes variantes, que no afectan generalmente la historia: apertura con diálogo o narración, lamentos de la protagonista, informante que parte o regresa, etc. La parte final tiene una variante de importancia: la falta de autoidentificación del marido. Con ello la estructura narrativa sufre una transformación, pasando de una peculiar (con sorpresa final) a una común. El cambio en la historia, es decir la muerte real del marido, llega a cambiar el tema en algunas versiones, ya que la mujer, o bien toma nuevos amores, o hace lo posible por propiciarlos. Se pasa así de un romance cuyo tema es la fidelidad ejemplar, a otro que presenta a una mujer liviana. Además de esta variante fundamental, hay innumerables variantes, como son la mención o no de los hijos, y otras de menor cuantía. En América (zonas norte y centro) muchas versiones tienen un cruce con la canción de *La viuda abandonada*, propiciado seguramente por el segundo tipo de estructura narrativa.

La mayoría de las versiones hispánicas tienen rima en *é*, pero también existen textos con rima en *éa*; en América esta última rima sólo aparece parcialmente en un caso.

Hay un romance muy semejante (*El regreso del marido*), pero no existen versiones americanas de él.

Bibliografía

Textos americanos: cf. 1, 3, 8, 10, 12, 13bis, 14, 15, 18, 23, 24, 25, 26, 28, 32, 42, 43, 45, 46, 50, 51, 52, 53, 54, 56, 57, 60, 68, 74, 76, 81, 83, 88, 92, 93, 94, 95, 99, 103, 105, 106, 109, 110, 115, 118, 120, 121, 123, 127, 129, 132, 135, 150, 154, 155, 161, 162, 164, 165.

Otros textos hispánicos: cf. *Alonso*, pp. 71 y 182; *Alvar 66*, 57, 58; *Alvar 71*, 189; *Armistead-Silverman 77*, p. 92; *Armistead-Silverman 79*, p. 97; *Catalán*, 38, 155, 274, 362; *Córdova*, pp. 87 y 172; *Cossío-Maza*, 108; *Costa*, 28; *Díaz-Delfín*, I, p. 228, II, p. 126; *Ferré*, p. 67; *García M.*, 169; *Gil*, I, 78, II, 24 y 26; *Ledesma*, p. 170; *Leite*, p. 335; *Marazuela*, 162, 181; *Menéndez Pelayo*, 27, 56; *Milá*, pp. 81, 83; *Petersen*, p. 134; *Piñero-Atero*, p. 57; *Pires*, pp. 61, 134; *Puig*, p. 113; *Schindler*, 9; *Trapero 87*, 223; *Primavera*, 156; *Apéndice*, 44.

Estudios: cf. E-8, E-11, E-31, E-52, E-58, E-104.

TEXTOS

Estados Unidos

1.1

—Catalina, Catalina,   la del paño limonés,
¿qué se te ofrece pa Francia?   Dime, niña, ¿qué queréis?
—Estas cartas que aquí tengo   a mi marido las dé.
—No conozco a tu marido.   —Yo las señas le daré:
5   Mi marido es gente noble,   y en el habla muy cortés.
Anda en un caballo blanco   que le dio Andrés Francés,
con un letrero en la lanza: "Jesús, María y José".
—Por las señas que usted da,   ya el caballero muerto es;
en la ciudad de Barela   lo mató un traidor francés;
10   lo lloraban diez solteras,   casadas cuarenta y tres.
Si necesita de amores,   mi alma, yo le serviré.
—No necesito de amores,   y ni los he menester.
Cinco años ya lo he esperado   y diez que lo esperaré;
y si a los quince no viene,   de monja me meteré.
15   Estas dos hijas que tengo   de monjas las meteré,
que rueguen a Dios por mí   y por su padre también.
Aquí va la despedida,   borrando tinta y papel,
que no hay mujer en el mundo   que guarde tanto su ley.

1.2

—Traigo una pena doblada   y un crecido sentimiento;
a nadie le digo nada,   yo sola soy la que siento.
Yo soy la recién casada   que nunca me casaré;
me abandonó mi marido   por amar la libertad.
5   Caballero, por fortuna,   ¿no ha visto usté a mi marido?
—Señora, no lo conozco;   déme una seña y le digo.
—Mi marido es alto y grueso   y en el hablar muy cortés,
y en la copa del sombrero   trae un letrero francés.
—Por las señas que usté ha dado,   su marido muerto es,
10   y en las guerras de Valverde   lo mató un traidor francés.
Señorita, si usted gusta,   nos casaremos los dos,
con el gusto de uno y otro   y la voluntad de Dios.
—Diez años que lo he esperado   diez que lo esperaré,
si a los veinte no viniere,   de monja me meteré.
15   —Diez años lo has esperado,   ya diez no lo esperarás,
porque a tus pies yo postrado,   perdón quiero que me des.
Yo soy aquel hombre ingrato   que a mi esposa abandoné,
y ahora perdón te pido   y te prometo lealtad.

1.3

—Yo soy la recién casada,   que nadie me gozará.
Me abandonó mi marido   por amar la libertad.
Caballero, por ventura,   ¿ha visto usted a mi marido?
—No, señora, no lo conozco.   Déme usted las señas de él.
5   —Mi marido es blanco y rubio   y en el hablar muy cortés
y en la copa del sombrero   tiene un letrero francés.
—Por las señas que me ha dado   su marido muerto es;
en la guerra de Valencia   lo mató un traidor francés.
Señorita, si usted quiere,   nos casaremos los dos,
10   con su voluntá y la mía   y la voluntad de Dios.
—Cinco años que lo he aguardado,   y cinco que lo esperaré.
Si a los diez años no vuelve   de monja me meteré.

1.4

—Yo soy la recién casada   que nunca me casaré;
me abandonó mi marido,   pero aquí lo esperaré.
Caballero, por fortuna,   ¿no ha visto usté a mi marido?
—Señora, no lo conozco;   déme una seña y le digo.
5   —Mi marido es alto y rubio   y en el hablar muy cortés,

y en la copa del sombrero   lleva un letrero francés.
—Por las señas que usté ha dado,   su marido muerto es;
en las guerras de Valerio   lo ha matado un rey francés.
Señorita, si usted gusta,   nos casaremos los dos,
10 con el gusto de uno y otro   y la voluntad de Dios.
—Diez años que lo he esperado   y diez que lo esperaré,
si a los veinte no viniere,   de monja me meteré
y a mis dos hijas que tengo,   en convento las pondré,
pa que rueguen por su madre   y por su padre también.
15 Me pondré un túnico azul   y mi sombrero morado;
me miraré en el espejo: ¡Qué linda viuda he quedado!

1.5

—Yo soy la recién casada,   de mí nadie gozará,
mi marido está en la guerra   por servir su libertad.
—Señora, si usted quisiera   déme una seña de su marido.
—Mi marido es alto y rubio,   nada tiene de cortés,
5 en el puño de su espada   lleva un letrero francés.
Hay seis años que lo espero,   seis más que lo esperaré,
si a los doce años no viene   con usted me casaré.

1.6

—Yo soy la recién casada   que nadie me gozará;
yo abandoné a mi marido   por gozar la libertad.
Caballero, por fortuna,   ¿no me ha visto a mi marido?
—Señora, no lo conozco;   déme una seña y le digo.
5 —Mi marido es alto y rubio   y en el hablar muy cortés,
y en la copa del sombrero   trae un letrero francés.
—Por las señas que usté ha dado   su marido muerto lo es;
en las guerras de Valerio   lo mató un traidor francés.
—Ya en mi marido no pienso,   ya no se me da cuidado;
10 yo me miro en el espejo: ¡Qué linda viuda he quedado!

México

2.1

—Oiga usted, señor soldado,   que viste traje café,
¿no oyó hablar de mi marido   por la guerra alguna vez?
—En la guerra hay tantos hombres   que es difícil conocer,

    pero si me da una seña   tal vez le cuente algo de él.
5   —Mi marido es un buen hombre   muy gentil y muy cortés,
    monta un caballo alazano   más ligero que uno inglés;
    en el machete que cuelga   del arción, se puede leer
    un relato en cuatro versos   que lo pinta tal cual es:
    "Si esta víbora te pica   te queda la comezón,
10   no hallarás en la botica   ni doctor ni curación".
    —Por las señas que me ha dado,   su marido muerto es
    y en el testamento que hizo   esto le dijo a un francés:
    —Yo dejo una viuda joven,   más joven que una doncella,
    el soldado que la encuentre   puede casarse con ella.
15   —Eso sí que no lo haría,   eso sí que no lo haré,
    ¡ay!, diez años lo he esperado,   otros más lo esperaré,
    si en este tiempo no viene,   de monja terminaré,
    porque una viuda es muy fácil   que dé su brazo a torcer.

2.2

    Yo soy la recién casada,   a nadie le gustará,
    me abandonó mi marido   por la mala libertad.
    —Oiga, señor, por fortuna,   ¿qué no ha visto a mi marido?
    —Señora, no he visto nada,   dame una seña y le digo.
5   —Mi marido es alto y rubio,   muy mal parecido no es,
    en la muñeca derecha   lleva un letrero francés.
    —Por las señas que usted da,   su marido muerto es,
    en la ciudad de Valencia   lo ha matado un japonés.
    —Tres años yo lo he esperado   y otros tres lo esperaré,
10   si a los seis años no viene   con otro me casaré.
    Me puse mi falda negra   y un velo negro también,
    luego me vi en el espejo: ¡Ay, qué buena viuda quedé!
    Ya con ésta me despido   por la flor de una violeta,
    aquí se acaban cantando   versos de "La viuda negra".

2.3

    —Yo soy la recién casada   y nadie me gozará,
    abandoné a mi marido   por la mala libertad.
    Oiga usted, buen caballero,   ¿no me ha visto a mi marido?
    —Señora, no lo conozco,   déme una seña y le digo.
5   —Mi marido es alto y rubio,   de buen porte y muy cortés,
    y en el ramal de la espada   lleva la idioma francés.
    —Por las señas que usted me ha dado,   su marido es muerto ya,
    lo mataron allá en Valencia   los del imperio francés.

     —Tres años lo he esperado,   lo esperaré los otros tres,
10   si a los tres años no viene   me buscaré otro marqués.
     Ya me pongo luto negro   y abandono lo café,
     ya me miro en un espejo: ¡Galana viuda quedé!

Guatemala

3.1

     Oiga usted buen caballero,   ¿a mi marido no vio?
     —Señora, no lo conozco,   déme su seña y vestido.
     —Mi marido es alto y rubio,   de buen porte y muy cortés,
     y en la hoja de su espada   lleva un letrero francés.
5   —Por la señal que me ha dado   su marido muerto está,
     en la frontera ha quedado   por amar la libertad.
     Que la buscara y quisiera   su esposo recomendó,
     si su voluntad pudiera   se casara usted con yo.
     —Ay, once años lo he esperado   otros tres lo esperaré
10   y veinte años más pudiera   aguantarme sin usted.

3.2

     —Yo soy la recién casada   que nadie me gozará,
     me abandonó mi marido   por amar la libertad.
     —Caballero, por fortuna,   ¿no me ha visto a mi marido?
     —Señora, déme una seña,   tal vez lo conoceré.
5   —Mi marido es bien dado,   tiene tipo francés,
     en el puño'e la camisa   tiene el nombre de Isabel.
     —Por la seña que ha dado   su marido muerto es,
     en la puerta de una fonda   lo mató un traidor francés.
     —Ya me visto 'e luto negro   y abandono lo café,
10   y me miro en un espejo   ¡qué chula viuda quedé!

3.3

     —Oiga usted, señor soldado   que de la guerra ha venido,
     en campos de Nicaragua   ¿no me ha visto a mi marido?
     Diez años se fue a la guerra,   diez años ya lo esperé.
     —No señora, no lo he visto   ni lo conozco también.
5   —Mi marido es alto y rubio,   tiene tipo de francés
     y en la hoja de su espada,   lleva el escudo del rey.

—Sí señora, sí lo he visto,   en un combate murió,
me dejó en su testamento   que me case con usted.
—Ya me pongo luto negro   y abandono lo café,
10 ya me dicen los muchachos   que linda viuda quedé.
Yo a mi marido he esperado,   otro día esperaré,
si no viene pa mañana   con usted me casaré.

Nicaragua

5.1

—Soldadito, venga acá,   ¿de Jutiapa viene usté?
¿No me ha visto a mi marido   que en la expedición se fue?
—Señora, no lo conozco,   déme usté las señas de él.
—Mi marido es gentil hombre,   capitán muy bueno es él.
5 —Por las señas que me da,   su marido es muerto ya,
y en su testamento dijo   que se case usté con yo.
—Dios me guarde, Dios me libre,   y mi madre santa Inés,
que las viudas de este tiempo   no se casan otra vez;
que las viudas de este tiempo   no se casan otra vez.

5.2

—Yo soy la recién casada   que nadie me gozará,
me abandonó mi marido   por pelear la libertad.
—Caballero, por fortuna,   ¿no me ha visto a mi marido?
—Señora, no lo conozco,   pero déme señas de él.
5 —Mi marido es alto y rubio,   tiene tipo de francés,
y en el puño 'e la camisa   lleva el nombre de Isabel.
—Por las señas que me ha dado   su marido es muerto ya,
en las puertas del Sitiado   lo mató un traidor francés.
Si su marido no viene   yo me caso con usted.
10 —Si mi marido no viene   lo espero y lo esperaré.

5.3

—Dígame, señor soldado,   ¿de la guerra viene usted?
—Sí, señora, de allá vengo,   ¿por qué me pregunta usted?
—¿No me ha visto a mi marido   que hace un año que se fue?
—No, señora, no lo he visto,   pero déme señas de él.
5 —Mi marido es alto y rojo,   tiene tipo de leonés,
y en el puño de su mano   lleva el nombre de Isabel.

—Por las señas que usté ha dado   su marido muerto es,
en la puerta del Sitiado   lo mató un traidor francés.
—Ya me visto de luto negro   y de sofoca café,
10   y me miro en un espejo,   ¡qué hermosa viuda quedé!

5.4

—Señores, por fortuna,   ¿no me han visto a mi marido?
—Señora, no lo conozco,   pero déme algunas señas.
—Mi marido es alto y rojo,   tiene tipo de francés
y en el puño 'e la camisa   lleva el nombre de Isabel;
5   el caballo es tordío,   la montura plateada,
el cilindro es de plata   y la gorra engalonada.
—Por las señas que usté ha dado   su marido muerto es,
en la puerta de un sitiado   lo mató un traidor francés.
—Yo visto de luto negro   y de sofoca café,
10   y me miro en un espejo   y hermosa viuda quedé.
Yo espero a mi marido   y siempre lo esperaré,
y con tal de que no aparezca,   yo me caso con usté.

Costa Rica

6.1

—¿Para dónde va usté, señora,   para dónde, pobre de ti?
—Voy en busca de mi marido   que hace tiempo lo perdí.
—Déme las señas, señora,   para poderlo conocer.
—Mi marido es alto y grueso;   viste bálsamo francés.
5   —Por la seña que usté me ha dado,   su marido muerto es;
en la guerra con los moros;   un camello lo mató.
—Quince años lo he esperado   y otros quince lo esperaré.
Si a los treinta no regresa,   yo de monja me meteré.
Y la chiquita que tengo,   a un convento la meteré,
10   a que rece por su padre   que en la guerra muerto es.
Y el chiquito que tengo,   al rey se lo entregaré,
pa que luche por la patria   donde su padre murió.

6.2

Qué bonito el soldadito   paradito en el cuartel
con el fusilito al hombro   esperando al coronel.
—Dígame, señor soldado,   ¿de la guerra viene usted?
—Sí, señora, de allí vengo;   ¿por qué me pregunta usted?

5 —No me ha visto a mi marido   que hace un año que se fue.
—No, señora, no lo he visto;   dígame las señas de él.
—Él es alto y delgadito,   tiene tipo de francés,
y en el cuello de la camisa   lleva el nombre de Isabel.
—Sí, señora, sí lo he visto;   hace un año que murió.
10 Y en el testamento puso   que se case usted con yo.
—¡Dios me libre, Dios me guarde,   y la Virgen santa Inés!
—¡Que ya muerto mi marido   me case otra vez!

6.3

Qué bonito soldadito   paradito en el cuartel
con su riflicito al hombro   esperando al coronel.
—Dígame, señor soldado,   ¿de la guerra viene usted?
—Sí, señora, de allá vengo;   ¿por qué me pregunta usted?
5 —Si no ha visto a mi marido,   que hace un año que se fue,
y en el cuello de la camisa   carga el nombre de Isabel.
—Sí, señora, sí lo vide.   Es un año que murió,
y él me dejó dicho   que se case usted con yo.
—¡Dios me guarde y Dios me libre,   y la Virgen santa Inés,
10 viendo muerto a mi marido   casarme segunda vez!
Ya me voy pal mercadito   a comprame las verduras
pa que los muchachos digan: —¡Qué hermosa quedó la viuda!

Cuba

8.1

—Catalina, flor de lima,   flor de todo genovés,
mañana voy para Francia,   mandad lo que queréis.
—Quiero que llevéis la carta   al conde de don Manuel.
—¿Cómo se la doy, señora,   si no lo he de conocer?
5 —Mi marido es alto y rubio   y en su habla muy cortés,
monta en un caballo blanco,   viste y calza a lo francés.
—Por las señas que me ha dado,   su marido muerto es,
en la mesa de los dados,   muerte le dio un genovés.
—Once años lo he esperado   como una buena mujer,
10 si a los doce no ha llegado,   para un convento me iré;
un hijo varón que tengo   al rey se lo entregaré;
una hija también tengo,   conmigo la llevaré
para que me lave y planche   y me haga de comer.
—Échame los brazos, dueña,   que presente me tenéis.
15 Que se celebren las bodas   de Catalina y Manuel.

8.2

Éste es el *Mambrú*, señores,   que lo cantan al revés.
—¿Ha visto usted a mi marido   en la guerra alguna vez?
—Si lo he visto no me acuerdo,   déme usted las señas de él.
—Mi marido es alto y rubio,   vestido de aragonés,
5   en la punta de la lanza   lleva un pañuelo bordés,
que lo bordé cuando niña,   cuando niña lo bordé.
—Por las señas que me ha dado,   su marido muerto es,
que en la mesa de los dados   lo ha matado un genovés.
—Siete años lo he esperado   como una buena mujer,
10   y si a los ocho no viene,   a monja me meteré,
y a las tres hijas que tengo   yo las colocaré.
Una en casa de doña Juana,   otra en casa de doña Inés,
y la más chiquirritita,   con ella me quedaré
para que me friegue y barra   y me haga de comer.
15   Y los tres hijos que tengo,   a frailes los meteré.
Y si no quieren ser frailes,   vayan a servir al rey,
que donde murió su padre,   que mueran ellos también.
—No haga eso, mujer mía;   no lo hagas, Isabel,
que aquí tienes a quien buscas,   que aquí está tu esposo Andrés.

8.3

—Yo soy, yo soy la viudita   que no ceso de llorar;
me abandonó mi marido   por seguir la libertad.
Venga acá, señor soldado.   —¿Qué se la ha ofrecido a usted?
—Si usted ha visto a mi marido   en la guerra alguna vez.
5   —Si lo he visto, no recuerdo,   déme usted las señas de él.
—Mi marido es alto y rubio   vestido de aragonés,
y en la punta de su espada   lleva un pañuelo inglés
que lo bordé cuando niña,   siendo niña lo bordé.
—Por las señas que usté ha dado   su marido muerto es,
10   pues lo mataron de un tiro   en la puerta de un café;
en el testamento puso   que me casara con usted.
—Siete años lo he esperado   y otros siete esperaré,
si a los catorce no viene   a monja me meteré.
Estas tres hijas que tengo   ¿dónde las colocaré?
15   Una en casa 'e doña Juana   y otra en casa 'e doña Inés
y la más chirriquitica   con ella me quedaré
para que me lave y me cuide,   y que me dé de comer,
y me lleve por la mano   a casa del coronel.

Y este varón que tengo   a la guerra lo echaré
20 para que busque a su padre   o muera junto con él.
—Calla, calla, mi señora,   calla, calla, mi mujer,
yo soy tu esposo marido   y tú mi amada mujer.

8.4

—Soldadito de la guerra,   ¿de la guerra viene usted?
¿Usté ha visto a mi marido   en la guerra alguna vez?
—No, señora, no lo he visto,   diga usté las señas de él.
—Mi marido es blanco y rubio   con el tipo aragonés
5 y en la punta de su espada   lleva las armas del rey.
—Sí, señora, sí lo he visto   y murió hace más de un mes,
y dejó en su testamento   que me case con usted.
—No lo permita la Virgen   ni mi madre santa Inés,
que las tres hijas que tengo   yo las acomodaré:
10 una en casa de doña Juana,   otra en casa de doña Inés,
y la más chiquirritica   con ella me quedaré
para que barra la casa,   y que me dé de comer,
y me lleve de la mano   a casa del coronel.

República Dominicana

9.1

—Señora, yo voy para Francia,   señora, ¿qué manda usted?
—Señor, yo no mando nada,   le agradezco su merced,
mi marido que está allá   memorias me le da usted.
—No conozco a su marido   ni lo pienso conocer.
5 —Mi marido es alto y joven,   con el habla muy cortés
y en el puño de su espada   lleva un ramo de laurel.
. . .   Tres hijas tuve con él;
una le doy a doña Ana   y otra a doña Inés,
y ésta, por ser la más chica,   con usted la casaré.
10 —¿Cómo me voy a casar   con hija que yo engendré?

9.2

—Soldadito, soldadito,   ¿de dónde ha venido usted?
—De la guerra, señorita,   ¿qué se le ha ofrecido a usted?
—¿Usted ha visto a mi marido   en la guerra alguna vez?
—No, señora, no señora,   ni tampoco sé quién es,

5   déme las señas, señora,   que lo quiero conocer.
—Mi marido es alto y rubio,   gentil hombre aragonés,
en la punta de la lanza   lleva un pañuelo bordés,
lo bordé siendo niña,   siendo niña lo bordé,
y ahora le estoy bordando otro   para cuando venga usté.
10   —Por las señas que me ha dado,   su marido muerto es,
lo mataron en Valencia,   en casa de un genovés.
—Siete años lo he esperado,   siete más lo esperaré,
y si a los catorce no viene   a monja me meteré.
—Calla, calla, Isabelita,   calla, calla, mi mujer,
que yo soy tu querido esposo   y tú mi querida mujer.

9.3

—Caballero jerezano   que ha venido de Jerez,
déme razón de mi esposo   si acaso lo conocéis.
—Déme las señas, señora,   quizás lo conoceré.
—Mi marido es un tal hombre,   en su hablar es muy cortés,
5   del lado derecho carga   las propias armas del rey,
y en la punta de la espada   un ramillete de laurel.
—Por las señas que me ha dado   su marido muerto es,
en el juego de los dados   lo ha matado un genovés,
y en el testamento puso   que me case con usted.
10   —No lo permitan los santos,   ni el arcángel san Gabriel,
diez años que lo he esperado   otros diez lo esperaré,
y si acaso no volviere   a monja me meteré.
Tres hijos que me ha dejado: dos se los daré al rey
y uno lo meteré de fraile   para que ruegue por él.

9.4

—Yo soy la recién casada   que no ceso de llorar,
me abandonó mi marido   por amar la libertad.
Venga acá, mi buen soldado.   ¿No ha visto usted a mi marido?
—No, señora, no lo he visto,   déme usted las señas de él.
5   Él es alto, blanco y rubio,   tiene tipo de francés,
y en el puño de la espada   tiene el nombre de Isabel.
—Sí, señora, yo lo he visto,   hace un año que murió;
en la plaza Cartagena   un español lo mató.
—Ya se murió mi marido,   tan solita yo quedé,
10   y me miro en el espejo: ¡qué joven viuda quedé!
Yo me voy para la plaza,   voy a comprar mis verduras,
para que la gente diga: ¡Qué joven quedó la viuda!
Para que los hombres digan: ¡A mí me gusta la viuda!

Puerto Rico

10.1

—Señora, voy para Francia,   señora, ¿qué manda usted?
—Si usted viese a mi marido,   memorias le dará usted.
—No conozco a su marido,   lo quisiera conocer.
—Mi marido es alto y guapo,   gentil hombre aragonés.
5   En la punta de su espada,   lleva un ramo de ciprés.
—Por las señas que usté ha dado,   su marido muerto es.
—Pobrecito, mi marido,   ¿cuándo lo volveré a ver?
—En el testamento dice,   que me case con usted.
—Siete años lo he esperado,   siete más lo esperaré,
10 si a los catorce no viene,   a monja me he de meter,
y las tres hijas que tengo,   todas las repartiré:
una para doña Juana,   otra para doña Inés,
y con la más chiquitita,   con ésa me quedaré,
para que me lave y planche,   y me haga de comer;
15 y un hijito que me queda,   tendrá que servir al rey.
—Catalina, Catalina,   esposa querida y fiel,
yo soy tu querido esposo   y te quedarás con él.

10.2

—Catalina, Catalina,   blanca flor de Limamé,
mañana me voy pa Francia,   ¿qué manda?, ¿qué quiere usted?
—Que si encuentra a mi marido,   me lo pueda saludar.
—Si no lo conozco a él   ¿cómo lo he de saludar?
5   —Mi marido es blanco y delgado,   viste y calza a lo francés,
anda en un caballo blanco   que le dio el moro Cortés.
—Por la planta que usted me da   su marido muerto es.
Y en el testamento dijo   que me case con usted.
—Siete años le he aguardado   como una honrada mujer,
10 y si a los ocho no viene,   de monja me meteré.
Una hijita que dejó,   conmigo la cargaré.
—Pues si usted se mete a monja,   a Francia me volveré.

Venezuela

11.1

—Señora, me voy a Francia,   dígame, ¿qué manda usted?
—Señor, yo no mando nada,   . . .

o una carta a mi marido   que por allá debe ver.
—No conozco a su marido,   ni pretendo conocer;
5   si quiere que lo conozca,   déme una señita de él.
—Mi marido es un zambito,   en el hablar muy cortés;
anda en un caballo rucio,   que le regaló un francés.
—Por las señas que me da,   su marido muerto es,
que lo mataron jugando   en la casa de un inglés.
10   —Siete años ha que lo espero,   y siete lo esperaré,
si en otros siete no viene,   a monja me meteré.
Tres hijitas que de él tengo,   ésas las repartiré:
una le daré a doña Ana   y la otra a doña Merced;
la más chiquita la dejo   para recordarme de él.
15   —Búsqueme sus tres hijitas   que las quiero conocer.
¡Mariquita, Mariquita,   linda flor de araguaney,
éstas son mis tres hijitas,   tú mi querida mujer!
Allí se echaron los brazos   y volviéronse a querer.

11.2

—Señora, me voy a Francia,   señora, ¿qué manda usted?
—¿Ha visto usté a mi marido   en la guerra alguna vez?
—No lo conozco, señora,   ni lo quiero conocer.
—Mi marido es hombre joven,   blanco y alto como usted,
5   monta en una yegua blanca   que le regaló un francés.
—Por las señas que me ha dado   su marido muerto es.
—Siete años lo he esperado   y siete lo esperaré,
las hijitas que me quedan,   todas las repartiré:
una le daré a Mercedes   y la otra a doña Isabel;
10   la más pequeña de todas,   con ella me quedaré,
la más pequeña de todas,   porque se parece a él.
Si a los siete años no viene,   a monja me meteré.

Colombia

12.1

Estaba Catalina sentada   debajo un laurel,
con los pies en la frescura,   viendo las aguas correr.
De pronto pasó un soldado,   y le hizo detener:
—Deténgase, mi soldado,   que una pregunta le haré:
5   óigame, soldadito,   ¿de la guerra viene usted?
¿Si no ha visto a mi marido   en la guerra alguna vez?
—Si lo he visto no me acuerdo,   déme usted las señas de él.

—Mi marido está todo rubio y buen mozo igual que usted,
tiene una habla muy ligera y un ademán muy cortés,
10 y en la cacha de la espada lleva el nombre de Marfel.
—Por sus señales, señora, su marido muerto es.
En la mesa de los dados lo mató un genovés,
y de encargo me ha dejado que me case con usted,
y que cuide de sus hijos, conforme cuidaba él.
15 —Eso sí, que no lo haré. ¡No me lo permita Dios!
Siete años lo he esperado y siete lo esperaré.
Si a los catorce no viene, yo de monja me entraré;
y a mis tres hijos varones los mandaré para el rey,
a que le sirvan de vasallos y que mueran por la fe.
20 Y a mis tres hijas mujeres conmigo las llevaré.
—Calla, calla, Catalina, calla, infeliz mujer,
hablando con tu marido y sin poderlo conocer.

12.2

Catalina, Catalina, del sitio del limonés,
mañana me voy pa Francia, ¿qué pedís o qué queréis?
—Nada pido, nada quiero, sino lo que te encargo es:
que si ves a mi marido, ¡saludos me le darés!
5 —Yo sí te los entregaré, pero yo no sé quién es.
—Es un mocito alto de cuerpo, muy admirable y cortés;
anda en un caballo blanco y al verlo una paloma es.
—A las señas que vos me dais ya tu marido muerto es,
que en el juego de madama lo mató una virondés.
10 —No lo permita mi Dios, ni san Pedro, ni su ley,
que seis años lo he esperado y otros seis lo esperaré.
Y si mi marido no viene, de monja me meteré.
Tres hijas doncellas que tengo conmigo las llevaré;
un hijo varón que tengo a servir al rey lo daré.

12.3

—Soy la pobre viudita, hace años me casé;
mi marido me ha abandonado por querer a otra mujer.
—Buenas tardes, mi buen señor, ¿ha visto a mi marido?
—No, señora, no, señora, déme la señal de él.
5 —Mi marido es alto y grueso tiene tipo de francés,
y en el puño de la manga lleva el nombre de Ismael.
—Sí, señora, sí, señora, aquí mismo lo enterré.
—Pobrecito mi marido y en el cielo lo encontraré.

12.4

—Yo soy la recién casada   venida de Panamá.
Mi marido me abandona   por la mucha libertad.
Dime tú, mi buen soldado,   ¿mi marido en dónde está?
—Señora, no lo conozco   ni sé qué tipo será.

5   —Mi marido es alto y rubio,   tiene tipo de francés;
en el puño de la espada   lleva el nombre de Isabel.
—Sí, señora, lo conozco,   hace un año que murió;
en los campos de batalla   un soldado lo mató.
—Mi marido ya murió.   Yo me visto de café.

10   Al mirarme en un espejo,   qué moza viuda quedé.
Yo me voy para la plaza   a comprar unas verduras,
para que diga la gente: ¡Qué hermosa quedó la viuda!

Ecuador

13.1

Mambrú se fue a la guerra   y no sé cuándo vendrá;
si vendrá por Pascua y Reyes   o vendrá por Navidad.
—Diga usted, señor soldado,   usted que ha servido al rey,
si le ha visto a mi marido   por Flandes alguna vez.

5   —No, señora, no lo he visto;   déme usted las señas de él.
—Mi marido es Félix Blanco,   Félix Blanco, aragonés,
y en el puño de su espada   carga las armas del rey.
—Sí, señora, sí lo he visto,   su marido murió ya
y dejó por testamento   que me case con usted.

10   —Que el cielo no lo permita,   ni mi padre san Andrés,
que una niña de quince años   se case por sexta vez.

Perú

14.1

—Catalina, lindo nombre,   rico pelo aragonés,
mañana me voy a España,   ¿qué encargáis o qué queréis?
—¡Ay, caballero de mi alma!,   un encarguito le haré:
si lo viese a mi marido,   dos mil abrazos le dé.

5   —Dime las señas que tiene,   que lo pueda conocer.
—Él es un gallardo joven,   en el hablar muy cortés,

en la copa del sombrero   lleva un peine aragonés,
y en el puño de la espada   carga las armas del rey.
—Catalina, lindo nombre,   rico pelo aragonés,
10 por las señas que me das,   tu marido muerto es;
en la plaza de los turcos,   muerto por un genovés.
También me hizo un encarguito: que me case con usted,
y que cuide la familia   como él lo solía hacer.
—¡Ay, caballero de mi alma,   por ahí no me engaña usted!
15 Si seis años le he aguardado,   otros seis le aguardaré;
y si acaso no viniere,   de monja me entraré.
Tres hijos varones tengo,   al rey se los enviaré,
que acrecenten sus vasallos   y reconozcan su fe;
tres hijas mujeres tengo   que al convento que entrare
20 con ellas me entraré . . .
Así se acaban los versos   de una famosa mujer,
hablando con su marido   sin poderlo conocer.

14.2

—Diga usted, señor soldado,   ¿de la guerra viene usted?
¿No me ha visto a mi marido   que a la guerra fue también?
—No lo he visto, mi señora,   ni lo conozco, tal vez.
Déme usted qué señas tiene   y yo daré razón de él.
5 —Mi marido es Félix Blanco,   Félix Blanco, aragonés,
y en los puños de la espada   lleva las armas del rey.
—Sí, lo he visto, mi señora,   y lo conozco también;
su marido ya es muerto,   ya es muerto más de un mes,
y en su testamento deja   que me case con usted.
10 —No permita el Dios del cielo   ni el glorioso san Andrés
que una niña de quince años   se case segunda vez.
Las tres hijitas que tengo   Dios las ha de mantener:
una para doña Juana,   otra para doña Inés,
y la más chichirritica   se la daré al coronel.

Chile

15.1

Catalina, Catalina,   lindo cuerpo aragonés,
yo me embarco para Francia,   ¿qué dice su piquerey?
—No le encargo ni le pido   y menos que me dé,
que si veis a mi marido   mil encomiendas le deis.

5   —Las señas de su marido... —Sí señor, se las daré:
él es blanco, pelo rubio,   y en el hablar muy cortés,
en la punta del bastón   tiene las armas del rey.
—Por las señas que me da,   su marido muerto es,
en Valencia lo mataron   en casa de un genovés,
10   y me encargó a sus hijitas   y sus haciendas también,
y por más señas me dijo: cásese con mi mujer.
—Quita, noble caballero,   desatento y descortés,
que a mi marido de mi alma   seis años lo esperaré.
Si a los seis años no vuelve,   de monja me entraré.
15   Tres hijos varones tengo,   los tres se los mando al rey,
que peleen por la patria   y defiendan por la fe.
La abrazó entonce' y le dijo: —Tú eres mi honrada mujer.

15.2

—Soldadito, soldadito,   ¿de dónde ha venido usted?
—De la guerra, señorita,   ¿qué se le ha ofrecido a usted?
—¿Lo ha visto usted a mi marido   en la guerra alguna vez?
—Señora no lo conozco,   déme una seña y le digo.
5   —Mi marido es alto y rubio,   alto rugoso también,
en la punta de su lanza   lleva una marca de él.
—Señora, sí lo conozco,   su marido muerto es;
lo llevaron a Valencia   a casa de un primo de él.
—Siete años he esperado,   otros siete esperaré;
10   si no llega a los catorce,   de monja me dentraré.
—Calla, calla, Chabelita,   calla, calla, por favor,
yo soy tu querido esposo   y tú, mi linda mujer.

15.3

—Catalina, Catalina,   lindo cuerpo y lindo pie,
yo me embarco para Francia,   ¿qué mandar a tu querer?
—A usted que va para Francia,   un encargo le haré:
que si viese a mi marido   mil encomiendas le dé.
5   Las señas de mi marido   yo se las daré:
Él es blanco, pelo rubio,   y en el hablar muy cortés,
en la punta de la espada   lleva las armas del rey.
—Por las señas que me da   su marido muerto es,
en el juego de los dados   le mató un genovés.
10   Pero un encargo, señora,   me dejó y se lo diré:
que le cuide sus hijitos   y me case con usted.
—Quita, quita, caballero,   caballero descortés,
diez años lo he de esperar   como una honrada mujer.

Si a los diez años no vuelve,   al monasterio me iré.
15   Dos hijas mujeres tengo,   con ellas me entraré;
dos hijos varones tengo,   al rey se los mandaré,
para que tomen las armas   y defiendan por la fe.

15.4

—Éste es el *Mambrú*, señores,   que lo cantaré al revés.
¿Ha visto usté a mi marido   en la guerra alguna vez?
—Por si yo lo hubiese visto   déme usted las señas de él.
—Mi marido es muy buen mozo,   muy gentil y muy cortés,
5   en la punta de la espada   lleva un pañuelo escocés,
que lo bordé cuando niña,   cuando niña lo bordé.
Con cuatro niñas que tengo   muy solita me quedé
y yo pienso colocarlas   a las cuatro de una vez:
una en casa 'e doña Juana   otra en casa 'e doña Inés,
10   una se queda conmigo   y otra se va con usted,
pa que le cosa y le lave   y le haga de comer.

Argentina

16.1

—Catalina, Catalina,   lindo nombre aragonés,
para España es mi partida   ¿qué encargo me hace usted?
—Que si lo ve a mi marido   mis recuerdos me le dé.
—¿Qué señas tendrá, señora,   para poder conocer?
5   Es alto, blanco y bizarro   y al hablar es muy cortés.
—Por las señas que me ha dado   su marido muerto es,
no lo mataron en guerra,   que lo mató un genovés;
todo el mundo lo ha llorado,   generales y un marqués,
y la que más lo ha llorado   fue la hija del genovés.
10   Por encargo me ha dejado   que me case con usted.
—Diez años lo he esperado,   otros diez lo esperaré
y si a los veinte no viene   yo de monja me entraré.
A mis tres hijas que tengo   al convento las daré
para que recen al alma   del padre que les dio el ser.
15   Al hijo varón que tengo   que vaya a servir al rey,
que le sirva de vasallo   y que muera por su ley.
Con la plata que ha dejado   un rosario compraré,
todas las noches por su alma   un rosario rezaré.
—Calla, calla Catalina,   calla, calla, fiel mujer,

20   hablando con tu marido   sin poderlo conocer.
       Esta noche, si Dios quiere, en tus brazos dormiré.

16.2

    Estaba la Catalinita   sentada bajo un laurel,
    con los pies en la frescura, viendo las aguas correr;
    entonces pasó un soldado y lo hizo detener.
    —Deténgase usted, soldado, que una pregunta le haré:
5   ¿No lo ha visto a mi marido en la guerra alguna vez?
    —Si lo he visto no me acuerdo, déme usted las señas de él.
    —Mi marido es alto y rubio, elegante y muy cortés
    y en el mango de la espada lleva escrito: "Soy marqués".
    —Por las señas que me ha dado, su esposo ha muerto ayer,
10   y me ha dejado encargado que me case con usted.
    —Eso sí que no lo he hecho, eso sí que no lo haré;
    siete años lo he esperado, otros siete esperaré,
    si a los catorce no viene, 'n un convento me entraré.
    A mis tres hijas mujeres conmigo las llevaré,
15   a mis tres hijos varones a la patria los daré,
    que sirvan como su padre y que mueran por su rey.
    —¡Calla, calla Catalina! ¡Cállate infeliz mujer!
    Hablando con tu marido sin poderlo conocer.

16.3

    —Catalina, Catalina, lindo nombre aragonés,
    mañana me voy a Francia, me mandáis lo que queréis.
    —Si lo véis a mi marido mil memorias le daréis.
    —Señora, dame una seña así lo conoceré.
5   —Las señas de mi marido: es un galán muy cortés
    y en las alas del sombrero lleva las armas del rey.
    —Por las señas que me ha dado su marido muerto es,
    en el juego de los dados lo mató un genovés.
    Lo que me ha recomendado es que me case con usted,
10   y que cuide a sus hijitos como él lo solía hacer.
    —Retírese en hora mala, no me sea tan descortés;
    si mi marido no vuelve diez años lo esperaré.
    Si a los diez años no vuelve de monja me meteré.
    Un solo hijo varón tengo al rey se lo entregaré.
15   Dos hijas mujeres tengo, conmigo las llevaré
    para que cuiden a Jesús, a Jesús, María y José.

16.4

—Soldadillo, soldadillo, ¿de dónde viene usted?
—De las guerras señorita, ¿qué se le ofrece a usted?
—¿No me ha visto a mi marido en la guerra alguna vez?
—No lo he visto, señorita, no sé qué señas tendrá.
5   —Mi marido es alto y rubio, alto, rubio, aragonés,
que en el mango de la espada lleva sello de marqués.
—Por las señas que me ha dado, su marido muerto es,
en las guerras lo mataron, mucha gente lo lloraba
...   y el hijo del marqués también,
10 y me dejó el encargue que me case con usted.
—Calle, calle gentil hombre, no me diga eso usted;
siete años lo he esperado, siete más lo esperaré
y si a los siete años no viene a un convento entraré.

Uruguay

17.1

—Catalina, Catalina, lindo nombre aragonés,
por España mi partido, me mandáis o qué queréis.
—Si vieseis a mi marido, mil recuerdos le daréis.
—Déme las señas, señora, que quizás lo conocéis.
5   —Es un hombre muy gallardo y de habla muy cortés,
y lleva un caballo blanco, por señas de aragonés.
—Por las señas que me ha dado, su marido muerto es;
en los juegos de los dados lo mató un genovés.
Me dejó recomendado que me case con usted,
10 y que cuide sus hijitos como él antes solía hacer.
—No me he de casar por cierto; siete años lo esperaré,
si a los siete años no viene de monja me meteré.
Tres hijos varones tengo, al rey se los entregaré
para que sean sus vasallos y le defiendan su fe.
15 Dos hijas mujeres tengo, conmigo las llevaré.
Aquí terminan los versos de aquella honrada mujer
que hablaba con su marido sin poderlo conocer.

17.2

—Soldadito, soldadito, ¿de dónde viene usted?
—Yo vengo de la guerra. ¿Qué se le ofrece a usted?

  —Mi marido fue a la guerra y usted lo conocerá.
  —Déme las señas, señora, y démelas por piedad.
5 —Mi marido es alto y rubio muy galante y muy cortés,
  . . .   parecido con usted
  y en el puño de la espada lleva insignia de marqués.
  —Por las señas que me ha dado, su marido muerto es,
  y lo que más me ha pedido es que me case con usted.
10 —Quítese de aquí, soldado, no me sea tan recortés;
  siete años lo he esperado y siete lo esperaré.
  Si en esos siete no viene yo de monja me pondré,
  y a mi hija de quince años a educarla la pondré.
  —Bendita sea, Catalina, bendita sea su fe,
15 que esta noche si Dios quiere mil abrazos te daré.

17.3

  Un día estando en mi casa tejiendo y labrando seda,
  vi venir un caballero por altas sierras morenas.
  Atrevíme a preguntarle si venía de la guerra.
  —Sí, señora, de allá vengo. ¿Tiene usted algo que le duela?
5 —A mi marido del alma, seis años hace anda en ella.
  —Déme las señas, señora, para poderlo conocer.
  —Las señas que le daré las diré si se me acuerdan:
  él lleva zapatos blancos, la silla morada y negra.
  —Ese tal hombre, señora, días hace muerto es,
10 me dejó recomendado que me case con usted.
  —Eso sí que no haré yo; seis años lo aguardaré,
  y si a los seis años no viene monja me quiero poner.
  Tres hijos que me han quedado yo se los daré a mi rey,
  que los eche en sus batallas o que mueran por la ley.
15 Aquí se acaban los versos de esta buena mujer,
  hablando con su marido no lo puede conocer.

17.4

  —Catalina, Catalina, lindo cuerpo aragonés,
  para España mi partida, ¿qué querés o qué mandés?
  —Si me ves a mi marido, muchos saludos le des.
  —Déme las señas, señora, tal vez lo conoceré.
5 —Era hombre muy bizarro y en el hablar muy cortés.
  —Por las señas que me ha dado su marido muerto es,
  que en el juego de los dados lo ha matado un genovés,
  y a mí me ha dejado dicho que me case con usted.
  —Quíteseme de adelante, pedazo de descortés,

10   diez años va que lo espero y diez más lo esperaré;
      si en los diez años no viene de monja me meteré;
      y a mis dos hijas mujeres conmigo las llevaré,
      y a mis dos hijos varones al rey los entregaré,
      que defiendan su bandera como él lo sabía hacer.

XXXI. SILVANA (CGR 0005)

Romance al parecer conocido de antiguo (F. Melo cita su comienzo en 1646). No fue impreso hasta este siglo. Su difusión es escasa y muchas versiones han perdido el motivo de la aparición de la esposa muerta en el lecho del rey (lo que justifica su espanto y su arrepentimiento). Por la semejanza del tema (incesto) su comienzo se integra a menudo a *Delgadina*, del que constituye el primer episodio.

En América sólo hay hasta ahora cuatro versiones puras, las cuatro bastante maltratadas; todas proceden de Puerto Rico.

Bibliografía

Textos americanos: cf. 2, 18, 56.

Otros textos hispánicos: cf. *Alonso*, p. 36; *Alvar 66*, 98; *Alvar 71*, 207; *Catalán*, 21, 106, 251, 351; *Cossío-Maza*, 162; *Costa*, 92; *Ferré*, p. 203; *Petersen*, p. 218; *Schindler*, 12; *Trapero 87*, 13 y 127.

Estudios: cf. E-46, E-52.

TEXTOS

Puerto Rico

10.1

```
...                        —Silvana, hijita mía,
   si te me entregas doncella   yo mi reino te daría.
   Si no lo haces, Silvana,   te mando quitar la vida.
   En el cuarto de más abajo,   Silvana, te esperaría.
5  La madre, que había muerto,   se le apareció al mal padre y le dijo:
   —Si quieres tú una doncella,   aunque te espante mi venida,
   seré doncella otra vez   y salvaré a mi hija.
   ...
```

(El padre, del susto se murió).

XXXII. LAS TRES CAUTIVAS (CGR 0137)

Del acervo infantil y de tradición oral moderna; quizás por su tema con raíces antiguas. Las versiones que conocemos son muy semejantes y sus variantes mínimas, aunque algunas (bastante escasas) finalizan con la muerte de las cautivas a manos del moro o de la reina.

Bastante difundido en la Península, sólo poseemos cuatro versiones de tres países americanos.

Bibliografía

Textos americanos: cf. 17, 46, 49, 68.

Otros textos hispánicos: cf. *Alonso*, p. 69; *Alvar 71*, 188; *Catalán*, 166; *Córdova*, p. 215; *Cossío-Maza*, 186; *Díaz-Delfín*, p. 224; *Díaz V.*, p. 53; *Echevarría*, 73; *García M.*, 166; *Gil*, I, 3, II, 49; *Marazuela*, p. 384; *Menéndez Pelayo*, 12; *Petersen*, II, p. 121; *Piñero-Atero*, p. 92; *Puig*, p. 123; *Schindler*, 28; *Trapero 82*, p. 175.

TEXTOS

República Dominicana

9.1

En el campo moro,   en la verde oliva,
donde cautivaron   tres hermosas niñas;
el pícaro moro   que las cautivó
a la reina mora   se las entregó:
5   —Toma, reina mora,   estas tres cautivas
para que te laven,   para que te sirvan.
La mayor lavaba,   la menor tendía
y la más pequeña   el agua subía.
Un día en la fuente,   en la fuente fría,

[251]

10   encontróse un viejo,   y así le decía:
      —¿Dónde vas, buen viejo,   camina y camina?
      —A buscar tres hijas   que perdí hace días.
      —¿Cómo se llamaban   esas tres cautivas?
      —La mayor Constanza,   la menor Sofía
15   y la más pequeña   es mi Rosalía.
      Cuando así le hablaba   díjole la niña:
      —Tú eres mi padre,   yo soy tu hija,
      voy a contárselo   a mis hermanitas.
      Constanza lloraba,   Sofía gemía
20   y la más pequeña   de gozo reía.
      —No llores, Constanza,   no gimas, Sofía,
      que la reina mora   os vuelve a la vida.

Puerto Rico

10.1

      En el campo moro   y en la verde oliva,
      donde cautivaron   tres hermosas niñas;
      el pícaro moro   que las cautivó
      a la reina mora   se las entregó.
5   —Toma, reina mora,   estas tres cautivas
      para que te laven,   para que te vistan.
      La mayor lavaba,   la menor tendía
      y la más pequeña   el agua subía.
      Un día en la fuente,   en la fuente fría,
10   la encontró un buen viejo,   camina y camina.
      —¿Dónde vas, buen viejo,   camina y camina?
      —A buscar tres hijas   que perdí hace días.
      —¿Cómo se llamaban   esas tres cautivas?
      —La mayor Constanza,   la menor Sofía
15   y la más pequeña   es mi Rosalía.
      —Tú eres mi padre,   dícele la niña,
      yo voy a contárselo   a mis hermanitas.
      La mayor lloraba,   la menor gemía
      y la más pequeña   de gozo reía.
20   —No llores, Constanza,   no gimas, Sofía,
      que la reina mora   os vuelve a la vida.

Chile

15.1

En el campo moro   y en la verde oliva,
donde cautivaron   tres hermosas niñas;
el pícaro moro   que las cautivó
a la reina mora   se las entregó.
5 —Toma, reina mora,   estas tres cautivas
para que te laven,   para que te vistan.
La mayor lavaba,   la menor tendía
y la más pequeña   el agua subía.
Un día en la fuente,   en la fuente fría,
10 se encontró un buen viejo,   camina y camina.
—¿Dónde vas, buen viejo,   camina y camina?
—A buscar tres hijas   que perdí hace días.
—¿Cómo se llamaban   esas tres cautivas?
—La mayor Costanza,   la menor Sofía
15 y la más pequeña   es mi Rosalía.
—Tú eres mi padre.   —Tú eres mi hija.
—Voy a contárselo   a mis hermanitas.
Constanza lloraba,   Sofía reía
y la más pequeña   de gozo reía.
20 —No llores, Constanza,   no gimas, Sofía,
que la reina mora   las vuelve a la vida.

XXXIII. LA VIRGEN Y EL CIEGO (CGR 0226)

Romance religioso bastante difundido en el mundo hispánico (salvo en la tradición sefardí). Hay 75 versiones americanas de trece países.

No presenta por lo general variantes importantes, aunque en algunas versiones el milagro de la Virgen no es devolverle la vista al ciego, sino llenarle el huerto de naranjas. Hay dos motivos que alternan (y a veces coexisten): las tres naranjas que distribuye la Virgen y los muchos frutos que brotan por cada uno que ella corta. Hay pequeñas variaciones en la apertura y, algunas veces, cruces mínimos con otros romances religiosos. Se suele cantar en Navidad, pero no exclusivamente.

Bibliografía

Textos americanos: cf. 5, 7, 13bis, 15, 21, 23, 24, 25, 26, 33, 43, 47, 52, 54, 55, 68, 73, 82, 84, 88, 93, 109, 115, 116, 118, 120, 121, 127, 135, 140, 155, 164, 165.

Otros textos hispánicos: cf. *Alonso*, pp. 137 y 215; *Alvar 71*, 222; *Catalán*, 184, 295, 382; *Córdova*, p. 321; *Díaz-Delfín*, I, p. 134, II, p. 111; *Díaz V.*, p. 205; *García M.*, 67; *Gil*, I, 43; *Menéndez Pelayo*, pp. 313, 322 y 59 y 29; *Milá*, p. 267; *Petersen*, II, p. 88; *Piñero-Atero*, p. 88; *Schindler*, 47; *Trapero 87*, 256, 259.

TEXTOS

Estados Unidos

1.1

Ahí arriba en aquel alto   venden ricos naranjeros,
ciego es el que los vende,   ciego es el que no ve.

—Ciego, déme una naranja   para mi niño comer.
—Entra adentro, la señora,   y coja las que quisɪera.
5   Una cogió para mi niño comer   y cientas volvieron a nacer.
Camina la Virgen pura   y camina para Belén
con su niño entre los brazos   que es el Jesús de Nazarén.
Cuando ella día llegando   ya lo estaban crucificando,
cuando ella llegó   ya le habían remachado los clavos.[24]

México

2.1

Camina la Virgen pura   de Egipto para Belén
y a la mitad del camino   el niño tenía sed.
Allá arriba, a lo lejos,   hay un viejo naranjal,
un ciego lo está cuidando   ¡qué diera ciego por ver!
5   —Ciego mío, ciego mío,   si una naranja me dier
para la sed de este niño   un poquito entretener.
—Ay, señora, sí, señora,   toma ya las que quisier.
El niño, como era niño,   todas las quiere coger,
la Virgen, como era Virgen,   no quería más de tres.
10   Apenas se va la Virgen,   el ciego comienza a ver.
—¿Quién ha sido esta señora   que me ha hecho tal merced?
—Ha sido la Virgen pura   que va de Egipto para Belén.

Guatemala

3.1

Camina la Virgen santa   con el niñito Jesús
pero van tan cansaditos   y el niño quiere beber.
—No tomes agua, mi hijito,   que es agua de malos pasos,
turbias se encuentran las aguas   y no se deben beber.
5   Camina la Virgen santa   un poquito hacia adelante
hasta que encuentra un cieguito   en un huerto rebosante.
—Ay, cieguito bondadoso,   regálame una naranja
porque no tengo dinero   y mi hijito tiene sed.
—Pase usted, buena señora,   corte lo que ha de querer;

---

[24] Estos dos últimos versos son un cruce con otro romance religioso: *La búsqueda de la Virgen* (VII).

10   y mientras más le cortaban   más volvían a nacer.
El niño Dios, bondadoso,   se lo quiso agradecer:
el niño que alza la mano   y el ciego la pudo ver.

Nicaragua

5.1

Camina la Virgen pura,   camina para Belén.
En la mitad del camino   pidió el niño de beber.
Le dice la Virgen pura:
—No pidas agua, mi vida,   no pidas agua, mi bien,
5   que las aguas están turbias   y no se pueden beber.
Caminan adelantito   siguiendo para Belén,
en eso dan con un huerto   de un cieguito que no ve.
Le dice la Virgen pura: —Ay, cieguito que no ve,
regálame una naranja   pues el niño tiene sed.
10   Le responde el ciego y dice:
—Corte todas las que quiera   para el niño y para usted.
Cuanto más cortaba el niño,   más volvían a nacer,
si una naranja cortaba,   el palito daba tres.
Le dice la Virgen pura: —Dios te pague, mi bien;
15   pero el niño se ha arrimado,   pues le quiere agradecer,
con la mano lo bendice   y abre los ojos y ve.
Y aquí acaba este corrido   del cieguito de Belén,
el ciego tiene su vista   y el niño no tiene sed.

Costa Rica

6.1

Camina la Virgen pura   de Egipto para Belén
en la borriquita mansa   que le compró san José;
lleva un niño entre los brazos   y el santo camina a pie.
Mas en medio del camino   el niño tenía sed.
5   —No pidas agua, mi niño,   no pidas agua, mi bien,
que los ríos vienen turbios   y no se pueden beber.
Más arriba, en aquel alto,   hay un verde naranjel,
hay un ciego que me espera,   es un ciego que no ve.
—Por Dios pido al viejo,   así Dios te deje ver,

10   que me des una naranja   que mi niño tiene sed.
—Coja la que a usted le guste,   que toditas son de usted.
La Virgen, por ser tan buena,   no ha cogido más de tres;
una se la dio a su niño   y otra se la dio a José
y otra se dejó en sus manos   para la Virgen oler.
15   Saliendo de aquel collado,   el ciego comenzó a ver.
—¿Quién es esta señora   que me ha hecho tanto bien?
Era la Virgen María,   la que al ciego hizo ver.

6.2

Camina la Virgen pura   de Egipto para Belén.
En la mitad del camino   el niño tenía sed.
Allá arriba, en aquel alto,   había un viejo naranjel,
un ciego lo está cuidando   ¡qué diera el ciego por ver!
5   —Ciego mío, ciego mío,   si una naranja me dieras
para la sed de este niño   un poquito entretener.
—Ah, señora, sí señora,   coged todas las que queráis.
La Virgen, como era Virgen,   no cogía más de tres,
el niño, como era niño,   todas las quería coger.
10   Apenas se va la Virgen,   que el ciego comienza a ver.
—¿Quién ha sido esta señora   que me ha hecho esta merced?
—Ha sido la Virgen pura   que va de Egipto para Belén.

Cuba

8.1

Caminemos, caminemos   hasta llegar a Belén
que en las puertas de Belén   hay un rico naranjel,
el guardador que las guarda,   ¡pobre ciego!, no las ve.
—Ciego, dame una naranja   para el niño entretener.
5   Escójala usted, señora,   escoja las que queréis.
Cuantas más cogía la Virgen,   más tenía el naranjel.
—¿Quién es esta señora   que me ha hecho tanto bien?
—La madre de Jesucristo   que va derecho a Belén.

República Dominicana

9.1

Estando por el camino   la Virgen y san José,
al niño le entró sed   y pidió agua que beber.
—No pidas agua, mi niño,   no pidas agua, mi bien,
que los ríos están turbios   y no se puede beber.
5   Más arriba hay un naranjel
que quien lo cuida es un ciego,   ciego que gota no ve.
—Ciego, dame una naranja   para el niño entretener.
—Coja usted, señora,   las que fueren menester.
Mientras la Virgen cogía,   más tenía el naranjel.
10   Cuando la Virgen se fue   el ciego comenzó a ver.
—¿Quién será esa señora   que me ha hecho tanto bien?
Será la Virgen María   y el patriarca san José.

Puerto Rico

10.1

Camina la Virgen pura   de Egipto para Belén
en una burrita mansa   que le compró san José;
lleva al niño entre sus brazos,   el santo camina a pie.
Mas en medio del camino   pide el niño de beber.
5   —No pidas agua, bien mío,   no pidas agua, mi bien,
que los ríos vienen turbios   y no se puede beber.
Allá en el monte san Pablo   hay un rico naranjal,
el que lo estaba cuidando   es un ciego que no ve.
—Por Dios te pido, buen ciego,   y así Dios te deje ver,
10   que me des una naranja,   que mi niño tiene sed.
—Entre usted, señora, y coja   las que fuere menester.
Fue cogiendo una a una   y floreciendo de tres en tres.
La Virgen, como es prudente,   le cogió tan sólo tres;
una se la dio a su niño,   otra se la dio a José
15   y otra se quedó en la mano   para la Virgen oler.
Camina la Virgen pura   de Egipto para Belén
y a los tres pasos que dio   comenzó el cieguito a ver.
—¿Quién será esa señora   que me ha hecho tanto bien?
Me ha dado luz en los ojos   y en el corazón también.
20   —Era la Virgen María   que te ha venido a ver.

Venezuela

11.1

La Virgen se fue en viaje   del Valle para Belén
y en la mitad del camino   le pidió el niño a beber.
—No te puedo dar, mi vida,   ni te puedo dar, mi bien,
que bajan las aguas turbias,   ríos y fuentes también.
5 Pasemos pa más adelante   donde vide un naranjel
que lo cuida un triste ciego,   un ciego que nada ve.
—Ciego, dame una naranja   para el niño matar la sed.
—Coja, coja, mi señora,   las que haya de menester.
La Virgen iba cogiendo   naranjas de tres en tres,
10 el naranjo iba floreciendo   naranjas de seis en seis.
La Virgen que se despide   y el ciego que empieza a ver.
—¿Cuál será esta gran señora   que me hace tanta merced?
¿Si será la Virgen pura   o el patriarca san José?
Con esto, yo no digo más,   que soy corto de memoria
15 y aquí se acaba el romance   del redentor de la gloria.

11.2

Salió la Virgen y el niño   de España para Belén
y en la mitad del camino   pidió el niño de beber.
—No te puedo dar, mi niño,   no te puedo dar, mi bien,
porque las nubes 'tan secas,   ríos y fuentes también.
5 Allá arriba, en aquel alto,   'ta un palo de naranjel
que lo sembró un pobre ciego   con la esperanza de ver.
Llegó: —Dame una naranja   pa mi niño cortar sed.
—Cójala usted, mi señora,   todas las que ha menester.
La Virgen despegó una   y el ciego principió a ver,
10 cuando la Virgen se fue,   la vista volvió a su ser.
—¿Quién será esa mujer   que me ha dado esta merced,
si será la Virgen santa   y el patriarca san José?

Colombia

12.1

Camina la Virgen pura   del Egipto para Belén
en la burrica mansa   que le compró san José;
lleva el niño entre sus brazos   y el santo camina bien.
En el medio del camino   el niño tenía sed.

5 —No pidas agua, mi niño, no pidas agua, mi bien,
que los ríos vienen turbios y no se pueden beber.
Más arriba, en aquel alto, hay un rico naranjal
que el hombre que lo cuida es un hombre que no ve.
—Por Dios pido, buen viejo, que así Dios te deje ver,
10 que me des una naranja, que mi niño tiene sed.
—Entre usted, señora, y coja lo puede embellecer.
La Virgen, como prudente, se cogió tan sólo tres.
Una se la dio a su niño, otra se la dio a José,
otra se quedó en la mano para la Virgen no ve.
15 El niño, como era niño, no se sabe de coger;
por una que coja el niño, cien vuelven a florecer.
Camina la Virgen pura y el viejo comienza a ver.
—¿Quién ha sido esta señora que me ha hecho tanto bien,
que me ha dado luz en los ojos y en el corazón también?
—Era la Virgen María, que ha venido a Belén.

12.2

Camina la Virgen pura, camina hacia Belén
con un niño entre los brazos que es el gozo del Edén.
En la mitad del camino pidióle el niño de beber.
—No pidas agua, mi niño, no pidas agua, mi bien,
5 que los ríos corren turbios y los arroyos también,
las fuentes manan sangre que no se debe beber.
Allá arriba, en aquel alto, hay un dulce naranjal
cargadito de naranjas, que otro no puede haber;
es un ciego el que las manda, ciego que no puede ver.
10 —Dame, ciego, una naranja para el niño entretener.
—Coja usted, señora, las que ha de menester.
Cogieron de una en una, salieron de cien en cien.
—¿Quién sería esta señora que me hizo tanto bien?
—Era la Virgen pura que camina hacia Belén.

Chile

15.1

Camina nuestra Señora, camina para Belén,
con un niño entre los brazos que daba gusto de ver.
En la mitad del camino pidió el niño de beber.
—No pidas agua, mi niño, no pidas agua, mi bien,

5   que las aguas corren turbias de no poderse beber.

. . .

—Dame, ciego, una naranja, que yo te la pagaré.
—Yo te la daré, señora, de este verde naranjel.
Se las daba de una en una, salían de cien en cien.
10 Cuando le dio la primera, el ciego comenzó a ver,
cuando le dio la postrera, el ciego veía bien.

15.2

Camina la Virgen pura para el portal de Belén;
en la mitad del camino pide el niño de beber.
—No pidas agua, le dice, no pidas agua, mi bien,
que las aguas vienen turbias que no se pueden beber.
5 Se va por un pergo abajo y se encuentra un naranjel,
lo cuida un cieguecito, ciego, porque nada ve.
—Señor ángel de los cielos, hágame usted una merced
de darme una naranjita para apagar esta sed.
Le contesta el cieguecito: —Haga usted su menester.
10 Mientras la Virgen tomaba, se floreció el naranjel.
La Virgen, con tres naranjas, dio el beber a su niñito;
con su sombra, al retirarse, le dio vista el cieguecito.

Argentina

16.1

La Virgen va caminando por el caminito de Belén,
como el camino es muy largo, al niño le ha dado sed.
—Calla, niño de mi vida, calla, niño de mi bien,
que allí adonde vamos hay un dulce naranjel.
5 El dueño de las naranjas es un cieguito, y no ve.
—Y válgame una naranja para el niño entretener.
—Entré, señora, y corte lo que se le he menester.
Como la Virgen es muy corta, no se corta más que tres.
Una le dio a su niño, otra le dio a san José
10 y otra quedó en sus manos para la Virgen beber.
Después, que la Virgen s'ido y el ciego empezó a ver.
—¿Quién es aquella señora que me hizo tanto bien?
—Ésa es la esposa de Cristo y madre de san José. [*sic*]

16.2

La Virgen María, mi madre,   camina para Belén,
en el medio del camino   pide el niño de beber.
La Virgen le dijo al niño: —No tome esas aguas, bien,
esas aguas corren turbias   y no son para beber.
5   Camino para san Pedro   encontré un naranjero,
el dueño de las naranjas   era un ciego y nada ve.
La Virgen le dijo al ciego:
—Dale una naranja al niño   para que apague su sed.
—Corte, corte nomás, señora,   hasta que sea menester.
10   Mientras la Virgen cortaba   más volvía a florecer.
—¿Quién será esta gran señora,   quién será esta gran merced?
Sin duda será María   que pasó para Belén.

Uruguay

17.1

La Virgen va por la calle,   san José le va diciendo:
—Tome este manto, señora,   no le haga daño el sereno.
Como el camino era largo,   pidió el niño de beber.
—No pidas agua, mi niño,   no pidas agua, mi bien,
5   que los ríos corren turbios   y los arroyos también,
y las fuentes manan sangre   que no se puede beber.
Allá arriba, en aquel alto,   hay un dulce naranjel
cargadito de naranjas   que otra no puede tener;
es un ciego el que las guarda,   ciego que no puede ver.
10   —Dame, ciego, una naranja   para el niño entretener.
—Cójalas usted, señora,   las que faga menester;
coja de aquellas más grandes,   deje las chicas crecer.
Cogiéralas de una en una,   salieran de cien en cien.
Al bajar el naranjero   el ciego comenzó a ver.
15   —¿Quién sería esta señora   que me hizo tanto bien?
—Érase la Virgen santa   que camina hacia Belén.

17.2

La Virgen santa María   camina para Belén.
En el medio del camino   pidió el niño de beber.
. . .   no pidas agua, mi bien,
que estas aguas corren turbias   y no se pueden beber.

5 Caminó más adelante y encontró a un naranjero
 y pidió una naranjita para el niño aplacar la sed.
 —Arranque usted, mi señora, las que sea menester.
 La Virgen está arrancando y el árbol a florecer.
 Con la bendición del niño abre los ojos y ve.
10 —¿Quién ha sido esta señora que me ha hecho tanta merced?
 —La Virgen santa María que camina para Belén.

BIBLIOGRAFÍA

Siglas

Siglas de revistas

AFC   Archivos del Folklore Cubano. La Habana.
AFFE   Anales de la Facultad de Filosofía y Educación. Universidad de Chile. Santiago.
ASFM   Anuario de la Sociedad Folklórica de México. México.
AUCh   Anales de la Universidad de Chile. Santiago.
AVF   Archivos Venezolanos de Folklore. Caracas.
BBMP   Boletín de la Biblioteca Menéndez Pelayo. Santander.
BFD   Boletín del Folklore Dominicano. Santo Domingo.
BHi   Bulletin Hispanique. Bordeaux.
BHS   Bulletin of Hispanic Studies. Liverpool.
BICC   Thesaurus. Boletín del Instituto Caro y Cuervo. Bogotá.
BIF   Boletín del Instituto de Folklore. Caracas.
Bol   Bolívar. Bogotá.
CuA   Cuadernos Americanos. México.
CuC   Cuba Contemporánea. La Habana.
CuH   Cuadernos Hispanoamericanos. Madrid.
FA   Folklore Americas. Los Ángeles.
FAm   Folklore Americano. Lima.
JAF   Journal of American Folklore. Washington.
LR   Les Lettres Romanes. Louvain.
MRo   Marche Romane. Liège.
NRFH   Nueva Revista de Filología Hispánica. México.
RBC   Revista Bimestre Cubana. La Habana.
RBF   Revista Brasileira de Folclore. Río de Janeiro.
RCF   Revista Colombiana de Folclor. Bogotá.
RDTP   Revista de Dialectología y Tradiciones Populares. Madrid.
RFE   Revista de Filología Española. Madrid.
RFH   Revista de Filología Hispánica. Buenos Aires.
RFLC   Revista de la Facultad de Letras y Ciencias. Universidad de La Habana. La Habana.
RHi   Revue Hispanique. París.
RHM   Revista Hispánica Moderna. Nueva York.
RIPN   Revista del Instituto Pedagógico Nacional. Caracas.
RJa   Revista Javierana. Bogotá.
RL   Revista Lusitana. Porto, Lisboa.
RLC   Revue de Littérature Comparée. París.

Ro	Romania. París.
RPh	Romance Philology. Berkeley.
RVF	Revista Venezolana de Folklore. Caracas.
TAH	The American Hispanist. Clear Creek, Indiana.
VR	Vox Romanica. Bern.

Otras siglas

Archivo	Archivo Menéndez Pidal, Seminario Menéndez Pidal, Madrid.
CELL	Centro de Estudios Lingüísticos y Literarios.
CSIC	Consejo Superior de Investigaciones Científicas.
CSMP	Cátedra Seminario Menéndez Pidal.
DP	Diputación Provincial.
ICC	Instituto Caro y Cuervo.
INAH	Instituto Nacional de Antropología e Historia.
INBA	Instituto Nacional de Bellas Artes.
IPGH	Instituto Panamericano de Geografía e Historia.
SEP	Secretaría de Educación Pública.
SMP	Seminario Menéndez Pidal.
UAM	Universidad Autónoma Metropolitana.
UNAM	Universidad Nacional Autónoma de México.

Bibliografía americana. Textos

Textos americanos

1 *Almoina* Almoina de Carrera, Pilar, *Diez romances hispánicos en la tradición oral venezolana*, Univ. Central de Venezuela, Caracas, s.a. [1975].

2 Alvar, Manuel, *Romancero viejo y tradicional*, Porrúa, México, 1971.

3 *Alzola* Alzola, Concepción T., *Folklore del niño cubano*, Univ. Central de las Villas, Santa Clara, 1961.

4 Aramburu, Julio, *El folklore de los niños*, El Ateneo, Buenos Aires, 1940.
Archivos Menéndez Pidal, Seminario Menéndez Pidal, Madrid.

5 *Aretz* Aretz-Thiele, Isabel, *Música tradicional argentina. Tucumán, historia y folklore*, Univ. Nac. de Tucumán, Tucumán, 1946.

6 Arias, Juan de Dios, "Romances y dichos santandereanos", *RJa*, 20 (jul-nov. 1943), 116-123.

7 *Arias 53* Arias, Juan de Dios, "El romance en la tradición santandereana", *Bol*, 16 (1953), 137-165.

8 *Arissó* Arissó, Ana Ma., *Folklore Sagüero*, Instituto de Sagua la Grande, Ed. Guerrero, La Habana, 1940.

9 Armistead 78   Armistead, Samuel G., "Romances tradicionales entre los hispanohablantes del estado de Luisiana", *NRFH*, 27 (1978), 39-56.

10 Armistead 83   _____, "Más romances de Luisiana", *NRFH*, 32 (1983), 41-54.

11 Ausucua   Ausucua, Juan, *El ruiseñor yucateco. Segunda parte*, México, s.f.

12 Ayestarán-Archivo Ayestarán, Lauro, "Once romances hispánicos recogidos en el Uruguay por...", Montevideo, 1958. Copia mecanografiada enviada a D. Ramón Menéndez Pidal.

13 Baeza   Baeza, Mario, *Cantares de Chile*, Ed. Pacífico, Santiago, 1956.

13bis Barros-Dannemann Barros, Raquel y Manuel Dannemann, *El romancero chileno*, Univ. de Chile, Santiago, 1970.

14 Bayo   Bayo, Ciro, *Romancerillo de Plata*, V. Suárez, Madrid, 1913.

15 Beutler   Beutler, Gisela, *Estudios sobre el romancero español en Colombia*, ICC, Bogotá, 1977 (1a. ed. en alemán, 1969).

16   Bustos V., María, "Investigación folklórico-musical en San Nicolás Ibarra, Jal.", *ASFM*, 6 (1949), 233-247.

17 Cadilla 40   Cadilla de Martínez, María, *Juegos y canciones infantiles de Puerto Rico*, Baldrich, San Juan, 1940.

18 Cadilla 53   _____, *La poesía popular en Puerto Rico*, 2a. edic. Imp. Venezuela, San Juan, 1953.

19 Campa   Campa, Arthur L., *Spanish Folk Poetry in New Mexico*, Univ. of New Mexico, Albuquerque, 1946.

20 Canc. ver.   *Cancionero veracruzano. Antología de la literatura popular y tradicional del estado de Veracruz*, recopilado por E. Espejo, A. Meza *et al.*, Fonapas y Univ. Veracruzana, Jalapa, Veracruz, 1981.

21 Canino   Canino Salgado, M., *El cantar folklórico de Puerto Rico*, Univ. de Puerto Rico, San Juan, 1974.

22   Carrera, Gustavo Luis, "Una nueva versión venezolana del romance de *Blancaniña*", *AVF*, 8 (1967), 427-449.

23 Carrizo 26   Carrizo, Juan Alfonso, *Antiguos cantos populares argentinos*, Silla Hnos., Buenos Aires, 1926.

24 Carrizo 33   _____, *Cancionero popular de Salta*, A. Baiocco y Cia., Buenos Aires, 1933.

25 Carrizo 34   _____, *Cancionero popular de Jujuy*, Univ. Nac. de Tucumán, Tucumán, 1934.

26 Carrizo 37   _____, *Cancionero popular de Tucumán*, Espasa-Calpe, Buenos Aires, 1937, 2 ts.

27   _____, *Cantares tradicionales de Tucumán. Antología*, A. Baiocco, Buenos Aires, 1939.

28   Carrizo 42   _____, *Cancionero popular de La Rioja*, Espasa-Calpe, Buenos Aires (1942), 3 ts.

       Carvalho 66   Cf. *Mena-Montero*.

29   Castellanos, Carlos A., "El tema de *Delgadina* en el folklore de Santiago de Cuba", *JAF* (1920), 43-46.

30   _____, Romances enviados a D. Ramón Menéndez Pidal.

31   Castelló I., Ma. Teresa, *Fiesta*, Secretaría de Hacienda y Crédito Público, México, 1958.

32   Castro Leal, A., "Dos romances tradicionales", *CuC*, 6 (nov. 1914), 236-244.

33   Cavada, Francisco J., *Chiloé y los chilotes. Estudios de folklore y lingüística...*, Impr. Universitaria, Santiago, 1914.

34   Cintas INAH   Cintas del Instituto Nacional de Antropología e Historia, grabadas por Raúl Hellmer (1960-1970).

35   Cintas del Museo de Antropología e Historia.

36   Cisneros, Ma. Guadalupe, *De la literatura jalisciense*, UNAM, México, 1933.

37   Col.Colegio   *Colección de El Colegio de México*. Textos del fichero del Seminario de Lírica Popular Mexicana del CELL. Material recogido entre 1963 y 1966.

38   Col.Hurtado   *Colección Nabor Hurtado*. Textos recopilados por... en toda la República Mexicana entre 1929 y 1938. En los archivos del Seminario de Lírica Popular del CELL, Colegio de México.

39   Col. INBA   *Colección INBA*. Textos en el Departamento de Investigaciones Musicales del Instituto Nacional de Bellas Artes.

40   Com.Inv.F.S.   Comité de Investigaciones Folklóricas, *Recopilación de materiales folklóricos salvadoreños. 1a. parte*, Ministerio de Instrucción Pública, s.l., 1944.

41   Comas-Archivo   Comas, Enriqueta, "Romances de Santiago de Cuba y Camagüey", manuscrito enviado a Menéndez Pidal. (Las recolecciones son de 1937.)

42   Córdova   Córdova de Fernández, Sofía, "El folklore del niño cubano", *RFLC*, 35 (1925), 109-156.

43   Cruz S.   Cruz-Sáenz, Michele, *Romancero tradicional de Costa Rica*, Juan de la Cuesta, Newark, Delaware, 1986.

44   Chacón y Calvo, J. Ma., "Nuevos romances en Cuba", *RBC*, 9 (may-jun., 1914), 199-210.

45   Chacón 22   _____, "Romances tradicionales. Contribución al estudio del folklore cubano", *Ensayos de lite-*

ratura cubana, S. Calleja, Madrid, 1922, pp. 83-186.

46 Deliz Deliz, Monserrate, *Renadío del cantar folklórico de Puerto Rico*, 2a. edición, Ed. Espectáculos América, Madrid, 1952.

47 Díaz Roig, Mercedes y Ma. T. Miaja, *Naranja dulce, limón partido. Antología de la lírica infantil mexicana*, El Colegio de México, México, 1979.

48 Disco MNA *Sones y gustos de la Tierra caliente de Guerrero*, grabado por A. Warman, Discos del Museo de Antropología, México.

49 Dölz Dölz B., Inés, *Antología crítica de la poesía tradicional chilena*, IPGH, México, 1979.

50 Domínguez, Francisco, "Investigación en Huixquilucan, México, 1933", *Investigación folklórica en México*, SEP-INBA, México, 1962, t. 1, pp. 100-112.

51 Domínguez, L.A. Domínguez, Luis Arturo, *Documentos para el estudio del folklore literario de Venezuela*, IPGH, México, 1976.

52 Dougherty Dougherty, Frank T., "Romances tradicionales de Santander", *BICC*, 32 (1977), 242-272.

53 Draghi Draghi Lucero, Juan, *Cancionero popular cuyano*, Mendoza, 1938.

54 Dubuc Dubuc de Isea, Lourdes, *Romería por el folklore boconés*, Rectorado Univ. de los Andes, Mérida, 1966.

55 Dufourcq, Lucía, "Estudio del folklore de Lebu", *AFFE*, 3 (1941-43), 225-294.

56 Espinosa-18 Espinosa, Aurelio M., "Romances de Puerto Rico", *RHi*, 43 (1918), 309-364.

57 Espinosa 25 _____, "Romances tradicionales en California", *Homenaje ofrecido a Menéndez Pidal*, t. 1, Hernando, Madrid, 1925, pp. 299-313.

58 _____, "Romances españoles tradicionales que cantan y recitan los indios de los pueblos de Nuevo Méjico", *BBMP*, separata, Santander, 1932.

59 _____, "Spanish Tradition among the Pueblo Indians", *Estudios Hispánicos: Homenaje a Archer M. Huntington*, Spanish Dept., Wellsley College, Wellsley, Mass., 1952, pp. 131-141.

60 Espinosa 53 _____, Romancero de Nuevo Méjico, *RFE*, Anejo 58, CSIC, Madrid, 1953.

61 Estrada Estrada, Ricardo, "El romance", *Tradiciones de Guatemala*, 19-20 (1983), 161-192.

62 Farray Farray, Nicolás, "Romances y cantares españoles en la tradición cubana", *Actas del Tercer Con-*

greso Internacional de Hispanistas, El Colegio de México, México, 1970, pp. 331-344.

63 *Fernández* — Fernández, Madeleine, "Romances from the mexican tradition of southern California", *FA*, 16.2 (dic. 1966), 35-44.

64 — Figueroa Lorza, Jennie, "Algunos juegos infantiles del Chocó", *BICC*, 21 (1966), 274-300.

65 — Freire-Marreco, Bárbara, "New Spanish Folklore", *JAF*, 29 (1916), 536-546.

66 — Frenk A., Margit, *Cancionero de romances viejos*, UNAM, México, 1961.

67 *Gamboa* — Gamboa, Emma, *Canciones populares para niños*, Lehmann, San José, 1941. *Apud Cruz S.*

68 *Garrido 46* — Garrido de Boggs, Edna, *Versiones dominicanas de romances españoles*, Pol Hnos., Santo Domingo, 1946.

69 — _____, "El folklore del niño dominicano", *BFD*, 2.2 (1947), 54-64.

70 *Garrido 55* — _____, *Folklore infantil de Santo Domingo*, Ed. Cultura Hispánica, Madrid, 1955.

71 *Gómez A.* — Gómez, Aura, *Los juegos infantiles en el Estado de Lara*, Univ. Central de Venezuela (Caracas, 1957).

72 — Gómez de Estavillo, G., "Juventud a los cien años", *México en la cultura*, suplemento dominical de *Novedades*, núm. 970 del 22 de octubre, 1957, p. 3.

73 *Granda* — Granda, Germán de, "Romances de tradición oral conservados entre los negros del occidente de Colombia", *BICC*, 31 (1976), 209-229.

74 — Gutiérrez, Benigno A., *De todo el maíz. Fantasía criolla, guachaqueada y psicológica de trovas, levas y cañas*, Imp. departamental, Medellín (1944).

75 *Henestrosa* — Henestrosa, Andrés, *Espuma y flor de corridos mexicanos*, Porrúa, México, 1977.

76 *Henríquez U.-13* — Henríquez Ureña, Pedro, "Romances en América", *CuC*, (1913), 349-362.

77 — _____, "Colección", Romances enviados a Menéndez Pidal, s.f.

79 *Henríquez-Wolfe* — _____, y Bertram D. Wolfe, "Romances tradicionales en Méjico", *Homenaje ofrecido a Menéndez Pidal*, Hernando, Madrid, 1925, t. II, pp. 375-390.

80 — Islas García, Luis, "Juegos de niños", *Mexican Folkways*, 7 (1933), 71-72.

81 *Lara* — Lara Figueroa, Celso, "La décima y la copla en la

poesía popular de Guatemala", *FAm*, 28 (dic. 1979), 85-111.

82   *Laval*   Laval, Ramón A., *Oraciones, ensalmos y conjuros del pueblo chileno comparados con los que se dicen en España*, Imp. Cervantes, Santiago, 1910.

83   _____, *Contribución al folklore de Carahué (Chile)*, V. Suárez, Madrid, 1916.

84   León Rey, J.A., *Espíritu de mi oriente*, Imp. Nacional, Bogotá, 1951, 2 ts.

85   _____, *Juegos infantiles del oriente cundinamarqués*, ICC, Bogotá, 1982.

86   *El libro del Señor*, por una sociedad de literatos, 19º edic., Imp. León V. Caldera, Santiago de Chile, 1903.

87   Liscano Velutini, J., *Poesía popular venezolana*, Suma, Caracas, 1945.

88   *López B.-Archivo*   López Blanquet, Marina, *Romances*, colección mecanografiada enviada a Menéndez Pidal, Uruguay, 1948. (Recogida en el Liceo de Rocha.)

89   Lucero-White, Aurora, *The folklore of New Mexico*, t. I: *Romances, corridos, cuentos, proverbios, dichos, adivinanzas*, Seton Village Press, Santa Fe, 1941.

90   Manríquez, Cremilda, "Estudio del folklore de Cautín", *AFFE*, 3 (1941-43), 5-31.

91   Mason, Alden J., "Spanish romances from Puerto Rico", *JAF*, 33 (1920), 76-79.

92   McCurdy, Raymond R., "Un romance tradicional recogido en Luisiana: *Las señas del marido*", *RHM*, 13 (1947), 164-166.

93   *Mejía S.*   Mejía Sánchez, Ernesto, *Romances y corridos nicaragüenses*, Impr. Universitaria, México, 1946.

94   *Mena-Montero*   Mena, Vicente y Mercedes Montero, "Cancionero ecuatoriano (investigaciones de campo)", en P. Carvalho-Neto, *Folklore poético*, Ed. Universitaria, Quito, 1966.

95   *Mendoza 39*   Mendoza, Vicente T., *El romance español y el corrido mexicano*, UNAM, México, 1939.

96   _____, "El romance *Las señas del esposo*", *ASFM*, 1 (1938-40), 79-89.

97   *Mendoza 51*   _____, *Lírica infantil de México*, El Colegio de México, México, 1951.

98   _____, *Panorama de la música tradicional de México*, UNAM, México, 1956.

99   *Mendoza-Rodríguez*   _____ y Virginia Rodríguez de Mendoza, *Folklore de San Pedro Piedra Gorda*, INBA, México, 1952.

100   *Menéndez Pidal*   Menéndez Pidal, Ramón, *Los Romances de América*

y otros estudios, Espasa-Calpe, Buenos Aires, 1939.

101   Moglia, Raúl, "Romances porteños", *Revista del Profesorado*, 22 (jul-ago. 1926), 182-194.

102   Moncada García, F., *Así juegan los niños*, Ed. Avante, México, 1968, 3a. edic.

103   Monroy Pittaluga, F., "Cuentos y romances tradicionales en Cazorla (Llanos del Guárico)", *AVF*, 1.2 (1952), 360-380.

104   *Montes*   Montes, José Joaquín, "Del habla y el folclor de Manzanares", *BICC*, 13 (1958), 182-184.

105   *Moya*   Moya, Ismael, *Romancero: Estudios sobre materiales de la colección de folklore*, Univ. de Buenos Aires, Buenos Aires, 1941, 2 ts.

106   *Muñoz, D.*   Muñoz, Diego, "La poesía popular chilena", *AUCh*, 93 (1954), 31-48.

107   Muñoz, Lucila, "Estudio del folklore de San Carlos", *AFFE*, 3 (1941-43), 133-183.

108   Muro Méndez, J., "El Alabado recogido en una hacienda del Bajío", *Mexican Folkways*, 2 (1926), 6-8.

109   *Navarrete 63*   Navarrete, Carlos, "El romance tradicional y el corrido en Guatemala", *Universidad de San Carlos*, 59 (1963), 181-254.

110   *Navarrete 71*   _____, "Romances y corridos del Soconusco", *Venticinco estudios de folklore*, UNAM, México, 1971, pp. 195-207.

111   Navarro Tomás, T., "Romances enviados a Menéndez Pidal", 1927.

112   *Nolasco*   Nolasco, Flérida de, *Poesía folklórica en Santo Domingo*, El Diario, s.a., Santiago (1945).

113   *Ochoa*   Ochoa de Masramón, Dora, "Los romances en San Luis, República Argentina", *FAm*, 19-20 (1971-1972), 206-218.

114   Olivares Figueroa, R., "Mito de *Delgadina*", *Diario Ahora* (Caracas), 3 de octubre, 1943.

115   *Olivares 43bis*   _____, "Romances coloniales recogidos en Venezuela", *Diario Ahora* (Caracas), 31 oct., 7 nov., 12 dic., 19 dic., 1943.

116   *Olivares 44*   _____, "Documentación folklórica. Romances coloniales recogidos en Venezuela", *RIPN*, 1 (1944), 28-29, 151-153 y 254-256.

117   _____, *Cancionero popular del niño venezolano*, vol. II, Ministerio de Educación Nacional, Caracas, 1946.

118   *Olivares 48*   _____, *Folklore venezolano, vol. I. Versos*, Ministerio de Educación Nacional, Caracas, 1948.

119   _____, "Romance de *Delgadina*", *El Nacional.* *Papel Literario*, 1º abril, 1951 (Caracas).

120   *Olivares 53*   _____, "Romances españoles recogidos en Venezuela", *El Nacional. Papel Literario*, 5 de feb., 19 feb., 1953, 29 jul., 1951.

121   *Olivares-Archivo*   _____, "Romances enviados a Menéndez Pidal".

122   Onis, José de, "El celo de los duendes: Una variante americana del romance del *Conde Olinos*", *CuA*, 23 (1964), 219-229.

123   Ontiveros, Benigno, "Romances de los Andes Venezolanos", colección enviada a Menéndez Pidal.

124   Orea, Basilio, "Romance tradicional de *Bernal Francés* en México", *ASFM*, 9 (1955), 81-114.

125   Otero D'Costa, Enrique, *Montañas de Santander*, Impr. del Departamento, Bucaramango, 1932.

126   Pabón Núñez, Lucio, *Muestras folklóricas de la provincia de Santander*, Ministerio de Educación Nacional, ediciones de la revista *Bolívar*, Bogotá, 1952.

127   *Pardo 55*   Pardo, Isaac J., "Romances españoles en la tradición popular", *AVF*, 3 (1955-56), 1-37.

128   _____, "Romances", enviados a Menéndez Pidal en 1960.

129   Pardo Tovar, A., "Experiencias de una excursión folklórica", *RCF*, 4 (1960), 129-135.

130   Paredes, Américo, "Ballads of the Lower Border", tesis de Maestría, Univ. de Austin, Texas, 1953.

131   _____, *A Texas-Mexican Cancionero. Folksongs of the Lower Border*, Univ. of Illinois Press, Urbana, 1976.

132   *Pereda*   Pereda Valdés, Ildefonso, *Cancionero popular uruguayo*, Floresa y Lafón, Montevideo, 1947.

133   *Pichardo*   Pichardo, F., *Colección de cantos recopilados por. . .*, Wagner y Lieven, México.

134   Pinedo, Manuel y Rebeca Pérez Vda. de Neva, "Recolección folklórica en Valparaíso, Zacatecas", *ASFM*, 6 (1950), 503-504.

135   *Poncet 14*   Poncet y de Cárdenas, Carolina, *El romance en Cuba*, Instituto Cubano del Libro, La Habana, 1972. Es reimpresión de la publicación en la *Revista de la Facultad de Letras y Ciencias de la Universidad de La Habana*, 1914.

136   *Poncet-Apéndice*   _____, *Investigaciones y apuntes literarios*, Letras Cubanas, La Habana, 1985. Selecc. y prólogo de Mirta Aguirre. (El *Apéndice* [pp. 610-665] trae textos inéditos de romances hallados entre los papeles de la Sra. Poncet.)

137   Quirarte, Clotilde E., *El lenguaje en Nochistlán*, manuscrito inédito, fechado en 1959. Archivo del Seminario de Lírica Popular del CELL, El Colegio de México.

138 *Rael*   Rael, Juan B., *The New Mexican "Alabado"*, Stanford, Univ. Stanford, California, 1951.

139   Ramón Rivera, L.F., "El seis", *BIF*, 3 (mzo. 1959), 18-31.

140 *Ramón-Aretz*   _____ e Isabel Aretz, *Folklore tachirense*, Biblioteca de Autores y Temas Tachirenses, Caracas, 1961, 2 ts., t. I.

141 *Ramírez-Archivo*   Ramírez de Arellano, R., "Romances enviados a Menéndez Pidal" (Puerto Rico, s.f.).

142 *Recolecc. Díaz*   Díaz Roig, Mercedes, "Nueva recolección de romances tradicionales de México", El Colegio de México, 1981-1986.

143 *Redondo*   Redondo de Feldman, Susana, "Romances viejos en la tradición popular cubana", *RHM*, 31 (1965), 365-372.

144   Reuter, Jas, *Los niños de Campeche cantan y juegan*, Gobierno del Estado y SEP, Campeche, 1978.

145 *Reuter 80*   _____, *La música popular de México*, Panorama Editorial, México, 1980.

146 *Robledo*   Robledo, Emilio, "De nuestro folklore", *RJa*, 20 (jul.-nov. 1943), 266-269.

147   Rodríguez de Montes, M.L., "Algunos juegos de niños en Colombia", *BICC*, 21 (1966), 87-154.

148   Rodríguez, Rodrigo, A., "Viejos romances populares en nuestra península", *El Istmo* (Pueblo Nuevo, Estado de Falcón, Venezuela) 16 y 24 de dic., 1943.

149 *Rom. tradicional*   *Romancero tradicional de las lenguas hispánicas*, SMP y Ed. Gredos, 12 tomos, Madrid, 1957-1985. Ts. VII (1975) y IX (1978).

150 *Romero 52*   Romero, Emilia, *El romance tradicional en el Perú*, El Colegio de México, México, 1952.

151   _____, "Juegos infantiles tradicionales en el Perú", *Veinticinco estudios de folklore*, UNAM, México, 1971, pp. 329-405.

152   Rosa-Nieves, Cesáreo, *Voz folklórica de Puerto Rico*, Sharon, Connecticut, 1967.

153   Rosales, Rafael M., "Los juegos populares en el estado de Táchira", *AVF*, 1 (1952), 295-408.

154 *RTM*   *Romancero tradicional de México*, Mercedes Díaz Roig y Aurelio González, UNAM, México, 1986.

155 *Sabio*   Sabio, Ricardo, *Corridos y Coplas: Canto de los*

Llanos Orientales de Colombia, Ed. Salesiana, Cali, 1963.

156 Saldívar, Gabriel, *Historia de la música en México*, INBA, México, 1934.

157 *Serrano* Serrano Martínez, C., "Romances tradicionales de Guerrero", *ASFM*, 7 (1951), 7-72.

158 *Tamayo* Tamayo, Francisco, "Juegos infantiles", *RVF*, 3 (1970), 7-11.

159 *Tejeira* Tejeira, Gil Blas, *Lienzos istmeños*, Ed. Cultura Hispánica, Madrid, 1968 (s/Panamá).

160 Tellez Girón, R., "Investigación en Huitzilán, Puebla, 1938", *Investigación folklórica de México*, SEP-INBA, México, 1962, t.I, pp. 487-619.

161 Terrera, Guillermo A., *Primer cancionero popular de Córdoba*, Imp. de la Univ., Córdoba, 1948.

162 Vázquez Santana, H., *Canciones, cantares y corridos mexicanos*, t. II, L. Sánchez, México, 1925.

163 *Vélez* Vélez, G., *Corridos mexicanos recopilados por...*, EMU, México, 1982.

164 *Vicuña* Vicuña Cifuentes, Julio, *Romances populares y vulgares*, Bibl. Escritores de Chile, Santiago, 1912.

165 *Viggiano* Viggiano, Julio, *Cancionero popular de Córdoba. Poesía mayor tradicional*, tomo III, Univ. Nacional de Córdoba, Córdoba, 1981.

166 *Villablanca* Villablanca, Celestina, "Estudios del folklore de Chillán", *AFFE*, 3 (1941-43), 185-223.

167 Villafuerte, Carlos, *Los juegos en el folklore de Catamarca*, Ministerio de Educación de la provincia de Buenos Aires, La Plata, 1957.

168 Wagner, Max L., "Algunas apuntaciones sobre el folklore mexicano", *JAF*, 40 (1937), 105-143.

169 Whitt, Brondo E., "Hilitos de Oro", *ASFM*, 2 (1942), 19-25.

170 Yáñez, Agustín, *Flor de juegos antiguos*, Univ. de Guadalajara, Guadalajara, 1941.

171 *Zárate* Zárate, Dora P. de, *Nanas, rimas y juegos infantiles que se practican en Panamá*, s.e., Panamá, 1957.

Bibliografía mínima de otras tradiciones hispánicas

Alvar 66 Alvar, Manuel, *Poesía tradicional de los judíos españoles*, Porrúa, México, 1966.

Alvar 71 _____, *Romancero viejo y tradicional*, Porrúa, México, 1971.

Armistead-Silverman 77 Armistead, Samuel G., y Joseph H. Silverman, *Romances judeo-españoles de Tánger* (recogidos por Zarita Nahón), CSMP, Madrid, 1977.

Armistead-
Silverman 79   _____, *Tres calas en el romancero sefardí*, Castalia, Madrid, 1979.

Alonso   Alonso Cortés, Narciso, *Romances de Castilla*, Institución Cultural Simancas y DP de Valladolid, Valladolid, 1982. (Es reedición de las publicaciones de 1906 y 1920.)

Bénichou   Bénichou, Paul, *Romancero judeo-español de Marruecos*, Castalia, Madrid, 1968.

Catalán   Catalán, Diego, ed., *La flor de la marañuela. Romancero general de las Islas Canarias*, CSMP y Gredos, Madrid, 1969. 2 ts.

Córdova   Córdova y Oña, Sixto, *Cancionero infantil español*, Aldus, Santander, 1947 (2a. ed. *ib.*, 1980).

Cossío-Maza   Cossío, José Ma. y Tomás Maza S., *Romancero popular de la Montaña*, Soc. Menéndez y Pelayo, Santander, 1933-1934, 2 ts.

Costa   Costa Fontes, Manuel da, *Romanceiro português do Canada*, Univ. de Coimbra, Coimbra, 1979.

Díaz-Delfín   Díaz, Joaquín, José Delfín V. y Luis Díaz Viana, *Catálogo folklórico de la provincia de Valladolid. Romances tradicionales*, Institución Cultural Simancas, Valladolid, 1978, 2 ts.

Díaz V.   Díaz Viana, Luis, *Romancero tradicional soriano*, DP de Soria, Soria, 1983, 2 ts.

Echevarría   Echevarría, Pedro, *Cancionero musical popular manchego*, Madrid, 1951.

Ferré   Ferré, Pere, *Romances tradicionais*, Cámara Municipal de Funchal, Funchal, Madeira, 1982.

García M.   García Matos, Manuel, *Cancionero popular de la provincia de Madrid*, CSIC, Barcelona, 1952, 3 ts.

Gil   Gil García, Bonifacio, *Cancionero popular de Extremadura*, t.1, Valls, 1931; t. 2, Badajoz, 1956.

Ledesma   Ledesma, Dámaso, *Folklore o Cancionero salmantino*, edic. facsimilar, Salamanca, 1972 (1a. edic. 1907).

Leite   Leite de Vasconcellos, José, *Romanceiro português*, Univ. de Coimbra, Coimbra, 1958-1960, 2 ts.

Marazuela   Marazuela, Agapito, *Cancionero segoviano*, s.e., Segovia, 1964.

Menéndez
Pelayo   Menéndez Pelayo, M., *Apéndices y Suplemento a la "Primavera y flor de romances" de Wolf y Hoffman* en *Antología de poetas líricos castellanos*, t. VII, Espasa-Calpe, Buenos Aires, 1952.

Petersen   Petersen, S., ed., *Voces nuevas del romancero castellano-leonés*, CSMP y Gredos, Madrid, 1982, 2 ts.

Milá   Milá y Fontanals, Manuel, *Romancer català*, Ed. 62 y La Caixa, Barcelona, 1980.

Piñero-Atero   Piñero, Pedro y Virtudes Atero, *Romancerillo de Arcos*, DP de Cádiz, Cádiz, 1986.

Pires   Pires, Antonio T., *Lendas e romances*, edic. crítica de Pere Ferré, Ed. Presencia, Lisboa, 1986.

Puig	Puig, Antonio, *Cancionero popular de Cartagena*, Cartagena, 1953.
Rom.	
tradicional	*Romancero tradicional de las lenguas hispánicas*, op. cit.
Schindler	Schindler, Kurt, *Music and poetry of Spain and Portugal*, Hispanic Institute, Nueva York, 1941.
Trapero 82	Trapero, Maximiano, *Romancero de Gran Canaria*, Instituto Canario de Etnografía y Folklore, Cabildo de Gran Canaria, Las Palmas, 1982.
Trapero 87	_____, *Romancero de la Isla de La Gomera*, Cabildo Insular de la Gomera, Madrid, 1987.

Textos antiguos

| *Apéndice* | Cf. Menéndez Pelayo, op. cit. |
| *Primavera* | Wolf, F.G. y C. Hoffmann, *Primavera y flor de romances*, en Menéndez Pelayo, *Antología de poetas líricos castellanos*, t. VI, Espasa-Calpe, Buenos Aires, 1952. |

Estudios[25]

Bibliografía general

E-1 Alvar, Manuel, "Patología y terapéutica rapsódicas. Cómo una canción se convierte en romance", *RFE*, 42 (1958-59), 19-35.

E-2 _____, *El romancero: Tradicionalidad y pervivencia*, Planeta, Barcelona, 1970. 2a. edic., *ib.*, 1974.

E-3 Asensio, Eugenio, "Fontefrida o encuentro del romance con la canción de mayo", *Poética y realidad en el cancionero peninsular de la Edad Media*, Gredos, Madrid, 1957, pp. 241-248.

E-4 Armistead, Samuel G., y José H. Silverman, *En torno al romancero sefardí*, CSMP, Madrid, 1982. (Contiene estudios publicados entre 1959 y 1979.)

E-5 Armistead, Samuel G., *El romancero judeo-español en el Archivo Menéndez Pidal. Catálogo-Índice de romances y canciones*, CSMP, Madrid, 1978, 3 ts.

E-6 Bénichou, Paul, "La belle qui ne saurait chanter. Notes sur un motif de poésie populaire", *RLC*, 28 (1954), 257-281.

E-7 _____, *Creación poética en el romancero tradicional*, Gredos, Madrid, 1968.

E-8 _____, *Romancero judeo-español de Marruecos*, Castalia, Madrid, 1968.

E-9 *Bibliografía del romancero oral, 1*, preparada por A. Sánchez Romeralo, S.G. Armistead y S.H. Petersen, CSMP y Gredos, Madrid, 1980.

E-10 Brandao, Theo, "La condessa", *RDTP*, 10 (1954), 591-643.

---

[25] La mayoría de las publicaciones consignadas en "Estudios" tienen notas o pequeños estudios sobre los romances.

E-11   Bronzini, G.B., "Las señas del marido e La prova", *Cultura Neolatina*, 18 (1958), 217-247.

E-12   Caso González, José, "Tradicionalidad e individualismo en la estructura de un romance", *CuH*, 238-240 (1969), 217-226.

E-13   Catalán, Diego, "El motivo y la variación en la transmisión tradicional del romancero", *BHi*, 61 (1959), 149-182.

E-14   _____, *Siete siglos de romancero (Historia y poesía)*, Gredos, Madrid, 1969.

E-15   _____, *Por campos del romancero. Estudios sobre la tradición oral moderna*, Gredos, Madrid, 1970.

E-16   _____, "Memoria e invención en el romancero de tradición oral", *RPh*, 24 (1970-71), 1-25 y 441-463.

E-17   _____, "Los modos de producción y reproducción del texto literario y la noción de apertura", *Homenaje a Julio Caro Baroja*, CIS, Madrid, 1978, pp. 245-270.

E-18   _____ et al., *Catálogo General del Romancero*, SMP y Gredos, Madrid, 1982-1984, 3 ts. (T. I, Teoría general y metodología, ts. II y III, Catálogo general descriptivo).

E-19   Chacón y Calvo, José Ma., "Romance de la dama y el pastor", *AFC*, 1 (1925), 289-297.

E-20   _____, "Figuras del romancero: El conde Olinos", *AFC*, 2 (1926), 36-46.

E-21   Chevalier, Jean Claude, "Architecture temporelle du Romancero traditionnel", *BHi*, 73 (1971), 50-103.

E-22   Debax, Michele, "La problématique du narrateur dans le Romancero tradicional", *Actes du Colloque du Seminaire d'études Littéraires de l'Université de Toulouse-Le Mirail*, Univ. de Toulouse-Le Mirail, Toulouse, 1976, pp. 43-53.

E-23   _____, "Problèmes idéologiques dans le Romancero traditionnel", *L'Idéologie dans le texte*, Univ. Toulouse-Le Mirail, Toulouse, 1978, pp. 141-163.

E-24   _____, "Estudio preliminar", *Romancero*, Alhambra, Madrid, 1982, pp. 3-151.

E-25   Devoto, Daniel, "Un ejemplo de la labor tradicional en el romancero viejo", *NRFH*, 7 (1953), 383-394.

E-26   _____, "Sobre el estudio folklórico del romancero español: Proposiciones para un método de estudio de la transmisión tradicional", *BHi*, 57 (1955), 233-291.

E-27   Di Stefano, Giuseppe, *Sincronia e diacronia nel Romanzero*, Univ. de Pisa, Pisa, 1967.

E-28   _____, "Estudio crítico", *El romancero*, Narcea, Madrid, 1973, pp. 13-75 y 349-376.

E-29   Díaz Roig, Mercedes, *El romancero y la lírica popular moderna*, El Colegio de México, México, 1976.

E-30   _____, "Palabra y contexto en la recreación del romancero tradicional", *NRFH*, 26 (1977), 460-467.

E-31   _____, "Sobre una estructura narrativa minoritaria y sus consecuencias diacrónicas: El caso del romance *Las señas del esposo; El romancero hoy. Poética*, CSMP y Gredos, Madrid, 1979, pp. 121-131.

E-32 _____, *Estudios y notas sobre el romancero*, El Colegio de México, México, 1986.

E-33 Doncieux, George, "La chanson du roi Renaud", *Ro*, 29 (1900), 219-256.

E-34 Entwistle, William J., *European Balladry*, Clarendon, Oxford, 1939.

E-35 _____, "Blancaniña", *RFH*, 2 (1939), 159-164.

E-36 _____, "El conde Olinos", *RFE*, 35 (1951), 237-248.

E-37 _____, "Second thoughts concerning *El conde Olinos*", *RPh*, 7 (1953), 10-18.

E-38 Espinosa, Aurelio M., *El romancero español; sus orígenes y su historia en la literatura universal*, V. Suárez, Madrid, 1931.

E-39 Frenk Alatorre, Margit, "Apostillas a un artículo sobre el romancero", *NRFH*, 12 (1958), 58-60.

E-40 Galmés de Fuentes, A. y Diego Catalán, "El tema de la boda estorbada: Proceso de tradicionalización de un romance juglaresco", *VR*, 13 (1953), 66-98.

E-41 García de Diego, Pilar, "El testamento en la tradición popular", *RDTP*, 3 (1947), 551-557.

E-42 _____, "El testamento del gato", *RDTP*, 4 (1948), 306-307.

E-43 García de Enterría, María Cruz, *Sociedad y poesía de cordel en el Barroco*, Taurus, Madrid, 1973.

E-44 González, Aurelio, *Formas y funciones de los principios en el romancero viejo*, UAM-Iztapalapa, México, 1984.

E-45 Goyri de Menéndez Pidal, María, "Romance de la muerte del príncipe don Juan (1497)", *BHi*, 6 (1904), 29-37.

E-46 Gutiérrez Esteve, Manuel, "Sobre el sentido de cuatro romances de incesto", *Homenaje a Julio Caro Baroja*, Centro de Investigaciones Sociológicas, Madrid, 1978, pp. 551-579.

E-47 Horrent, Jules, "Comment vit un romance", *LR*, 11 (1957), 379-394.

E-48 _____, "Traits distinctifs du romance espagnol", *MRo*, 20 (1970), 29-38.

E-49 Levi, Ezio, "El romance florentino de Jaume de Olessa", *RFE*, 14 (1927), 134-160.

E-50 Martínez-Yanes, F., "Los desenlaces en el romance de la Blancaniña: Tradición y originalidad", *El romancero hoy. Poética, op. cit.*, pp. 132-154.

E-51 Menéndez Pelayo, M., "Tratado de romances viejos", *Antología de poetas líricos castellanos*, ts. VIII y IX, Espasa-Calpe, Buenos Aires, 1952.

E-52 Menéndez Pidal, R., *El romancero hispánico. Teoría e historia*, Espasa-Calpe, Madrid, 1953, 2 ts.

E-53 _____, *Estudios sobre el romancero*, Obras completas, XI, Espasa-Calpe, Madrid, 1973.

E-54 Michaëlis de Vasconcellos, Carolina, "Hilo portugués", *RL*, 1 (1887-1889), 63 ss.

E-55 Milá y Fontanals, Manuel, *Observaciones sobre la poesía popular con muestras de romances catalanes inéditos*, N. Ramírez, Barcelona, 1853.

E-56 Morley, S. Griswold, "El romance del *Palmero*", *RFE*, 9 (1922), 298-310.

E-57 Nascimento, Braulio do, "Processos de variação do romance", *RBF*, 4 (1964), 59-125.

E-58 _____, "As sequencias temáticas no romanceiro tradicional", *RBF*, 6 (1966), 159-190.

E-59 _____, "Eufemismo e criação poética no romanceiro tradicional", *El romancero en la tradición oral moderna*, SMP, Gredos, Madrid, 1972, pp. 233-275.

E-60 Petersen, Suzanne H., "El mecanismo de la variación en la poesía de transmisión oral: Estudio de 612 versiones del romance de *La condesita* con la ayuda de un ordenador", tesis de la Univ. de Wisconsin, 1976.

E-61 Portell Vilá, Herminio, "Catalina y el marinero", *AFC*, 2 (1926), 268-270.

E-62 Rogers, Edith, "*El conde Olinos*: Metempsychosis or miracle", *BHS*, 50 (1973), 325-339.

E-63 *El romancero en la tradición oral moderna. Primer Coloquio Internacional*, CSMP, Univ. de Madrid, Ed. Gredos, Madrid, 1972.

E-64 *El romancero hoy. Segundo Coloquio Internacional*, CSMP, Univ. de California, Gredos, Madrid, 1979, 3 ts. Tomo I: *Nuevas Fronteras*; tomo II: *Poética*; tomo III: *Historia, Comparatismo, Bibliografía crítica*.

E-65 *Tercer Coloquio Internacional sobre Romancero*, SMP-El Colegio de México (en prensa), 2ts.

E-66 *Cuarto Coloquio Internacional sobre el Romancero*, Univ. de Cádiz (en prensa).

E-67 Shergold, N.D., ed. *Studies of the Spanish and Portuguese Ballad*, Tamesis Books, London, 1972.

E-68 Thompson, Stith, *Motif-Index of Folk Literature*, 2a. ed. rev., Bloomington, Indiana, 1957, 6 ts.

E-69 Torner, Eduardo M., *Lírica hispánica. Relaciones entre lo popular y lo culto*, Castalia, Madrid, 1966.

E-70 Viegas Guerreiro, M. *Para a historia da literatura popular portuguesa*, Instituto de Cultura Portuguesa, Lisboa, 1978.

E-71 Webber, Ruth House, *Formulistic diction in the Spanish ballad*, Univ. of California Press, Berkeley y Los Ángeles, 1951.

E-72 _____, "Prolegomena to the study of the narrative structure of the hispanic ballad", *Ballads and ballad research*, Univ. of Washington, Seatle, 1978, pp. 221-230.

Bibliografía americana

E-73 Aretz-Thiele, Isabel, *Música tradicional argentina: Tucumán, historia y folklore*, Univ. Nac. de Tucumán, Tucumán, 1946.

E-74 Bayo, Ciro, "Cantos populares americanos. El romance en América", *RHi*, 15 (1906), 796-809.

E-75 Campa, Arthur L., *The Spanish folksong in the Southwest*, Univ. of New Mexico Press, Albuquerque, 1933.

E-76 Cardozo-Freeman, Inez, "Games Mexican Girls play", *JAF*, 88 (1975), 12-24.

E-77 Carrizo, Juan A., *Antecedentes hispano-medioevales de la poesía tradicional argentina*, Estudios Hispánicos, Buenos Aires, 1945.

E-78 _____, *La poesía tradicional argentina: Introducción a su estudio*, Anales del Ministerio de Educación de la Provincia de Buenos Aires, La Plata, 1951.

E-79 Carvalho-Neto, P., "El romance", *AVF*, 6-7 (1957-1958), 181-192.

E-80 _____, *Historia del folklore iberoamericano*, Ed. Universitaria, Santiago de Chile, 1969.

E-81 _____, *Historia del folklore chileno*, Instituto de Alta Cultura, Lisboa, 1974.

E-82 Casa, Enrique C. de la, "La influencia franciscana en el folklore nuevomexicano", *RHM*, 13 (1947), 159-163.

E-83 Castellanos, Carlos, "El tema de Delgadina en el folklore de Santiago de Cuba", *JAF*, 33 (1920), 43-46.

E-84 Cortázar, Augusto Raúl, *El folklore en la Argentina*, Ed. Columba (Buenos Aires), 1969-1970.

E-85 Chávez Orozco, Luis, "El romance en México", *Contemporáneos*, 7 (1930), 253-267.

E-86 Díaz Roig, Mercedes, "El romance en América", *Historia de la literatura hispanoamericana*, Cátedra, Madrid, 1982, t. I, 201-316.

E-87 _____, "Algunas observaciones sobre el romancero tradicional en México", *Sabiduría popular*, A. Chamorro ed., Colegio de Michoacán y COPSIFE, Zamora, Michoacán, 1983, pp. 45-57.

E-88 _____, *Estudios y notas sobre el romancero, op. cit.*, 2a. parte, "La tradición mexicana", pp. 161-223.

E-89 Dölz Henry, Inés, *Los romances tradicionales chilenos*, Ed. Nascimento, Santiago, 1976.

E-90 _____, "Temática y técnicas romancescas en la poesía infantil chilena", *FAm*, 23 (jun. 1977).

E-91 _____, "Relación entre la poesía tradicional hispana del sudeste de los Estados Unidos y la poesía chilena", *FAm*, 29 (1980).

E-92 _____, "La poesía tradicional en Hispanoamérica y las listas de envíos de libros coloniales depositados en el Archivo General de Indias en Sevilla", *FAm*, 37-38 (1984).

E-93 Espejo Vera, Raúl, *Evolución popular y literaria del romance en Chile*, Memoria de Grado, Univ. de Chile, Santiago, 1953.

E-94 Espinosa, Aurelio M., *España en Nuevo Méjico*, Allyn & Bacon, Boston, 1937.

E-95 Fontes, Manuel da Costa, "The social functions of balladas and the vitality of the Portuguese ballad tradition in California", *First Symposium on Portuguese presence in California*, UCLA, San Francisco, Cal., 1974, pp. 33-36.

E-96 González, William H., "El alabado en Nuevo México", *Kentucky Quaterly*, nov., 1982.

E-97 Gutiérrez Estévez, M., "Estructuras simbólicas del romance de Delgadina en España y América", *FAm*, 35 (ene.-jul., 1983).

E-98 Imbelloni, J. *et al.*, *Folklore argentino*, Ed. Nova, Buenos Aires, 1959.

E-99 Leonard, Irving A., *Los libros del conquistador*, Fondo de Cultura Económica, México, 1953.

E-100 Leslie, John K., "Un romance español en México y dos canciones de vaqueros norteamericanos: la influencia del tema «No me entierren en sagrado»", *RDTP*, 13 (1957), 286-298.

E-101　Manrique Cabrera, F., *Literatura folklórica de Puerto Rico*, Instituto de Cultura Puertorriqueña, San Juan, 1972.

E-102　Mejía Sánchez, E., "La Virgen María en el romancero nicaragüense", *Juventud*, 1 (dic. 1943).

E-103　Mendoza, Vicente T., *El romance español y el corrido mexicano. Estudio comparativo*, UNAM, México, 1939.

E-104　――――, "El romance de las señas del esposo", *ASFM*, 1 (1942), 79-89.

E-105　――――,"El romance tradicional de Delgadina en México", *Universidad de México*, 6:69 (sep: 1952), 8-17.

E-106　Menéndez Pidal, Ramón, "Las primeras noticias de romances tradicionales en América". Separata, Molina y Cia., La Habana, s.a.

E-107　――――, *Los romances de América y otros estudios*, Espasa-Calpe, Buenos Aires, 6a. ed., 1958.

E-108　Onís, José de, "El celo de los duendes: Una variante americana del romance del Conde Olinos", *CuA*, 23 (1964), 219-229.

E-109　Orea, Basilio, "Romance tradicional de Bernal Francés en México", *ASFM*, 9 (1954), 81-115.

E-110　Pereira Salas, E., *Los orígenes del arte musical en Chile*, Impr. Univ. Santiago (1941).

E-111　Planchart, Enrique, "Observaciones sobre el cancionero popular venezolano (1921)", *AVF*, 8 (1967), 137-152.

E-112　*Resumen del Primer Congreso Iberoamericano de estudiosos del folklore*, Instituto de Etnología y Folklore y Cabildos de Las Palmas, Las Palmas, nov., 1981.

E-113　Simmons, Merle E., *A Bibliography of the "Romance" and Related forms in Spanish America*, Indiana Univ. Press, Bloomington, Indiana, 1963.

E-114　――――, "Folklore Research in Spain and Spanish America", *TAH*, 1 (1976), 2-5.

E-115　Toussaint, Manuel, "La canción de Mambrú. Folklore histórico", *Revista Mexicana de Estudios Históricos*, 1 (1927), 101-104.

E-116　Zevallos Quiñones, J., "Un romance español del siglo XVII en el Perú", *Tres*, 7 (dic. 1940), 63-70.

Bibliografía brasileña[26]

Aloisio Vilela, José, *Romancero alagoano*, Maceió, 1983.

Andrade, Mârio de, "A Nau Catarineta", *Revista do Arquivo Municipal*, São Paulo, 73 (1941), 61-76.

Armistead, Samuel G., "Romancero Studies (1977-1979)", *La Corónica*, 8:1 (1979), 57-66.

[26] Tomada en su mayoría de la *Bibliografía del romancero oral* (Estudios, E-9).

———, "Recent Field work on the Hispanic Ballad in oral tradition" en *El Romancero hoy, op. cit.*, t. 2, pp. 53-60.

———, "A Critical Bibliography of the Hispanic Ballad in oral tradition (1971-1979)", *ibid.*, t. 3, pp. 199-310.

———, D. Catalán y A. Sánchez Romeralo, "International Cooperative Research on the Hispanic Ballad", *La Corónica*, 8:2 (1980), 180-182.

Brandão, Adelino, "Influências árabes na cultura popular e folclore do Brasil", *Revista Brasileira de Folclore*, 11 (1971), 65-84.

Brandão, Théo, *Folclore de Alagoas*, Ramalho, Maceió-Alagoas, 1949.

Carvalho, José Rodrigues de, *Cancioneiro do Norte*, Instituto Nacional do Livro, Rio de Janeiro, 1967, 3a. ed. (1a. ed., 1903).

Carvalho-Neto, Paulo de, *Folclore sergipano (Sistemática sintética e antologia)*, Museu de Etnografia e Historia, Porto.

Cascudo, Luis da Câmara, "Romanceiro no Brasil" en *Dicionário das Literaturas portuguesa, galega e brasileira*, Liv. Figueirhinas, Porto, 1960.

———, "Romance", en *Dicionário do folclore brasileiro*, Instituto Nacional do Livro, Rio de Janeiro, 1962, II, pp. 665-666.

Catalán, Diego, "La creación tradicional en la crítica reciente" en *El Romancero en la tradición oral moderna, op. cit.*, pp. 153-165.

———, "El Romancero luso-brasileiro y la Cátedra Menéndez Pidal" en *Portuguese and Brazilian oral traditions in verse form*, Eds. J.B. Purcell, S.G. Armistead, E. Mayone D. y J.E. March., Univ. of Southern California, Los Angeles, 1976, pp. 168-177.

Chaves, Luis, "O ciclo dos descobrimentos na poesía popular do Brasil", *Brasilia*, 2 (1943), 81-157.

Colonelli, Cristina Argenton, *Bibliografia do folclore brasileiro*, Conselho Estadual de Artes e Ciencias Humanas, São Paulo, 1979.

Costa, Francisco A. Pereira da, "Folk-lore pernambucano: Romanceiro", *Revista do Instituto Histórico e Geográfico Brasileiro*, 70 (1907), 295-641.

Damante, Helio, *Folclore brasileiro: Sao Paulo*, Instit. Nac. do Folclore, Rio de Janeiro, 1980.

Edelweiss, Frederico, *Apontamentos de folclore*, Ctro. Edit. e Didático, Salvador, 1979.

Figueiredo, José Alves de, *Folguedos infantis caririenses*, Impr. Univ. do Ceará, Fortaleza, 1966.

Freitag, Léa Vinocur, "Influências ibéricas no folclore brasileiro", *RH*, 38 (1969), 353-382.

Galvão, Helio, *Cancioneiro do Norte*, Inst. Nac. do livro, Rio de Janeiro, 1967, 3a. ed. (2a. ed., 1928).

Lima, Augusto, C. Pires de, "Os romances tradicionais em Portugal e no Brasil (nótula)", *Brasilia*, 4 (1949), 158-161.

Lima, Fernando de Castro Pires de, "A condessa de Aragão", *Boletim Trimestral Comissao Catarinense de Folklore*, 11 (1952).

Lima, Jackson da Silva, *O folclore em Sergipe. 1. Romanceiro*, Liv. Editora Cátedra e Inst. Nac. do Livro, Rio de Janeiro-Brasilia, 1977.

Lima, Rossini Tavares de, "Achegas ao estudo do romanceiro no Brasil", *Revista do Arquivo Municipal*, 162 (1959), 7-50.

———, *Romanceiro folclórico do Brasil*, Vitale, Sao Paulo-Rio de Janeiro, 1971.

Lopes, Antônio, *Presença do Romanceiro: Versões maranhenses*, Ed. Civilização Brasileira, Rio de Janeiro, 1967.

Machado,Cristina de Miranda Mata, "Contribuição ao estudo das rondas infantis em Minas", *Rev. Univ. Federal de Minas Gerais*, 18 (1968-1969), 225-244.

Magalhães, Celso de, *Poesia popular brasileira*, Ed. Braulio do Nascimento, Bibl. Nac., Rio de Janeiro, 1973.

Meireles, Cecília, "Uma antepassada da Donzela guerreira", *Rev. Brasileira de Folclore*, 4 (1964), 53-57.

Melo, Gladstone Vieira, "O Romanceiro nordestino: Algumas informações", *Brasil Açucareiro*, 70 (1967), 27-37.

Melo, Veríssimo de, *Folclore brasileiro: Rio Grande do Norte*, Campanha de Defesa do Folclore Brasileiro, Rio de Janeiro, 1977.

Miranda, Nicanor, *200 jogos infantis*, Martins, São Paulo, 1979.

Nascimento, Braulio do, "Processos de variação do romance", *Rev. Brasileira de Folclore*, 4 (1964), 59-125.

―――, "As seqüências temáticas no romance tradicional", *ibid.*, 6 (1966), 159-190.

―――, *Bibliografia do folclore brasileiro*, Bibl. Nac., Rio de Janeiro, 1971.

―――, "Pesquisa do Romanceiro tradicional no Brasil", en *El Romancero en la tradición oral moderna, op. cit.*, pp. 65-83.

―――, "Eufemismo e criação poética no romanceiro tradicional", *ibid.*, pp. 233-275.

―――, "Romanceiro folclórico do Brasil de Rossini Tavares de Lima", *Rev. Brasileira de Folclore*, 12 (1972), 251-260.

―――, *Romanceiro tradicional*, Campanha de Defesa do Folclore Brasileiro, Rio de Janeiro, 1974.

―――, "Un romance tradicional entre índios do Amazonas, no século, XIX" en *El Romancero hoy, op. cit.*, t. 1, p. 115-124.

Neves, Guilherme Santos, *Nau Catarineta: Contribução ao estudo do folclore no Espíritu Santo*, Escola Técnica de Vitória, Vitória, 1949.

―――, "Presença do romanceiro peninsular na tradição oral do Brasil", *Rev. Brasileira de Folclore*, 1 (1961), 44-62.

Pinto, Alexina de Magalhaes, *Contribução do folk-lore brasileiro para a biblioteca infantil*, J. Ribeiro dos Santos, Rio de Janeiro, 1907.

Purcell, Joanne B., "Sobre o Romanceiro português: Continental, Insular e Transatlântico. Uma recolha recente" en *El Romancero en la tradición oral moderna, op. cit.*, pp. 56-64.

―――, "Ballad collecting procedures in the hispanic world" en *El Romancero hoy, op. cit.*, 1, pp. 61-73.

Romero, Sílvio, *Estudos sobre a poesia popular do Brazil*, Laemmert & C., Rio de Janeiro, 1888, 2a. ed., Petrópolis, 1977.

Sánchez Romeralo, Antonio, "El romancero oral ayer y hoy: Breve historia de la recolección moderna (1782-1970)", en *El romancero hoy, op. cit.*, 1, pp. 15-51.

Santos Neves, Guilherme, *Romanceiro Capixaba*, Fund. Nac. de Arte-Fund. C. Abel de Almeida, Vitória, 1983. Ver também *Neves, G.S.*

Seraine, Florival, *Folclore brasileiro: Ceará*, Campanha de Defesa do Folclore Brasileiro, Rio de Janeiro, 1978.

Veríssimo, José, "A poesia popular brazileira", en *Estudos brazileiros*, Tavares Cardoso, Pará, 1889.

Vianna, Hildegardes, "A mulher vestida de homem: Versões baianas", *Rev. Brasileira de Folclore*, 3 (1963), 177-193.

ÍNDICES

ÍNDICES DE LA SELECCIÓN

Fuentes

I   1.1 *Espinosa 53*, pp. 62-63. Inf. Manuelita Cisneros, 33 años, Albuquerque, Nuevo México (*Romancero nuevomejicano*, 18).

    1.2 *Ib.*, pp. 64-65. Inf. José de León Padilla, 49 años, Tomé, Nuevo México.

    2.1 *Reuter 80*, pp. 42-44. Sin datos inf. Recogido en Oaxtepec, Morelos, *ca.* 1950 (*RTM*, p. 56).

    2.2 *Mendoza 39*, p. 328. Versión tomada de José Elguero, *Papel y humo* (México, D.F.), abril de 1935 (*RTM*, p. 55).

    2.3 *Fernández*, p. 36. Inf. Salvadora Díaz, residente en California; lo aprendió en Jalisco *ca.* 1928.

    2.4 *Vélez*, p. 86. Sin datos. Autoría atribuida a Consuelo Castro.

    2.5 *Navarrete 71*, p. 197. Inf. Juvenal Muñoz, Iztapa, Tuxtla Chico, Chiapas (*RTM*, p. 57).

    5.1 *Mejía S.*, pp. 41-42. Inf. Carmela Noguera de Argüello, Granada.

    5.2 *Ib.*, pp. 43-45. Inf. Juan F. Alemán, Hacienda "Dos Laureles", Granada.

    8.1 *Poncet 14*, pp. 135-138. Sin datos.

    9.1 *Garrido 46*, pp. 108-109. Inf. Ana E. Mesa, 60 años, San Juan de la Maguana, 1946.

  10.1 *Cadilla 53*, pp. 179-180. Inf. Monserrate González, 97 años, Lares.

  11.1 *Dubuc*, pp. 210-211. Inf. José Ma. Medina, 42 años, vigilante (analfabeto), Tostós.

  11.2 *Almoina*, pp. 25-26. Inf. Rafael Ciacuto, Ciagua, Anzoátegui, 1959.

  12.1 *Beutler*, pp. 363-364. Inf. Aura Díaz, 40 años, Condoto, Chocó, 1963.

  14.1 *Romero 52*, pp. 109-110. Inf. Efraín Nates. Aprendida en Buenos Aires de su madre peruana. Comunicada en 1939 a I. Moya.

  15.1 *Vicuña*, pp. 79-80. Inf. Gregoria Collado, 55 años, Matancilla, Illapel.

  16.1 *Carrizo 37*, pp. 359-360. Inf. Estratón J. Lizondo, 18 años, San Miguel de Tucumán.

  16.2 *Ib.*, p. 360. Inf. Apolinar Barber, San Miguel de Tucumán.

  17.1 *López B-Archivo*. Inf. Manón Sopeña B., 25 años, maestra, Rocha.

II   2.1 *Pichardo*, núm. 37. Sin datos (*RTM*, p. 108).
        2.2 *Col. INBA*. Sin datos (*RTM*, p. 110).
        5.1 *Mejía S.*, pp. 72-73. Inf. Petrona de Argüello, Granada.
        6.1 *Cruz S.*, p. 27. Inf. Jorge A. Cruz-Sáenz, 21 años, Cartago, 1973.
        6.2 *Ib.*, p. 28. Inf. Jenny Sáenz de Cruz, 59 años, Cartago, 1975.
        7.1 *Zárate*, p. 91. Inf. Dora P. de Zárate (recuerdo de infancia).
        8.1 *Arissó*, pp. 53-54. Recogido en el Instituto de Sagua la Grande, *ca.*
             1939.
        9.1 *Garrido 46*, p. 98. Inf. Francisca Silva, Hato Mayor, 1944.
        10.1 *Canino*, p. 179. Sin datos.
        10.2 *Deliz*, p. 290. Inf. Eladia de Jackson, Ponce.
        11.1 *Pardo-55*, p. 202. Inf. María Yanes, 56 años, lavandera, Caracas.
        11.2 *Olivares-53*. Inf. Ma. Dolores Chaicois, Valera, Trujillo, 1944.
        12.1 *Dougherty*, pp. 249-250. Inf. Lola Hernández, 47 años, Girón,
             Santander, 1975.
        12.2 *Beutler*, p. 378. Inf. Blanca Bidarte, 10 años, Neiva, Huila, 1961.
        12.3 *Ib.*, p. 379. Inf. Gloria Amardora, 12 años, Valledupar, Magda-
             lena, 1962.
        14.1 *Romero 52*, p. 89. Versión de la autora, Lima.
        15.1 *Barros-Dannemann*, p. 107. Inf. Rosario Gallardo, pequeña
             propietaria agrícola, San Javier Alto, Curaco de Vélez, Chi-
             loé, 1965.
        16.1 *Carrizo 37*, p. 347. Inf. Petrona Cáceres de Carrizo, Ingenio Santa
             Rosa, Monteros, 1935.
        16.2 *Moya*, p. 558. Sin datos. Versión de Buenos Aires.
        16.3 *Draghi*, p. 6. Inf. Félix Chacón, Las Heras, 1935.
        17.1 *Ayestarán-Archivo*, núm. 1565. Inf. Marta Cecín de Seluja, 55
             años, Montevideo, 1957.
        17.2 *López B.-Archivo*, núm. 75. Inf. Finita Presa, Rocha.
        17.3 *Ib.*, núm. 39. Inf. niña Irma Piña, Rocha, 1946.

III   1.1 *Espinosa 18*, p. 310. Inf. Eduviges Cordero, 89 años, Santa Bárbara.
        1.2 *Espinosa 53*, p. 24. Inf. Gregorio García, 30 años, Socorro, Nuevo
             México (*Romancero nuevomejicano*, 21).
        2.1 *RTM*, p. 108. Versión de Lagos de Moreno, Jalisco, 1979.
        16.1 *Moya*, p. 560. Versión de Santiago de Estero.
        16.2 *Ib.*, pp. 544-545. Versión de Santa Fe.
        17.1 *Pereda*, p. 73, Inf. M. de B., Montevideo.
        17.2 *López B.-Archivo*, núm. 38, Inf. niña Miriam González F., Rocha,
             1946.
        17.3 *Ib.*, núm. 34. Inf. niña Obdulia Pereira, Rocha, 1946.

IV   16.1 *Carrizo 42*, II, p. 411. Inf. Vicente Reinoso (tomado de un cua-
             no), Mallagasta, 1939.

V   1.1 *Espinosa 53*, pp. 59-60. Inf. Néstor González, 49 años. Albuquer-
             que (*Romancero nuevomejicano*, 16).
        1.2 *Espinosa 25*, pp. 304-305. Inf. Jesús Ruiz, 58 años, Santa Bárbara,
             Cal.

1.3 *Espinosa 53*, pp. 69-70. Inf. Eduardo Gómez, 50 años, Magdalena, Nuevo México.

1.4 *Armistead 78*, pp. 46-47. Inf. Chica Pérez, 55 años, Delacroix, St. Bernard Parish, Luisiana, 1976.

2.1 *Mendoza-Rodríguez*, pp. 66-67. Inf. Petra Guzmán B., 68 años, San Pedro Piedra Gorda, Zacatecas (*RTM*, pp. 73-74).

2.2 *Disco MNA*, tradición oral, Guerrero (*RTM*, p. 68).

3.1 *Navarrete 63*, pp. 195-196. Hoja impresa comprada en el mercado Colón de la ciudad de Guatemala.

5.1 *Mejía S.*, pp. 53-55. Inf. Juan Fco. Alemán, depto. de Granada.

6.1 *Cruz S.*, p. 13. Inf. Emilia Prieto, 73 años, Cartago, 1975.

11.1 *Ramón-Aretz*, pp. 624-625. Inf. Vinicio Contreras, 69 años, Michelena (natural de Monte Grande), 1960.

12.1 *Beutler*, pp. 361-362. Inf. Rosa E. Arango, 40 años, Ituango, Antioquía, 1961.

15.1 *Vicuña*, pp. 89-91. Inf. Gregoria Collado, 55 años, Matancilla, Illapel.

16.1 *Moya*, pp. 464-465. Sin datos informante, versión de Catamarca.

VI 3.1 *Navarrete 63*, pp. 187-188. Sin datos.

5.1 *Mejía S.*, pp. 58-60. Sin datos informante. Recogido en Nandaine, Granada.

5.2 *Ib.*, pp. 57-58. Inf. Nicolasa Bonilla, Granada.

6.1 *Cruz S.*, p. 9. Inf. Trinidad Montiel, 48 años, Liberia, Guanacaste, 1979.

9.1 *Garrido 46*, p. 51. Inf. Luvina Calderón, 37 años, Las Charcas, Azúa, 1945.

10.1 *Canino*, pp. 386-387. Sin datos.

10.2 *Deliz*, p. 282. Inf. Justina Villalobos, Mameyes Arriba, Jayuya.

10.3 *Ramírez-Archivo*. Inf. I. Cordero; sin más datos.

11.1 *Olivares 53*. Inf. Esperanza Álvarez R., San Fernando de Apure, 1941.

12.1 *Granda*, pp. 215-216. Inf. Juana Riva, Caserío de Güina, Chocó.

12.2 *Ib.*, pp. 217-218. Inf. Manuel Valdés, abogado, natural de Istmina, Chocó.

12.3 *Beutler*, p. 357. Inf. Margarita de Castillo, 30 años, Barbacoas, Nariño, 1961.

15.1 *Muñoz D.*, pp. 32-33. Inf. Carmen Tapia, 80 años, Constitución (aprendida de su abuelo F. Garrido, cantor y poeta).

15.2 *Barros-Dannemann*, pp. 61-62. Inf. Elena Zapata, 58 años, condición socioeconómica precaria, Maquimávida, Hualqui, Concepción, 1966.

15.3 *Ib.*, p. 69. Inf. Corina Lagos, 50 años, campesina, Florida, Concepción, 1965.

16.1 *Carrizo 37*, I, pp. 364-365. Inf. Gregorio Heredia, San Miguel de Tucumán, 1934.

17.1 *López B.-Archivo*, núm. 67. Inf. María Pereira de Pereira, 72 años, Rocha.

VII   1.1   *Rael*, p. 24. Versión de Manassa, Colorado.

1.2   *Espinosa 53*, pp. 174-175. Inf. Ana Ma. Bustos, 70 años, Santa Cruz, Nuevo México.

1.3   *Espinosa 25*, p. 311. Inf. María Pico, 64 años, Sta. Bárbara, Cal.

1.4   *Ib.*, pp. 311-312. Inf. Manuel Pico, 60 años, Sta. Bárbara, Cal.

2.1   *Col. Hurtado.* Sin datos (*RTM*, pp. 166-167).

2.2   *Mendoza 39*, pp. 417-418. Sin datos informante. Procede de Ixmiquilpan, Hidalgo (*RTM*, p. 165).

3.1   *Navarrete 63*, pp. 200-201. Hoja suelta. Tipografía Ortiz.

3.2   *Ib.*, pp. 199-200. Hoja impresa en Quezaltenango.

5.1   *Mejía S.*, pp. 76-77. Inf. Mercedes Cuadra, barrio de Cuiscoma, Granada.

7.1   *Tejeira*, p. 180. Sin datos. Parece proceder de Penonomé, *ca.* 1910.

8.1   *Poncet-Apéndice*, pp. 474-475. Inf. una vieja mulata, La Habana.

11.1   *Almoina*, pp. 107-108. Inf. Julio Ruiz, La Palma, Cojedes, 1966.

12.1   *Dougherty*, p. 257. Inf. Ana Dolores Durán, 58 años, San Gil, Santander.

12.2   *Beutler*, p. 321. Inf. Nemesia Sánchez, 63 años, Malagana, Bolívar, 1962.

12.3   *Granda*, p. 225. Inf. Clemencia Suárez, 50 años, San Juan de Micay, El Tambo, Cauca.

15.1   *Laval*, pp. 71-72. Sin datos informante. Procede de Cauquenes.

15.2   *Villablanca*, pp. 193-194. Inf. Pedro Luengo, 40 años, Chillán.

15.3   *Ib.*, pp. 200-202. Inf. Rosa Viscay, 30 años, Niblinto, Chillán.

15.4   *Vicuña*, pp. 183-184. Inf. Emilia Zúñiga, 35 años; lo aprendió en Los Andes, Aconcagua.

16.1   *Ochoa*, pp. 210-211. Sin datos informante. Versión de San Luis.

16.2   *Carrizo 42*, II, p. 334. Inf. Ceferina Carrión, ciudad La Rioja.

17.1   *López B.-Archivo*, núm. 62. Inf. Juana Arambillete de Vicente, 65 años, Rocha.

17.2   *Ib.*, núm. 31. Inf. Joaquina Blanquet de López, 72 años.

VIII   8.1   *Poncet 14* pp. 174-175. Sin datos.

9.1   *Garrido-46*, p. 83. Inf. Carmen D. García, Río Verde, La Vega, 1946.

11.1   *Olivares-Archivo.* Inf. Rosalinda de Vargas, El Alto, aldea de Pregonero, Táchira.

12.1   *Arias 53*, p. 149. Sin datos.

IX   6.1   *Cruz S.*, p. 74. Inf. Leda Ma. Cruz de Montero, 34 años, Cartago, 1975.

6.2   *Ib.*, p. 70. Inf. Zeide Guevara de Cibaja, 43 años, Liberia, Guanacaste, 1979.

6.3   *Ib.*, pp. 70-71. Inf. Katia Ramírez, 10 años, San Ramón, Alajuela, 1979.

8.1   *Farray*, p. 335. Recogido en Paterna Arriba, Gran Tierra, 1967.

8.2   *Córdova*, p. 135. Sin datos.

9.1   *Garrido 55*, p. 225. Inf. Demetria Dávila, Ciudad Trujillo, 1944.

10.1   *Deliz*, pp. 284-286. Inf. Alejandrina Yumet de Vélez, Santurce.

12.1 *Beutler*, pp. 410-411. Inf. Concepción Ayora, 13 años, Cartagena, Bolívar, 1962.

15.1 *Barros-Dannemann*, pp. 102-103. Inf. Gabriela Pizarro, 38 años, profesora, Santiago, 1960.

15.2 *Vicuña*, p. 543. Inf. Elena Fuentes, 13 años, Santiago.

16.1 *Carrizo 34*, pp. 487-488. Sin datos.

16.2 *Carrizo 37*, I, p. 391. Sin datos informante. Recogido en la escuela local del Ingenio Santa Rosa.

X   8.1 *Poncet 14*, p. 150. Sin datos.

8.2 *Ib.*, p. 151. Sin datos.

8.3 *Redondo*, pp. 369-370. Sin datos. Versión de Camagüey.

9.1 *Garrido 46*, pp. 71-72. Inf. Luis Mena, Ciudad Trujillo, 1944.

10.1 *Deliz*, p. 260. Sin datos.

11.1 *Dubuc*, p. 235. Inf. Dolores Azuaje, 60 años, agricultor, El Hato.

14.1 *Romero 52*, p. 99. Inf. una religiosa del Colegio de la Reparación, Lima, 1940.

16.1 *Carrizo 33*, pp. 3-4. Inf. Alicia Corbalán, Banda Grande, Molinos, 1931.

16.2 *Carrizo 26*, p. 32. Inf. una chica de 13/15 años, Catamarca, 1915.

17.1 *López B.-Archivo*, núm. 46. Inf. niño Jordán Rodríguez, Rocha, 1948.

17.2 *Ayestarán-Archivo*, núm. 1570. Inf. Marta Cecín de Seluja, 55 años, Montevideo, 1957.

XI   1.1 *Espinosa 25*, pp. 307-308. Inf. Máximo A. Fernández, 84 años, San José, Cal.

1.2 *Espinosa 53*, pp. 33-34. Inf. José A. Ribera, 42 años, Peña Blanca, Nuevo México (*Romancero nuevomejicano*, 10). Reed. en *Romancero Tradicional*, XI, pp. 101-102.

2.1 *RTM*, p. 43. Inf. Ismael Chapa, 53 años, Matamoros, Tamaulipas, 1954. Recogida por A. Paredes.

8.1 *Romanc. tradic.*, XI, pp. 114-115. Inf. Elvira Pino, Camagüey, 1870 (1880). Publicada por J.M. Chacón, *AFC*, 1 (1925), 289-290.

11.1 *Olivares 43 bis*. Inf. Ligia S. Rodríguez, San Fernando de Apure (*Romancero tradicional*, XI, pp. 116-117).

11.2 *Dubuc*, p. 237. Inf. Adela González, 68 años, mendiga, Viravira.

12.1 *Romanc. tradic.*, XI, pp. 117-118. Inf. un campesino de Casanare. Enviado a Menéndez Pidal en 1908 por Fray P. Fabo.

15.1 *Romanc. tradic.*, XI, pp. 148-149. Sin datos de informante. Publicado por R. Laval, *AFC*, 3 (1928), 18-19.

15.2 *Vicuña*, pp. 118-120. Inf. Juan Soto, 18 años, Valdivia (*Romanc. tradic.*, XI, pp. 149-151).

16.1 *Carrizo 34*, p. 137. Inf. el Negro Pardo, cantor, Jujuy, 1930 (*Romanc. tradic.*, XI, pp. 122-123).

16.2 *Draghi*, p. 181. Inf. Isidro Fernández, Mendoza, 1932 (*Romanc. tradic.*, XI, pp. 146-147).

7.1 *Zárate*, p. 114. Inf. Gina López, 12 años, Ciudad de Panamá, 1956.

8.2 *Arissó*, p. 60. Recogido en el Instituto de Sagua la Grande, *ca.* 1939.

9.1 *Garrido 46*, p. 88. Inf. Tulia Hernández, provincia de Santiago, 1945.

9.2 *Nolasco*, p. 328. Inf. alumnos de la escuela Padre Bellini.

10.1 *Cadilla 40*, pp. 205-206. Sin datos.

11.1 *Pardo 55*, p. 198. Inf. Eduardo Calcaño, Caracas.

12.1 *Robledo*, p. 267. Sin datos.

12.2 *Beutler*, p. 398. Inf. Hilda Pereira, 12 años, Aratoca, Santander del Sur, 1960.

12.3 *Ib.*, p. 393. Inf. Elisabeth Romero, 13 años, Malagana, Bolívar, 1962.

14.1 *Romero 52*, pp. 92-93. Inf. un niño de 12 años, Lima, 1940.

15.1 *Vicuña*, pp. 133-134. Inf. Evarista Escobedo, 50 años, Santiago.

15.2 *Barros-Dannemann*, p. 108. Inf. Margarita Guaico, 23 años, s.l., 1970.

16.1 *Moya*, p. 568. Sin datos informante. Versión de Catamarca.

16.2 *Ib.*, pp. 567-568. Sin datos informante. Versión de Jujuy.

17.1 *López B.-Archivo*, núm. 80. Inf. Nona Martínez de Melo, 65 años, Rocha, 1956.

17.2 *Ayestarán-Archivo*, núm. 1313. Inf. Zoe Rico de Ballestrino, 37 años, Montevideo.

XIV 1.1 *Espinosa 53*, pp. 52-53. Inf. Marcelino Morgas, 89 años, Ranchitos, Taos, Nuevo México (*Romancero tradicional*, VII, I.530).

8.1 *Chacón 22*, pp. 165-166. Inf. Ángel Saldaña, 11 años, La Habana, 1914 (*Romanc. tradic.*, VIII, II.265 con variantes). Publicada con anterioridad por el mismo Chacón.

8.2 *Poncet-Apéndice*, pp. 637-640. Inf. Enriqueta Comas de Marrero, Santiago.

9.1 *Garrido 46*, p. 33. Inf. Juana Ma. Mateo, 86 años, Las Charcas, Azúa, 1945 (*Romanc. tradic.*, VII, I.522).

10.1 *Romanc. tradic.*, VII, pp. 239-240. Inf. Salustiano Ferrer, 89 años, labriego, Adjuntas.

10.2 *Cadilla 40*, pp. 147-148. Sin datos.

12.1 *Romanc. tradic.*, VII, pp. 253-254. Inf. un peón raso de Llanos de Casanare, 1938.

15.1 *Ib.*, p. 261. Inf. Antonio Brito, 43 años, Santiago (1930).

16.1 *Moya*, II, pp. 32-33. Sin datos (*Romanc. tradic.*, VII, I.547. Según los editores es un fragmento de *Flor nueva*...).

17.1 *Ayestarán-Archivo*, núm. 2349. Inf. Carmen Carrera de Civaho, 68 años, Montevideo, 1960 (*Romanc. tradic.*, VIII, II.268).

XV 8.1 *Poncet-Apéndice*, pp. 628-630. Sin datos informante. Versión de Camagüey.

8.2 *Comas-Archivo*. Inf. Enriqueta Comas de Marrero, Santiago, 1937.
10.1 *Cadilla 53*, pp. 183-184. Sin datos.
11.1 *Olivares-Archivo*. Inf. Beda E. Orta, Calabozo, Guarico.
12.1 *Beutler*, pp. 375-376. Inf. Beatriz Carballo, 11 años, Neiva, Huila, 1961.
12.2 *Sabio*, p. 255. Inf. Toñico, Tamara.
16.1 *Bayo*, pp. 33-34. Sin datos.
17.1 *Ayestarán-Archivo*, núm. 1703. Inf. Marta Cecín de Seluja, 56 años, Montevideo, 1958.

XVI 8.1 *Poncet-Apéndice*, pp. 652-653. Sin datos.
10.1 *Deliz*, p. 256. Inf. Alejandrina Yumet de Vélez, Aguadilla.
11.1 *Olivares 48*, pp. 170-171. Sin datos informante. Versión de Chaguaramal, Monagas.
15.1 *Vicuña*, p. 169. Inf. XX, 60 años, Santiago. Versión de Codega, O'Higgins.
16.1 *Carrizo 42*, II, p. 12. Inf. Manuel Pilar Herrera, 65 años, La Rioja. Versión de Sanagasta.

XVII 1.1 *Campa*, p. 82. Sin datos informante, Las Cruces, Nuevo México.
1.2 *Ib.*, p. 81. Inf. unos niños de El Paso, Texas.
2.1 *RTM*, p. 143. Inf. Oralia Rodríguez, 32 años, profesora, Cuatro Ciénagas, Coahuila, 1976.
2.2 *Col. Colegio*. Inf. un alumno de secundaria, México, D.F., 1964 (*RTM*, p. 146).
2.3 *Mendoza 51*, p. 105. Inf. el autor; procede de Puebla, Puebla (*RTM*, p. 145).
2.4 *Canc. Veracruz*, p. 162. Sin datos informante. Procede del estado de Veracruz.
3.1 *Lara*, p. 108. Sin datos.
3.2 *Estrada*, p. 189. Sin datos.
4.1 *Com. Inv. F.S.*, p. 194. Sin datos.
4.2 *Ib.*, p. 190. Sin datos.
5.1 *Mejía S.*, p. 92. Sin datos informante. Versión de León.
6.1 *Cruz S.*, p. 29. Inf. Leticia Salazar, 13 años, San Isidro de Puriscal, San José, 1979.
6.2 *Ib.*, p. XXVII. Tomada de E. Gamboa, *Cancionero popular para niños*, 1941.
7.1 *Zárate*, p. 87. Inf. Alicia Pérez, Chitré, Herrera, 1954.
7.2 *Ib.*, p. 87. Inf. Jeannette Périgault, 16 años, Colón, *ca.* 1946.
8.1 *Arissó*, p. 52. Recogido en Sagua la Grande, *ca.* 1939.
8.2 *Poncet-Apéndice*, p. 98. Sin datos informante. Versión de Santiago.
9.1 *Garrido 46*, p. 69. Inf. Marina Coiscou, Ciudad Trujillo, 1945.
9.2 *Ib.*, pp. 64-65. Inf. Amanda G. de Howley, Ciudad Trujillo, 1944.
10.1 *Cadilla 53*, p. 257. Sin datos.
10.2 *Cadilla 40*, pp. 116-117. Sin datos.

3.1 *Navarrete 63*, pp. 206-207. Sin datos.

5.1 *Mejía S.*, pp. 90-91. Inf. una señora anciana, Granada.

5.2 *Ib.*, pp. 88 89. Inf. Cristina Morales, Granada.

5.3 *Ib.*, pp. 85 86. Sin datos informante. Versión de Granada.

6.1 *Cruz S.*, p. 67. Inf. María Granados, 22 años, Cot, Cartago, 1973.

6.2 *Ib.*, p. 67. Inf. Lucrecia Vargas, 26 años, San Isidro del General, San José, 1979.

7.1 *Zárate*, p. 109. Inf. la autora.

7.2 *Ib.*, p. 109. Inf. Angélica de Carrión, 27 años, Llanos de Piedra, Los Santos, 1955.

8.1 *Arissó*, pp. 54-55. Recogido en Sagua la Grande, *ca.* 1939.

8.2 *Córdova*, pp. 140-142. Sin datos.

8.3 *Poncet 14*, p. 89. Sin datos.

9.1 *Garrido 46*, p. 93. Inf. Carmen Y. Retif, Ciudad Trujillo, 1945.

9.2 *Ib.*, pp. 91-92. Inf. la hermana de la autora, San Juan de la Maguana, 1944.

10.1 *Deliz*, p. 272. Sin datos.

10.2 *Cadilla 53*, pp. 277-278. Sin datos.

11.1 *Gómez, A.*, pp. 41-43. Sin datos.

12.1 *Beutler*, pp. 406-407. Inf. Esperanza Restrepo, 11 años, Popayán, Cauca, 1961.

12.2 *Ib.*, p. 407. Inf. niñas del Colegio de la Presentación, Bochalema, Norte de Santander, 1961.

13.1 *Carvalho 66*, p. 130. Inf. Isaac J. Barrera (?), 1935.

14.1 *Romero 52*, p. 87. Tomado de Miguel A. Ugarte. Sin datos.

14.2 *Ib.*, p. 83. Inf. H.R. de R., más de 60 años, Arequipa.

14.3 *Ib.*, p. 83. Inf. niñas Echecopar del Solar, 8 y 10 años, Lima, 1940.

15.1 *Dölz*, pp. 210-211. Inf. versión de la autora.

15.2 *Baeza*, pp. 60-61. Inf. versión del autor.

16.1 *Carrizo-26*, p. 234. Inf. una chica de Capayán, 1915.

17.1 *López B.-Archivo*, núm. 83. Inf. Pepita García S., maestra, Melo.

XXII   6.1 *Cruz S.*, p. 26. Inf. María Granados, 22 años, Cot, Cartago, 1973.

9.1 *Garrido 46*, p. 77. Inf. Marina Coiscou, Ciudad Trujillo, 1945.

10.1 *Cadilla 53*, p. 197. Inf. Luisa Ramos de Ruiz, Río Piedras.

11.1 *Olivares-Archivo*. Inf. L. Higuera, Trujillo, Trujillo.

11.2 *Ib.*, Inf. Rafael Hurtado, Maturín, Monagas, 1938.

12.1 *Sabio*, p. 263. Inf. Toñico, Llanos Orientales.

12.2 *Dougherty*, pp. 248-249. Inf. Socorro Pinzón de Durán, 21 años, Socorro, Santander, 1975.

16.1 *Carrizo 37*, I, pp. 350-351. Inf. Lujana J. Veliz, Monteros, 1935.

16.2 *Draghi*, pp. 4-5. Inf. niños escolares de Cuyo, *ca.* 1925.

16.3 *Carrizo 33*, p. 7. Inf. Ma. Mercedes Ramos, San Lorenzo, 1928.

17.1 *Pereda*, p. 71. Inf. Srita. B.M., 19 años, Montevideo.

XXIII   2.1 *Mendoza 51*, p. 126. Tomado de *El Mundo Ilustrado*, XVII, vol. II, núm. 14, 31 julio, 1910 (*RTM*, pp. 157-158).

8.1 *Poncet-Apéndice*, p. 661. Sin datos.

9.1 *Garrido 55*, p. 251. Inf. Demetria Dávila, Retif, Ciudad Trujillo, 1944.

10.1 *Deliz*, p. 266. Inf. Consuelo Rodríguez, Jayuya.

12.1 *Beutler*, p. 376. Inf. Felisa Córdova, 45 años, Istmina (El Camellón), Chocó, 1963.

14.1 *Romero 52*, p. 106. Inf. Victoria Quijandría, 13 años, Lima, 1940.

15.1 *Vicuña*, pp. 175-176. Inf. Aurelia Baeza, 18 años, Santiago.

15.2 *Barros-Dannemann*, p. 102. Inf. Elba González, 17 años, empleada doméstica y cantora semiprofesional, Lebu, Arauco, 1933.

16.1 *Bayo*, p. 36. Sin datos.

16.2 *Carrizo 33*, p. 25. Recogida por su esposa en un colegio de Tucumán.

17.1 *Ayesterán-Archivo*, núm. 685. Inf. Zulma Roldán de Garibaldi, 68 años, Montevideo, 1952.

XXIV 8.1 *Alzola*, pp. 55-56. Inf. Ana Ma. Luján, 20 años, estudiante, Santa Clara, 1960.

17.1 *López B.-Archivo*, núm. 51. Inf. Roberto Rodríguez.

17.2 *Menéndez Pidal*, pp. 47-48. Versión de Montevideo, al parecer cantada por unas niñas, 1905.

XXV 2.1 *Henestrosa*, p. 56 (*RTM*, p. 113).

8.1 *Poncet 14*, pp. 188-189. Sin datos informante. Versión de Matanzas.

8.2 *Alzola*, p. 57. Inf. María Blanco, 30 años, Trinidad, 1959.

XXVI 9.1 *Garrido 46*, p. 81. Inf. Ana Grullón de Mieres, La Vega, 1945.

XXVII 11.1 *Olivares-Archivo*, Inf. Benigno Ontiveros, San Cristóbal, Táchira, 1947.

11.2 *Ramón-Aretz*, p. 636. Inf. Carmelo Castillo, 76 años, San Simón, Jáuregui, 1960.

XXVIII 3.1 *Navarrete 63*, p. 198. Sin datos.

3.2 *Lara*, pp. 106-107. Sin datos.

8.1 *Poncet-Apéndice*, pp. 632-633. Sin datos informante. Versión de Camagüey.

8.2 *Alzola*, pp. 52-53. Inf. David Salvador, Santa Clara, 1960.

9.1 *Garrido 46*, pp. 55-56. Inf. Manuela María Sánchez, Las Charcas, Azúa, 1946.

10.1 *Cadilla 53*, pp. 171-172. Inf. Sr. Cabré, barrio de Río Cañas, Caguas.

10.2 *Ib.*, p. 171. Inf. cocinera de la Sra. Fernández, Río Piedras.

11.1 *Almoina*, pp. 48-49. Inf. José Primera, Pueblo Nuevo, Falcón.

11.2 *Domínguez, L.A.*, pp. 126-127. Inf. Saturnino Cornejo, comerciante, 33 años, San Juan de los Morros, Guarico, 1940.

11.3 *Dubuc*, pp. 209-210. Inf. Dolores Azuaje, 60 años, agricultor, El Hato.

12.1 *Beutler*, p. 340. Inf. Julia González, 70 años, Suaita, Santander del Sur, 1960.

12.2 *Granda*, pp. 212-213. Inf. Juana Riva, 40 años, Güina, Bahía Solano, Chocó.

16.1 *Bayo*, pp. 18-19. Sin datos.

16.2 *Ochoa*, p. 210. Sin datos informante. Versión de San Luis.

XXIX 11.1 *Olivares-Archivo*. Inf. Rosa T. Salas, Pregonero, Táchira, 1943.

16.1 *Viggiano*, p. 54. Sin datos informante. Recogido en Deán Funes, Ischilín, 1948.

17.1 *López B.-Archivo*, núm. 84. Inf. Nicanor Prieto, Rocha, 1946.

XXX 1.1 *Espinosa 53*, pp. 28-29. Inf. Marcelino Morgas, 89 años, Ranchito, Taos, Nuevo México.

1.2 *Ib.*, p. 30. Inf. Luisa Nevárez, 59 años, Las Vegas, Nuevo México.

1.3 *Espinosa 25*, p. 304. Inf. Federico Ruiz, 18 años, Santa Bárbara, Cal.

1.4 *Espinosa 53*, pp. 29-30. Inf. Electo Baca, 50 años, Socorro, Nuevo México.

1.5 *Armistead 83*, p. 43. Inf. Joseph Campo, 84 años, Delacroix, Luisiana, 1980.

1.6 *Espinosa-53*, pp. 30-31. Inf. Francisco S. Leyba, 81 años, Leyba, Nuevo México.

2.1 *Serrano*, p. 41. Inf. Blas Valdés, 65 años, trovador, Coyuca de Catalán, Guerrero, 1942 (*RTM*, p. 26).

2.2 *RTM*, p. 29. Inf. Sr. Pepito, 37 años, cantante, Lagos de Moreno, Jalisco, 1979.

2.3 *Navarrete 71*, p. 207. Inf. Eloísa Santeliz, 78 años, Tuxtla Chico, Chiapas (*RTM*, p. 31).

3.1 *Navarrete 63*, pp. 190-191. Inf. Félix Cupertino, ciudad de Jutiapa.

3.2 *Lara*, p. 106. Sin datos.

3.3 *Navarrete 63*, p. 191. Inf. Tránsito Rojas, ciudad de Jalapa.

5.1 *Mejía S.*, p. 40. Sin datos informante. Versión de Jinotega.

5.2 *Ib.*, p. 38. Inf. "Telón", Corpus del Menco, Rivas.

5.3 *Ib.*, pp. 32-33. Sin datos informante. Versión del barrio de Jalteva, Granada.

5.4 *Ib.*, p. 34. Inf. Rosa Tucker, Masaya.

6.1 *Cruz S.*, p. 17. Inf. Marta Vásquez-Chávez, 50 años, Santa Cruz de Guanacaste, 1973.

6.2 *Ib.*, p. 16. Inf. Dennis Baltodano, 49 años, Liberia, Guanacaste, 1979.

6.3 *Ib.*, p. 20. Inf. María Calderón, 44 años, Puriscal, San José, 1979.

8.1 *Poncet 14*, pp. 78-79. Sin datos.

8.2 *Chacón 22*, p. 105. Sin datos informante. Versión de La Habana.

8.3 *Poncet 14*, pp. 77-78. Sin datos.

8.4 *Ib.*, pp. 75-76. Sin datos.

9.1 *Garrido 46*, p. 43. Inf. Ladimila Sánchez, Las Charcas, Azúa, 1945.

2.1 *Recolección Díaz*. Inf. Ana E. Barriga, 36 años, secretaria ejecuti-
va, México, D.F., 1985.

3.1 *Navarrete 63*, p. 206. Sin datos.

5.1 *Mejía S.*, pp. 74-75. Sin datos informante. Versión de la ciudad de
Rivas (publicado antes en *Juventud*, año I, núm. 12, diciem-
bre de 1943, p. 17).

6.1 *Cruz S.*, pp. 2-3. Inf. Emma Benegas, 64 años, Puriscal, San José,
1979.

6.2 *Ib.*, p. 4. Inf. Leda Ma. Cruz de Montero, 34 años, Cartago, Cartago, 1975.

8.1 *Poncet 14*, pp. 153-154. Sin datos.

9.1 *Garrido 46*, p. 61. Inf. Marina Coscou, Ciudad Trujillo, 1945.

10.1 *Canino*, pp. 393-394. Sin datos.

11.1 *Ramón-Aretz*, pp. 649-650. Inf. Rosa Ortega de Guerrero, 39
años, Aldea Las Guineas, Ureña, Bolívar, 1960.

11.2 *Pardo 55*, p. 205. Sin datos informante. Versión de Apure.

12.1 *Beutler*, p. 312. Inf. Gloria Mosquera, 11 años, Popayán, Cauca,
1961.

12.2 *Ib.*, pp. 312-313. Sin datos informante. Versión de Guaca, Santander del Sur, 1961.

15.1 *Vicuña*, pp. 161-162. Inf. Dorila Quintero, 19 años, Melipilla,
Santiago.

15.2 *Barros-Dannemann*, pp. 42-43. Inf. Modesto Fuentes, 46 años,
chofer, Termas de Catillo, Parral, Linares, 1968.

16.1 *Aretz*, p. 380. Inf. Ángel(a) Rufina de Barraza, Santa Rosa, Monteros, Tucumán.

16.2 *Carrizo 34*, p. 135. Inf. unas niñas de Jujuy.

17.1 *López B.-Archivo*, núm. 59. Inf. María Pereira de Pereira, 72 años,
Rocha.

17.2 *Ib.*, núm. 58. Inf. niña Ítala Ramos, Rocha, 1948.

Primeros versos

ÍNDICES DEL CORPUS

Difusión territorial de cada romance

Romance	Países (con número de versiones)
La adúltera	Estados Unidos (10), México (17), Nicaragua (4), Cuba (8), Rep. Dominicana (3), Puerto Rico (6), Venezuela (21), Colombia (2), Perú (1), Chile (9), Argentina (18), Uruguay (1).
El conde Alarcos*	Chile (2).
El duque de Alba*	Estados Unidos (1).
Alfonso XII	México (6), Nicaragua (3), Costa Rica (3), Panamá (2), Cuba (5), Rep. Dominicana (4), Puerto Rico (9), Venezuela (4), Colombia (11), Perú (1), Chile (1), Argentina (36), Uruguay (5).
La aparición	Estados Unidos (13), México (5), Argentina (14), Uruguay (7).
El conde Arnaldos*	Argentina (2).
La bastarda	Argentina (4).
Bernal Francés	Estados Unidos (26), México (15), Guatemala (3), Nicaragua (4), Costa Rica (2), Venezuela (1), Colombia (6), Chile (7), Argentina (2).
Blancaflor y Filomena	Guatemala (1), Nicaragua (2), Costa Rica (1), Rep. Dominicana (2), Puerto Rico (8), Venezuela (3), Colombia (12), Chile (21), Argentina (10), Uruguay (1).
La búsqueda de la Virgen	Estados Unidos (25), México (6), Guatemala (3), Nicaragua (4), Panamá (1), Cuba (1), Venezuela (8), Colombia (12), Chile (17), Argentina (6), Uruguay (5).
El caballero herido	Cuba (4), Rep. Dominicana (2), Venezuela (3), Colombia (1).
Carabí	Costa Rica (10), Cuba (5), Rep. Dominicana (1), Puerto Rico (1), Colombia (3), Chile (4), Argentina (3).
Santa Catalina	Cuba (1+7*=8), Rep. Dominicana (8), Puerto Rico (7), Venezuela (4), Perú (1), Argentina (9+4*=13), Uruguay (1+8*=9).
La condesita*	Argentina (1).

Romance	Países (con número de versiones)
La dama bordadora*	Cuba (1), Venezuela (1), Argentina (8), Uruguay (3).
La dama y el pastor	Estados Unidos (12), México (5), Cuba (1), Venezuela (3), Colombia (1), Chile (12), Argentina (20).
Delgadina	Estados Unidos (17), México (29), Guatemala (3), Nicaragua (4), Costa Rica (3), Cuba (11), Rep. Dominicana (4), Puerto Rico (10), Venezuela (9), Colombia (11), Chile (10), Argentina (12), Uruguay (3).
Don Gato	Estados Unidos (6), México (15), Guatemala (3), Nicaragua (2), Costa Rica (2), Panamá (2), Cuba (5), Rep. Dominicana (6), Puerto Rico (1), Venezuela (11), Colombia (18), Perú (11), Chile (5), Argentina (3), Uruguay (2).
Gerineldo	Estados Unidos (8), Cuba (3), Rep. Dominicana (4), Puerto Rico (2), Colombia (4), Chile (2), Argentina (1), Uruguay (1).
La hermana cautiva	Cuba (2), Puerto Rico (1), Venezuela (6), Colombia (2), Argentina (1), Uruguay (1).
Las hijas de Merino	Cuba (5), Puerto Rico (1), Venezuela (2), Chile (1), Argentina (2).
Hilitos de oro	Estados Unidos (3), México (45), Guatemala (3), El Salvador (3), Nicaragua (2), Costa Rica (2), Panamá (3), Cuba (4), Rep. Dominicana (6), Puerto Rico (7), Venezuela (15), Colombia (23), Perú (9), Chile (10), Argentina (55), Uruguay (6).
Isabel	Cuba (7), Puerto Rico (1).
La mala suegra*	Cuba (1).
La mala yerba	Puerto Rico (3), Chile (1).
La malcasada	México (1), Cuba (7), Rep. Dominicana (2), Puerto Rico (3), Chile (1), Argentina (1), Uruguay (1).
Mambrú	Estados Unidos (1), México (16), Guatemala (1), Nicaragua (4), Costa Rica (4), Panamá (2), Cuba (7), Rep. Dominicana (5), Puerto Rico (9), Venezuela (1), Colombia (10), Ecuador (1), Perú (7), Chile (7), Argentina (6), Uruguay (3).
El marinero	México (1), Costa Rica (1), Cuba (7*), Rep. Dominicana (6), Puerto Rico (3), Venezuela (17), Colombia (7), Argentina (11+4*), Uruguay (2+8*).
Misa de amor*	Puerto Rico (1), Argentina (1).

Romance	Países (con número de versiones)
La monjita	México (4), Cuba (7), Rep. Dominicana (3), Puerto Rico (2), Colombia (1), Perú (2), Chile (3), Argentina (3), Uruguay (1).
La muerte de Elena	Cuba (1), Uruguay (7).
La muerte de Prim	México (1), Cuba (5).
La muerte del príncipe don Juan	Rep. Dominicana (4).
La muerte ocultada*	Rep. Dominicana (1).
La mujer guerrera	Venezuela (1).
El conde Olinos	Guatemala (2), Cuba (4), Rep. Dominicana (2), Puerto Rico (5), Venezuela (21), Colombia (11), Argentina (7).
La pérdida de Alhama*	Venezuela (1).
Los peregrinos*	Colombia (1).
El prisionero	Venezuela (1), Argentina (2), Uruguay (1).
El quintado*	Rep. Dominicana (1).
Las señas del esposo	Estados Unidos (18), México (20), Guatemala (6), Nicaragua (13), Costa Rica (19), Cuba (13), Rep. Dominicana (10), Puerto Rico (7), Venezuela (22), Colombia (35), Ecuador (1), Perú (6), Chile (15), Argentina (69), Uruguay (25).
Silvana	Puerto Rico (4).
Las tres cautivas	Rep. Dominicana (1), Puerto Rico (2), Chile (1).
La Virgen y el ciego	Estados Unidos (1), México (2), Guatemala (1), Nicaragua (1), Costa Rica (7), Cuba (1), Rep. Dominicana (1), Puerto Rico (1), Venezuela (11), Colombia (26), Chile (8), Argentina (12), Uruguay (3).

* El romance no figura en la selección.

Cuadro de difusión general

Romance	Número de países	Textos hallados	
La adúltera	12	100	
El conde Alarcos*	1	2	
El duque de Alba*	1	1	
Alfonso XII	13	90	
La aparición	4	39	
El conde Arnaldos*	1	2	
La bastarda	1	4	
Bernal Francés	9	66	
Blancaflor y Filomena	10	61	
La búsqueda de la Virgen	11	88	
El caballero herido	4	10	
Carabí	7	27	
Santa Catalina	7	50	
La condesita*	1	1	
La dama bordadora*	4	13	
La dama y el pastor	7	54	
Delgadina	13	126	
Don Gato	15	92	
Gerineldo	8	25	
La hermana cautiva	6	13	
Las hijas de Merino	5	11	
Hilitos de oro	16	196	
Isabel (Rico Franco)	2	8	
La mala suegra*	1	1	
La mala yerba	2	4	
La malcasada	7	16	
Mambrú	16	84	
El marinero	9	67	(19 con Santa Catalina)
Misa de amor*	2	2	
La monjita	9	26	
La muerte de Elena	2	8	
La muerte de Prim	2	6	
La muerte del príncipe don Juan	1	4	
La muerte ocultada*	1	1	
La mujer guerrera (¿Cómo no cantáis la bella?)	1	6	
El conde Olinos	7	52	
La pérdida de Alhama*	1	1	
Los peregrinos*	1	1	
El prisionero	3	4	
El quintado*	1	1	
Las señas del esposo	15	279	
Silvana	1	4	
Las tres cautivas	3	4	
La Virgen y el ciego	13	75	

Resumen

16 países *Hilitos de oro, Mambrú*
15 países *Don Gato, Las señas del esposo*
13 países *Alfonso XII, Delgadina, La Virgen y el ciego*
12 países *La adúltera*
11 países *La búsqueda de la Virgen*
10 países *Blancaflor y Filomena*
 9 países *Bernal Francés, El marinero, La monjita*
 8 países *Gerineldo*
 7 países *Carabí, Santa Catalina, La dama y el pastor, La malcasada, El conde Olinos*

Los demás romances se han hallado en menos de siete países.

Romances con más de 100 textos: *Las señas del esposo, Hilitos de oro, Delgadina.*
Romances con más de 80 textos: *La adúltera, Don Gato, Alfonso XII, La búsqueda de la Virgen, Mambrú.*
Romances con más de 50 textos: *La virgen y el ciego, El marinero, Bernal Francés, Blancaflor y Filomena, La dama y el pastor, El conde Olinos.*
Romances con más de 30 textos: *Santa Catalina, La aparición.*
Romances con más de 15 textos: *Carabí, La monjita, Gerineldo, La malcasada.*

De los demás romances se han hallado menos de 15 textos.

Romances en cada país

País	Romance
Estados Unidos	*La adúltera* (10), *La aparición* (13), *Bernal Francés* (26), *La búsqueda de la Virgen* (25), *La dama y el pastor* (12), *Delgadina* (17), *Don Gato* (6), *Gerineldo* (8), *Hilitos de oro* (3), *Mambrú* (1), *Las señas del esposo* (18), *La Virgen y el ciego* (1). *El duque de Alba** (1).
México	*La adúltera* (17), *Alfonso XII* (6), *La aparición* (5), *Bernal Francés* (15), *La búsqueda de la Virgen* (6), *La dama y el pastor* (5), *Delgadina* (29), *Don Gato* (15), *Hilitos de oro* (45), *La malcasada* (1), *Mambrú* (16), *El marinero* (1), *La monjita* (4), *La muerte de Prim* (1), *Las señas del esposo* (20), *La Virgen y el ciego* (2).
Guatemala	*Bernal Francés* (3), *Blancaflor y Filomena* (1), *La búsqueda de la Virgen* (3), *Delgadina* (3), *Don Gato* (3), *Hilitos de oro* (3), *Mambrú* (1), *El conde Olinos* (2), *Las señas del esposo* (6), *La Virgen y el ciego* (1).
El Salvador	*Hilitos de oro* (3).
Nicaragua	*La adúltera* (4), *Alfonso XII* (3), *Bernal Francés* (4), *Blancaflor y Filomena* (2), *La búsqueda de la Virgen* (4), *Delgadina* (4), *Don Gato* (2), *Hilitos de oro* (2), *Mambrú* (4), *Las señas del esposo* (13), *La Virgen y el ciego* (1).
Costa Rica	*Alfonso XII* (3), *Bernal Francés* (2), *Blancaflor y Filomena* (1), *Carabí* (10), *Delgadina* (3), *Don Gato* (2), *Hilitos de oro* (2), *Mambrú* (4), *El marinero* (1), *Las señas del esposo* (19), *La Virgen y el ciego* (7).
Panamá	*Alfonso XII* (2), *La búsqueda de la Virgen* (1), *Don Gato* (2), *Hilitos de oro* (3), *Mambrú* (2).
Cuba	*La adúltera* (8), *Alfonso XII* (5), *La búsqueda de la Virgen* (1), *El caballero herido* (4), *Carabí* (5), *Santa Catalina* (1+7*), *La dama y el pastor* (1), *Delgadina* (11), *Don Gato* (5), *Gerineldo* (3), *La hermana cautiva* (2), *Las hijas de Merino* (5), *Hilitos de oro* (4), *Isabel* (7), *La malcasada* (7), *Mambrú* (7), *El marinero* (7*), *La monjita* (7), *La muerte de Elena* (1). *La muerte de Prim* (5), *El conde Olinos* (4), *Las señas del esposo* (13), *La Virgen y el ciego* (1). *La dama bordadora** (1), *La mala suegra** (1).
República Dominicana	*La adúltera* (3), *Alfonso XII*, (4), *Blancaflor y Filomena* (2), *El caballero herido* (2), *Carabí* (1),

País	Romance
	Santa Catalina (8), *Delgadina* (4), *Don Gato* (6), *Gerineldo* (4), *Hilitos de oro* (6), *La malcasada* (2), *Mambrú* (5), *El marinero* (6), *La monjita* (3), *La muerte del príncipe don Juan* (4), *El conde Olinos* (2), *Las señas del esposo* (10), *Las tres cautivas* (1), *La Virgen y el ciego* (1). *La muerte ocultada** (1), *El quintado** (1).
Puerto Rico	*La adúltera* (6), *Alfonso XII* (9), *Blancaflor y Filomena* (8), *Carabí* (1), *Santa Catalina* (7), *Delgadina* (10), *Don Gato* (1), *Gerineldo* (2), *La hermana cautiva* (1), *Las hijas de Merino* (1), *Hilitos de oro* (7), *Isabel* (1), *La mala yerba* (3), *La malcasada* (3), *Mambrú* (9), *El marinero* (3), *La monjita* (2), *El conde Olinos* (5), *Las señas del esposo* (7), *Silvana* (4), *Las tres cautivas* (2), *La Virgen y el ciego* (1). *Misa de amor** (1).
Venezuela	*La adúltera* (21), *Alfonso XII* (4), *Bernal Francés* (1), *Blancaflor y Filomena* (3), *La búsqueda de la Virgen* (8), *El caballero herido* (3), *Santa Catalina* (4), *La dama y el pastor* (3), *Delgadina* (9), *Don Gato* (11), *La hermana cautiva* (6), *Las hijas de Merino* (2), *Hilitos de oro* (15), *Mambrú* (1), *El marinero* (17), *La mujer guerrera* (6), *El conde de Olinos* (21), *El prisionero* (1), *Las señas del esposo* (22), *La Virgen y el ciego* (11). *La dama bordadora** (1), *La pérdida de Alhama** (1).
Colombia	*La adúltera* (2), *Alfonso XII* (11), *Bernal Francés* (6), *Blancaflor y Filomena* (12), *La búsqueda de la Virgen* (12), *El caballero herido* (1), *Carabí* (3), *La dama y el pastor* (1), *Delgadina* (11), *Don Gato* (18), *Gerineldo* (4), *La hermana cautiva* (2), *Hilitos de oro* (23), *Mambrú* (10), *El marinero* (7), *La monjita* (1), *El conde Olinos* (11), *Las señas del esposo* (35), *La Virgen y el ciego* (26). *Los peregrinos** (1).
Ecuador	*Mambrú* (1), *Las señas del esposo* (1).
Perú	*La adúltera* (1), *Alfonso XII* (1), *Santa Catalina* (1), *Don Gato* (11), *Hilitos de oro* (9), *Mambrú* (7), *La monjita* (2), *Las señas del esposo* (6).
Chile	*La adúltera* (9), *Alfonso XII* (1), *Bernal Francés* (7), *Blancaflor y Filomena* (21), *La búsqueda de la*

País	Romance
	Virgen (17), *Carabí* (4), *La dama y el pastor* (12), *Delgadina* (10), *Don Gato* (5), *Gerineldo* (2), *Las hijas de Merino* (1), *Hilitos de oro* (10), *La mala yerba* (1), *La malcasada* (1), *Mambrú* (7), *La monjita* (3), *Las señas del esposo* (15), *Las tres cautivas* (1), *La Virgen y el ciego* (8). *El conde Alarcos** (2).
Argentina	*La adúltera* (18), *Alfonso XII* (36), *La aparición* (14), *La bastarda* (4), *Bernal Francés* (2), *Blancaflor y Filomena* (10), *La búsqueda de la Virgen* (6), *Carabí* (3), *Santa Catalina* (9+4*=13), *La dama y el pastor* (20), *Delgadina* (12), *Don Gato* (3), *Gerineldo* (1), *La hermana cautiva* (1), *Las hijas de Merino* (2), *Hilitos de oro* (55), *La malcasada* (1), *Mambrú* (6), *El marinero* (11+4*=15), *La monjita* (3), *El conde Olinos* (7), *El prisionero* (2), *Las señas del esposo* (69), *La Virgen y el ciego* (12). *El conde Arnaldos** (2), *La condesita** (1), *Misa de amor** (1), *La dama bordadora** (8).
Uruguay	*La adúltera* (1), *Alfonso XII* (5), *La aparición* (7), *Blancaflor y Filomena* (1), *La búsqueda de la Virgen* (5), *Santa Catalina* (1+8*=9), *Delgadina* (3), *Don Gato* (2), *Gerineldo* (1), *La hermana cautiva* (1), *Hilitos de oro* (6), *La malcasada* (1), *Mambrú* (3), *El marinero* (2+8*=10), *La monjita* (1), *La muerte de Elena* (7), *El prisionero* (1), *Las señas del esposo* (25), *La Virgen y el ciego* (3). *La dama bordadora** (3).

Colecciones consultadas (cronología)

País	1900-1909	1910-1919	1920-1929	1930-1939	1940-1949	1950-1959	1960-1969	1970-1979	1980-1986	Total
Estados Unidos (1916-1983)		1	1	1	3	4	1	2	1	=14
México (1914-1986)		1	3	6	4	9	4	6	5	=38
Guatemala (1963-1983)							1	1	1	=3
El Salvador (1944)					1					=1
Nicaragua (1946)					1					=1
Costa Rica (1941-1986)					1				1	=2
Panamá (1957-1968)						1	1			=2
Cuba (1914-1970)		2	3	1	1	2	1			=10
Rep. Dominicana (1913-1955)		1		1	3					=5
Puerto Rico (1918-1974)		1	1		1	2		1		=6
Venezuela (1943-1976)					6	6	4	2		=18
Colombia (1932-1982)				1	3	4	5	2	1	=16
Ecuador (1964)							1			=1
Perú (1952-1971)						1		1		=2
Chile (1903-1979)	1	4			5	1	1	2		=14
Argentina (1913-1981)		1	2	5	5	1		1	1	=16
Uruguay (1906-1958)	1				2	1				=4
Totales:	2	11	10	15	36	32	19	18	10	153

Resumen

País	Número de romances		Número de textos	
Estados Unidos	12+1* =	13	140+1 =	141
México		16		188
Guatemala		10		26
El Salvador		1		3
Nicaragua		11		43
Costa Rica		11		54
Panamá		5		10
Cuba	23+2 =	25	114+2 =	116
República Dominicana	19+2 =	21	74+2 =	76
Puerto Rico	22+1 =	23	93+1 =	94
Venezuela	20+2 =	22	169+2 =	171
Colombia	19+1 =	20	196+1 =	197
Ecuador		2		2
Perú		8		38
Chile	19+1 =	20	135+2 =	137
Argentina	24+4 =	28	311+12 =	323
Uruguay		19	84+3 =	87
				1 706

Otros títulos por los que se conocen los romances en América

La adúltera	La adúltera castigada, El adúltero castigado, La ascensión, Don Albertos y don Carlos, Ayer tarde fue por cierto, Blanca Flor, Blanca Niña, Don Carlos y don Alberto, Los casados, Corrido de don Carlos, Corrido de don Carlos y doña Ana, Cuento de la esposa infiel, La esposa infiel, Estaba Catalinita, Doña Felipa, Doña Felisa, La mala mujer, La Martina, Quién es ese caballero, Romance de doña Alba, Un jueves era por cierto, Versos de una casada que traicionó al marido.
El duque de Alba	Sofía mía.
Alfonso XII	La aparición, Dónde vas Alfonso XII, La esposa difunta, La esposa de Alfonso XII, La muerte de Mercedes de Borbón, Romance de la reina Mercedes.
La aparición	Dónde vas Alfonso XII.
La bastarda	El presidente de Chile, Una tarde calurosa.
Bernal Francés	La adúltera, La amiga de Bernal Francés, Bernardo Francés, Elena, Doña Elena, En su puerta estoy parado, La esposa infiel, La traición de la esposa.

Hilitos de oro	A la cinta de oro, El ajedrez, Ángel de oro, El caballero que busca esposa, Chinchirrivín, chinchirrivín, De Francia vengo, señores, Escogiendo novia, Filito, filito de oro, El galán enamorado, La hija del rey, Las hijas del rey moro, Hebritas de oro, Hilito de oro, Hilito, hilito de oro, Hilo de oro, Hilo verde, El rey, el galán y la dama, Hilo de oro, hilo de plata, La sortijita.
Isabel	La pobre Isabel, El rapto de Isabel, Romance de Isabel (Rico Franco).
La mala suegra	Romance de Carmela.
La mala yerba	La infanta seducida, La seducida.
La malcasada	El barberito, Mamita me casó, El marido traidor, Me casó mi madre, La niña malcasada.
Mambrú	Canción de Mambrú, En Francia nació un niño, Mambrú se fue a la guerra, Mauricio fue a la guerra, Membrún, Membruno, Romance de Malbrú, El romance de Mambrú.
El marinero	A las 12 de la noche, Al salir de Barcelona, Corrido del marinero, Cuando salen los navíos, Entre san Pedro y san Juan, Entre san Pedro y san Pablo, El marinerito, Marinero al agua, Romance del marinero, Saliendo de Cartagena, Salimos de Cartagena.
Misa de amor	La ermita de san Simón, Zúmbara que zúmbara.
La monjita	Monja a la fuerza, La monjita del monasterio, Las monjitas, Una tarde de verano, Yo me quería casar.
La muerte de Elena	Elena.
La muerte de Prim	A Prim, Prim.
La muerte del príncipe don Juan	El niño, El niño está malito.
La muerte ocultada	Don Pedro.
La mujer guerrera	La casada guerrera, El marino prisionero, La mujer del guerrillero, ¿Cómo no cantas. . .? ¿por qué no cantas. . .?
El conde Olinos	El conde Lirio, El conde Niño, El conde Olivo, El conde Olivos, El condecillo, Corrido de los pajarillos, Corrio del pajarillo, No hay noche más celebrada, Romance del Condenillo, Romance del conde Sirio, Salió el niño conde Niño.

ÍNDICE GENERAL

ÍNDICES

Romancero tradicional de América
se terminó de imprimir en septiembre de 1990
en los talleres de Offset Setenta, Víctor Hugo 99,
Colonia Portales, 03300 México, D.F.
Se tiraron 1 000 ejemplares más sobrantes
para reposición.
Cuidó la edición el Departamento de Publicaciones
de El Colegio de México.